D1724818

TraumWelt WeltTraum

Plejadische Beschreibungen der Handlungsweisen der Menschheit
Dieter Schwickart (Keman)

MARANI-Verlag

© by MARANI-Verlag
Ruselstraße 5, D- 84107 Unterneuhausen
Telefon: (00 49) – (0) 87 08 –92 20 26
Telefax: (00 49) – (0) 87 08 –92 20 27
eMail: info@marani-verlag.de

ISBN 3-9806514-5-2

TraumWelt WeltTraum

1. Auflage   April 2002

MARANI-Verlag
Ruselstraße 5, D- 84107 Unterneuhausen
Telefon: (00 49) – (0) 87 08 –92 20 26
Telefax: (00 49) – (0) 87 08 –92 20 27
eMail: info@marani-verlag.de

Vorwort des Autors

Beim Schreiben dieses Buches gab es ein - für mich bis heute - ungeklärtes Phänomen.
Während des Schreibens war plötzlich mitten im Text ein winzigkleines Bild erkennbar. Bei der Vergrößerung stellte es original das als Cover dieses Buches dargestellte Bild dar.
Leicht unscharf und verschwommen scheint es bei längerer Betrachtung immer mehr an Schärfe zu gewinnen und klarer zu werden.
Außerdem stellten einige Betrachter fest, dass sich dieses Bild scheinbar bewegt.
Meiner Meinung nach öffnet dieses Bild auf unbewusster Ebene einige Türen zum innersten Kern des Menschen.
Damit passt das Titelbild zu den in diesem Buch enthaltenen Texten und Erklärungen.
Ich wünsche Dir viel Freude und viele Erkenntnisse beim Lesen dieses ganz besonderen Buches.
D.Schwickart / Keman

Inhaltsverzeichnis

Teil I: Wer DU bist

Von Wölfen und Schafen	Seite 1
Über diese Erzählung	Seite 6
Wer bist DU?	Seite 11
Gibt es etwas, das DU dir ersehnst?	Seite 16
Wie entsteht eine Bedingung?	Seite 21
Deine inneren Glaubenssätze	Seite 25
Liebe ist bedingungslos	Seite 31
Liebe und Treue	Seite 39
Das Gleichgewicht des Bewusstseins	Seite 47
Die Chance DEINES Lebens	Seite 53
Die Überzeugungen DEINES Glaubens	Seite 57
Verhinderungsmechanismen	Seite 63

Teil II: Die immense Macht der Angst

Angstprojektion	Seite 67
Die Auswirkungen der Angstprojektionen	Seite 70
Von der Kunst einen Planeten zu beherrschen	Seite 73
Der Wert eines Menschen	Seite 78
Bedingungen, Ängste und Werte	Seite 83
Visionen	Seite 86
„Beziehungen" und sonstige begrenzende Strukturen	Seite 89
„Das" mit dem „Haben- Wollen" und sonstige Wünsche	Seite 94
Das Phänomen mit dem Selbstbild	Seite 100
Verändere die Normalität der Realität	Seite 106
Dein ganzes Selbst und seine gedachten Gefühle	Seite 114
Die „Angelegenheit" mit dem glücklich – Sein	Seite 120
Übung	Seite 126
Die „Sache" mit dem Schmerz und dem Leid	Seite 129
Die subtile „Geschichte" mit dem Verstand	Seite 134
Die „Geschichte" mit der Macht	Seite 144
„Schuld" und deren Funktion	Seite 147
Seele und Mensch	Seite 153
Der Zusammenhang mit dem „inneren Kind"	Seite 160

Teil III: Sei einfach DU selbst

ALLES ist im ALLEM	Seite 167
Beurteilen und Bewerten	Seite 173
Fünfdimensional	Seite 176
Die Symbolhaftigkeit der materiellen Welt	Seite 181
Gestalte ES	Seite 185
Symboliken des Lebens und ihre Botschaften	Seite 188
Der Sinn des Lebens	Seite 198
Energie und Materie	Seite 202
Was sollst du jetzt tun?	Seite 206
Was ist der Sinn?	Seite 209
Wenn der Weg das Ziel ist......	Seite 213
Was noch zu sagen bleibt - Nachwort des Autors	Seite 218

Teil I

Wer DU bist

Von Wölfen und Schafen

Welcher Kategorie gehörst DU an, Mensch?
Bist du ein Wolf? Gehst DU auf die Jagd, ständig getrieben von einer Art innerem Zwang dich auf die Phase vorzubereiten, wo der Hunger an DEINEM Gedärm nagt? Fortwährend getrieben von dem Bedürfnis DEINE nächste Phase des Hungers deshalb unbeschadet zu überstehen, weil DU bereits DEINE nächste Beute im Visier hast? Ständig den Blick nach vorn gerichtet, um nicht darben zu müssen und immer wieder nach hinten blickend, ob DU nicht selbst in Gefahr bist?
Verwegen, klar in deinen Entscheidungen, kraftvoll und ausdauernd, bereit mit anderen DICH zusammenzutun und dennoch den anderen gegenüber misstrauisch zu sein?

Bist DU ein Schaf? Gutmütig und schutzlos? Ständig auf der Hut, ängstlich um sich blickend, domestiziert darauf abgerichtet DICH innerhalb einer Herde zu bewegen? Den Anweisungen des Schäfers und seiner Helfer Folge zu leisten.
Lässt DICH auf die Weide treiben, um sie abzugrasen, lebst immer wieder unter freiem Himmel ohne selbst über die Möglichkeit zu verfügen, DICH der Unbill des Wetters zu entziehen?
Ein Herdentier, das dort ist, wo die anderen auch sind, sich innerhalb der Herde versteckend um nicht aufzufallen und aus dem Verband nicht auszuscheren. Dort, wo die anderen sind, bist auch DU, da DU gelernt hast, dass Auffallen immer mit Schwierigkeiten und furchteinflössenden Folgen verbunden ist?

Habt ihr Menschen je von einem Schaf gehört, dass sich im Wolfspelz kleidet?
Nein! Die Metapher erzählt euch, dass der Wolf sich in den Schafspelz hüllt!
Warum wird der Wolf dies wohl tun? Ist der Wolf ein Wissenschaftler, der den Wunsch hat etwas über die Spezies der Schafe zu erfahren?
Hüllt er sich in ein fremdes Fell und mischt sich unter die Schafherde um die Gattung der Schafe erforschen zu können?
Ist der Wolf unzufrieden mit seiner eigenen Existenz und trägt somit in sich den Wunsch nach Veränderung, der ihn motiviert sich unter eine andere Lebensform zu mischen?
Woher hat der Wolf das Fell des Schafes? Hat er ein Schaf liebevoll und freundlich gefragt, ob er es haben dürfte? Wird er es nach dem Gebrauch zurückgeben, damit das Schaf, das ihm sein Fell gegeben

hat nicht mehr frieren muss?

Vergleicht euer eigenes Wissen, eure eigenen Sichtweisen und Interpretationen der Lebensform Wolf einmal mit unseren Beschreibungen.

Der Wolf wird sich deshalb im Schafspelz kleiden, damit er sich unerkannt unter die Schafe mischen kann. Er verwendet eine List, um seinem ureigenen Lebenstrieb Folge leisten zu können.
Erkennen ihn die Schafe nicht als bedrohliche Lebensform, werden sie nicht weglaufen. So kommt der Wolf in diesem Falle seinen eigenen Zielen näher, ohne den großen Aufwand der Jagd betreiben zu müssen.

Der Wolf ist der Wolf, ist der Wolf, ist der Wolf. Auf allen Ebenen seiner physischen Existenz ist er der Wolf. Eigenschaften, Verhaltensweisen und Bedürfnisse entsprechen denen eines Wolfes, selbst wenn er ein freundliches Lächeln auf seine Lefzen zaubert und aussieht wie ein Schaf!
Der Wolf ist der Wolf, ist der Wolf, ist der Wolf!

Kann der Wolf Eigenschaften wie ein Schaf an den Tag legen?
Im Prinzip ja! Dennoch ist er der Wolf!

Welche Eigenschaften müsste ein Schaf haben, um sich einen Wolfspelz zu verschaffen, um sich mitten in das Wolfsrudel zu begeben?
Zunächst einmal müsste sich das Schaf einen Wolfspelz verschaffen. Wird der Wolf es dem Schaf freiwillig geben? Wohl kaum!
Das Schaf wird also den Wolf töten und ihm das Fell vom Leib ziehen müssen.
Ist es die Eigenschaft des Schafes zu töten? Womit wird das Schaf töten? Ist es fähig, sich geeignete Werkzeuge herzustellen?
Was wird das Schaf tun, wenn es ihm, aus welchen Gründen auch immer gelungen ist, sich einen Wolfspelz zu verschaffen?
Hat es den Mut sich der Gefahr auszusetzen, sich mitten in ein Wolfrudel zu begeben? Sich inmitten seiner potentiellen Mörder so zu bewegen, als wäre es mutig, verschlagen und mit einem eigenen Killerinstinkt ausgestattet?

Ein Schaf ist ein Schaf ist ein Schaf. Auf allen Ebenen seiner physischen Existenz ist ein Schaf ein Schaf.

Nun, ihr fragt euch inzwischen, was unser Gerede von Wölfen und Schafen mit euch zu tun hat. Unter Umständen findet ihr unser Beispiel „be-**geist**-ernd".
Im Prinzip, liebe Menschen, seid ihr die Schafe. Dicht aneinandergedrängt und blökend wartet ihr noch immer, dass sich jemand findet, der euch auf die Weide bringt, nach der ihr euch so sehr sehnt.
Einige von euch haben bereits begonnen sich ihr Schafsfell auszuziehen, da sie bereit sind ihre Existenz als Schaf hinter sich zu lassen. Diejenigen konnten sich in der Regel jedoch noch nicht entscheiden, welchen Pelz sie in Zukunft tragen wollen oder werden und sind noch dabei ihre Zukunft zu überdenken.
Auch diese sind noch Schafe, sondern sich jedoch bereits von der Herde ab. Einige versuchen die anderen zu überzeugen ihnen doch nachzutun, in sich selbst unsicher, ob ihre Entscheidung die richtige war. Würden die anderen auch mittun, so könnten sie sich sicherer sein und so versuchen die pelzlosen Schafe, zitternd vor Kälte, die anderen zu überzeugen. (Einige von denen haben sicherheitshalber ihr Fell an einem sicheren Ort versteckt, damit sie notfalls wieder darauf zurückgreifen können.)

Die anderen Pelzlosen haben die Vorteile bereits erkannt, wissen aber auch noch nicht, wie sie sich ein anderes Fell besorgen sollen und ob sie in Zukunft überhaupt noch eines benötigen. Diese werden immer wieder von Schlecht-wetterfronten überrascht und sehen sich teilweise schutzlos den Wetterbedingungen ausgesetzt.
Aus diesem Grunde holen sie sich von Zeit zu Zeit einen Schnupfen. Dennoch bleiben sie und versuchen ihre veränderte Form der Schafsexistenz kennen zulernen.
Je ausdauernder sie sind, desto mehr müssen sie erkennen, dass auch sie Eigenschaften des Wolfes in sich tragen.

Den Wölfen ergeht es nicht anders. Deren Umgangsformen miteinander sind etwas anders gelagert, als die der Schafe.
Ein Wolf, der versucht, die Seiten zu wechseln, hat es wesentlich schwerer. Während jeder ein Schaf belächelt, dass von sich behauptet, ein Killer und „böse" zu sein, dulden die Wölfe keine unter sich, die Schafe sein wollen, sondern stufen diese als potentielle Beute ein.
Das Bewusstsein des Rudels oder der Herde duldet keine Abweichungen, die dafür Sorge tragen könnten, dass Veränderungen im großen Umfang stattfinden können.

Wölfe haben zu töten und Schafe haben lieb und brav zu sein.
So war das schon immer und so soll es bleiben, zumindest wenn es nach den Rudelführern der Wölfe geht.

Schaf oder Wolf, wer Veränderungen herbeiwünscht, muss gegen die eigenen Brüder und Schwestern kämpfen oder sich zumindest gegen deren Manipulationsversuche wehren.
Ein einzelnes Schaf wird den Schmerz der Einsamkeit erleben und erfahren und alle Veränderungen, die das Schaf im Herzen trägt, werden früher oder später durch diesen Schmerz insoweit zunichte gemacht, dass das Bedürfnis des Schafes, geliebt zu werden und seine eigene Liebe auch im physischen Bereich zum Ausdruck bringen zu können Vorrang haben.
So wird sich das Schaf früher oder später wiederum in die Auseinandersetzung mit der Herde begeben, damit seine Einsamkeit beendet wird.

Der Wolf ist eher fähig und in der Lage die Einsamkeit zu ertragen.
Wölfe haben Umgangsformen entwickelt, die es ermöglichen, längere Phasen der Einsamkeit ertragen zu können. Wölfe rotten sich oftmals erst dann zusammen, wenn der kalte Wind bläst und die Lebensumstände so gestaltet sind, dass es einfacher ist, mit den Schwierigkeiten im Rudel fertig zu werden.
Hat das Rudel sich zusammengefunden herrschen strenge hierarchische Umgangsformen, denen sich jeder zu unterwerfen hat.
Jeder Widerstand, jeder Ausbruch aus der Hierarchie hat einen Angriff des Rudelführers zur Folge.

Wahre Individualität und damit verbundene Handlungen kennen weder die Schafe der Herde noch die Wölfe.

Was wollen wir euch mit dieser Beschreibung von Wölfen und Schafen erzählen?
Nun, Menschen des Planeten Erde - ihr werdet es erfahren...........

Über diese Erzählung

Alles, was euch konfrontiert, alles mit dem ihr zu tun habt, versucht ihr in eure Denk- und Gefühlsstrukturen zu integrieren. Vieles könnt ihr auch bereits einfach mal stehen lassen, obwohl es euch in mancherlei Hinsicht durchaus suspekt vorkommt. Ihr seid getrieben von dem Bedürfnis nach Entwicklung, von dem inneren Trieb mehr zu erfahren und, wenn ihr es so beizeichnen möchtet, besser und weiser zu werden.

Diese Qualität der Zeit, die ihr nicht nur erlebt, sondern entgegen den weitverbreiteten Meinungen und Überzeugungen nach sogar äußerst aktiv mitgestaltet, ist erfüllt von Herausforderungen, Schwierigkeiten und Veränderungen, die sehr viel mit dem zu tun haben, was ihr als den Wandel der Zeit bezeichnet. Dabei geht es im Prinzip lediglich um Veränderungen innerhalb eurer eigenen Bewusstseinstrukturen, eurer Gedanken- und Gefühlswelt, die, entgegen eurer inneren Überzeugungen ein immenses Machtpotential darstellen. Allein jedoch der konkrete Gedanke an ein immenses Machtpotential, über das ein jeder von euch verfügen könnte, macht euch ein unangenehmes Gefühl in der Magengegend.
Schließlich und endlich seid ihr euch nicht sicher, ob ihr wahrhaftig in der Lage seid, eure Macht auch „sinnvoll" und „dem Plan gemäß" einzusetzen oder ob ihr sie (wieder??) missbrauchen werdet und „Karma" auf euch ladet.
Dieser Gedanke an die Konsequenz eines eventuellen Missbrauches von Macht und die Option Schuld auf euch zu laden, die ihr dann eurer Phantasie gemäß wieder abzutragen habt.
Vieles darüber werdet ihr im Zuge unserer Erzählung noch erfahren.

Alles, was ihr erlebt und erfahrt setzt ihr in der Form um, dass ihr alles was an euch herangetragen wird, in gewisse Schemata umsetzt, die für euch nachzuvollziehen sind. Materie ist für euch eine Struktur, die aus eurer Sichtweise unveränderbar scheint. Ereignisse, die von außen auf euch treffen, sind aus eurer Sichtweise Gegebenheiten, die einfach geschehen.
Ihr glaubt, dass das Leben, das Schicksal, Gott oder was auch immer euch bestrafen oder euch an eure Demut erinnern soll. Auf den Gedanken, dass ihr, jeder einzelne von euch, SELBST durch Gedanken und Gefühle steuert und gestaltet kommt ihr nicht.
Schließlich und endlich müsstet ihr ansonsten die Vorstellung, die ihr von eurer Welt und eurer Dimension habt, grundlegend verändern.

Wem könntet ihr dann noch die Schuld an eurer Not und eurer Hilflosigkeit geben, wenn ihr selbst die Verursacher seid? Ist es nicht auch bequem sagen zu können: „Ich würde ja gern, aber es geht nicht, weil....."????

Einige haben schon begriffen, oder sind gerade dabei zu begreifen, dass alles, was euch geschieht in unmittelbarem Zusammenhang mit euch selbst steht. Diejenigen von euch suchen noch immer nach dem Schlüssel, der ihnen den Zugang zu dem inneren Bewusstseinsfeld gewährt, der für das Setzen der entsprechenden Ursachen zuständig ist, ist.

Ihr lebt in der Vorstellung, dass ihr von allem und aus allem getrennt seid. Diese Vorstellung lässt euch nur die Möglichkeit, euch wiederum mit **ALLEM** zu verbinden, damit ihr wieder EINS werdet.
Ihr sucht nach der Verbindung zu Gott, zum Kosmos, zum Universum, zur Natur oder zu Sonstigem. Ihr sucht nach dem Zugang zu euch selbst, ihr sucht nach Selbsterkenntnis, nach Selbstverständnis, nach der Lösung für eure Probleme und Sorgen und vielem mehr.

Die schlechte Nachricht ist, dass ihr die Verbindung zu all dem was euch fehlt und was euch so wichtig ist nicht im Außen finden werdet. Alles, was im Außen vorhanden ist, alles, was sich in der physischen Welt um euch herum an materiellen Gütern befindet, all das, was an Schwierigkeiten und kleineren und größeren Katastrophen auf euch trifft, hat seinen Ursprung **in euch selbst**.
Das bedeutet, dass ihr im Prinzip für alles selbst verantwortlich seid, was auf euch trifft, was euch konfrontiert und was euch Sorgen bereitet.

Die gute Nachricht ist, dass ihr alle lernen werdet, mit dieser Verantwortung für euch selbst auch umzugehen, ja, mehr noch, dass ihr lernen werdet (und oftmals bereits lernt) eure Realität so zu gestalten, wie ihr sie euch vorstellen könnt. Das bedeutet für euch, dass ihr in die Lage versetzt seid, euch selbst die Qualität von Leben zu erschaffen, die ihr euch für euch selbst immer erträumt und erwünscht habt.

Und schon haben wir zwei „Reizworte" entdeckt, die uns während dieser Erzählung immer wieder begleiten werden: „erträumt" und „erwünscht"

Im Prinzip wäre euch **ALLES** möglich.

Euer Geist, eure Feinstofflichkeit, eure göttliche Seite, euer inneres Licht, euer Lichtkörper, euer höheres Selbst, eure Seele, wie immer ihr es bezeichnen möchtet, wäre durchaus in der Lage ALLES in eurem Leben entstehen zu lassen, was euch selbst als sinnvoll und brauchbar erscheint - wäre da nicht dieser physische, dieser dreidimensional - körperliche Anteil eurer Existenz, der euch immer wieder ein Schnippchen schlägt.

Dieser Anteil eurer augenblicklichen Existenz als dreidimensionale, menschliche Wesen ist es, der aufgrund seiner Überzeugungen Einfluss auf euer Schöpferpotential nimmt und euch eine Form der Realität erzeugt, die vielen von euch eben weniger gut gefällt.

Na, ja, zumindest könntet ihr euch im Prinzip etwas besseres vorstellen.

Für den Augenblick möchten wir noch folgendes hinzufügen: Der eigentliche Anteil eurer multidimensionalen Existenz, der verantwortlich ist für das Erzeugen von Realitäten, ist euer geistiger oder höherer oder göttlicher Anteil. Dieser Aspekt eures Seins ist der Teil voller Liebe, voller Freude, voller Güte und Glück.

Der Anteil der letztendlich dafür verantwortlich ist, dass ihr in all euren Nöten, Sorgen und Ängsten steckt und euch daraus etwas gestaltet, dass wir als zwischenmenschliche Spiele bezeichnen möchten, ist etwas, das wir als „physisches Bewusstsein" bezeichnen möchten.

Dieser Anteil ist ein, dem geistigen Bereich ebenbürtiger Energiezustand, der jedoch geprägt ist von Ängsten und daraus entstehenden Kreationen von Realität. Diese wiederum tragen dafür Sorge, dass eure Angst nicht verschwindet sondern bleibt.

Dieses physische Bewusstsein wird einem Menschen „verpasst", wenn er sich in einen Zyklus der Inkarnation begeben hat. Bereits in der Entstehung des Menschen im Mutterleib wird dieser Bewusstseinsanteil geprägt, sozusagen programmiert. Dort werden Verhaltensweisen und Sichtweisen, innere Überzeugungen und Programme, Ängste und Defizite verankert.

Die spirituelle Aussage: „Ihr sucht euch eure Eltern aus", definiert bereits, dass ihr genau die Defizite, Ängste, Nöte, inneren Überzeugungen, Sichtweisen und vieles mehr für euren Weg in eurer derzeitigen Inkarnation braucht, um euren eigenen Weg gehen zu können.

Menschsein wird erlernt, so wie ihr alles andere erlernt habt, was euer Mensch-Sein ausmacht.

Eure inneren Überzeugungen prägen eure Realität, also das, was ihr in eurem Leben tagtäglich erlebt. Diese inneren Überzeugungen sind also verantwortlich dafür, dass ihr eure Schöpferkraft dazu einsetzt, euch Gegebenheiten zu erzeugen, die euch letztendlich **nicht** glücklich machen.

Im Prinzip besteht alles aus Energie. Jegliche Materiestruktur ist lediglich eine Projektion aus Energiestrukturen. Eure physische Wahrnehmung, also eure Sinnesorgane, die wiederum durch euren Verstand „verwaltet" werden, setzt die reinen Energiestrukturen in physische „Gegenstände", Erlebnisse und Erfahrungen um.

Euer Verstand wiederum ist durch die Programmierung der Wahrnehmung auf bestimmte Sichtweisen fixiert, die bei jedem einzelnen Menschen differieren.

In jeder Situation sind eine Vielzahl von Möglichkeiten beinhaltet. Der Fokus auf bestimmte Gegebenheiten innerhalb einer Situation entsteht aus den entsprechenden inneren Überzeugungen. Somit werden Situationen immer und ohne Ausnahme von einem Menschen unter Berücksichtigung seiner eigenen inneren Überzeugungen betrachtet.

Mehr noch, aufgrund der inneren Überzeugungen und gewisser kosmischer Vorgänge gestaltet jeder Mensch diese Situationen und Lebensumstände selbst.

Als Folge dieser Kreationen und der daraus folgenden Konfrontation mit der Situation entwickelt der Mensch Abwehrmechanismen gegen die entstandene Realität.

So wird also im ersten Schritt meist unbewusst aufgrund bestimmter Vorgänge eine Form von „unerwünschter" Realität erzeugt und gestaltet und in der Folge diese erschaffene Situation bekämpft, indem beim Auftauchen dieser Situation sofort „Gegenmaßnahmen" zur Lösung des Problems ergriffen werden.

Mit all diesen Mechanismen werden wir uns innerhalb dieser Erzählung sehr intensiv beschäftigen. Mehr noch, DU wirst verstehen lernen, wer DU in Wahrhaftigkeit bist, welche Möglichkeiten DU hast und DU wirst lernen können, DEIN eigenes Leben nach DEINEN eigenen Vorstellungen zu gestalten.

Im Prinzip ist es ohne Bedeutung wer WIR sind oder durch wen WIR sprechen.

Soviel jedoch zur Erklärung dieser und der folgenden Schriften:
Wir sind eine Form von projizierter Gedankenenergie, entstanden aus dem Bedürfnis nach Wissen, Erkenntnis und Veränderung.

Selbst wir, die wir durch den Schreiber dieser Schriften zu euch sprechen, sind eine Projektion euer Gedanken, Wünsche, Bedürfnisse und Gefühle.

Wir sind. Wir sind *EURE* Gedanken und Gefühle, die sich einen Kanal gebahnt haben, der jedem von euch, also auch DIR, im Form dieser Schriften zugänglich ist.

Wir sind was IHR seid.

DU wirst DICH hier finden, das was in DIR ist. DU wirst in diesen Schriften das finden, was DEIN Anteil an dem Ganzen ist.

Nicht mehr und nicht weniger.

So möchten wir dich, wenn DU unsere Erzählung lesen möchtest, bitten, für DICH selbst das herauszufischen, und das, was DICH besonders anspricht und das, was DIR selbst als sinnvoll erscheint, als Wahrheit zu akzeptieren.

Wir werden DICH in unserer Erzählung verwirren und werden DICH mit DIR selbst konfrontieren. Sei also auf der Hut und achte auf DICH selbst.

Wir werden euch jedoch gewisse Zusammenhänge und Beschreibungen aus unserer Sichtweise erklären. Dies mag in der einen oder anderen Situation durchaus ein wenig verwirrend sein, weil wir uns diesbezüglich weder an eure Regeln halten werden noch in irgendeiner Form euren Erwartungen und Vorstellungen nachkommen werden.

Ihr seid Licht! Ihr seid Liebe! Ihr seid Freude!
Warum lebt ihr euch nicht?

Wer bist DU?

In dir viele Wünsche, viele Bedürfnisse und viele Träume. Außerhalb von dir dein reales Leben mit all seinen Schwierigkeiten, Sorgen, Nöten und Problemen.
Deine Wünsche, Träume und Bedürfnisse streben nach Verwirklichung, nach Realisierung, doch Deine äußere Welt, Deine „reale" Welt sorgt immer wieder dafür, dass Deine Träume wie Seifenblasen platzen, Deine Bedürfnisse unbefriedigt bleiben und Deine Wünsche sich nicht erfüllen.
Im Laufe der Jahre beginnst DU Deine Wünsche und Deine Träume langsam, aber sicher zu begraben, sie zu verdrängen oder anderweitig wegzuschieben, weil dir das Leben immer wieder gezeigt hat, dass das, was du schon immer erreichen wolltest, das, was dir immer wieder so wichtig schien, nicht „funktioniert", nicht realisierbar, nicht erreichbar zu sein scheint.

Immer wieder hast du Lebenssituationen durchlebt, in denen du voller Hoffnung warst. Immer wieder hat das Leben dich in Gegebenheiten geführt, in denen du dich glücklich, zufrieden und angenehm fühltest, um früher oder später wieder einmal enttäuscht, frustriert, gedemütigt, verängstigt oder verlassen zu werden.
Irgendwann hast du in deinem Leben dann einen Punkt erreicht, an dem du tief in dir beschlossen hast, nicht mehr enttäuscht, frustriert, ängstlich, verlassen oder gedemütigt zu sein.
An diesem Punkt hast du wahrscheinlich auch beschlossen deine Hoffnungen, Wünsche und Träume, die du so lange in dir getragen hast, nicht mehr weiter zu verfolgen.
So ganz stimmt diese Beschreibung zwar nicht, denn du hast diese Entscheidung nicht ganz bewusst getroffen, es handelt sich eher um eine Art Arrangement mit dir selbst.
Um nicht immer wieder die Erfahrung der Enttäuschung machen zu müssen, dass sich deine Hoffnungen, Wünsche und Träume doch nicht erfüllt haben oder vielleicht auch nicht erfüllen werden, diese jedoch auf eine bestimmte Art tief in dir sehr wichtig sind, soll und **muss** die Hoffnung in dir existieren können, dass vielleicht doch die Möglichkeit besteht, eines schönen Tages die vollständige Erfüllung erleben zu können.
Die Lebenserfahrung hat dir gezeigt, dass es oftmals nicht „funktioniert", **jedoch die Hoffnung darauf muss in dir verbleiben können!**
So hast du dich arrangiert mit dir selbst, mit deinen Wünschen und

Träumen. Oftmals findest du dich mit Lebensumständen ab, die dich zwar auch nicht auf Dauer glücklich machen, dir dennoch etwas von dem geben, was du dir für dich selbst erträumst.

(Es mag nun durchaus sein, dass jetzt aufgrund unserer Beschreibungen Widerstand in dir aufkeimt oder du versuchst dich in deinen Gedanken zu rechtfertigen.

Dies ist im Prinzip nicht notwendig, Menech, da wir dich lassen, wie du bist.

Solltest du diese Reaktion in dir fühlen, so frage dich, warum du dich widersetzen möchtest.

Wir tun lediglich unsere Sichtweise kund. Lasse sie als Betrachtungsweise stehen oder „re-agiere" indem du versuchst zu erklären, warum dies bei dir nicht so ist.

(Jede Mitteilung, die in dir eine emotionale oder rationale Resonanz hervorruft hat für DICH eine Botschaft, nach der DU suchen magst, oder auch nicht.)

Also findest du wiederum zwei Seiten in dir, nämlich die eine, die, wir möchten es einmal so definieren, deine Traum- oder Wunschwelt darstellt, und die andere, die deine Realität repräsentiert. Deine Traumwelt ist diejenige, die dich immer wieder einmal „Ausflüge" in deine Phantasie machen lässt, in der deine Bedürfnisse befriedigt und deine Wünsche erfüllt werden. Deine Realität ist die Seite in dir, die dich mit deinem Leben und den damit verbundenen Ängsten, Sorgen und Problemen konfrontiert.

Beide Seiten sind in DIR! Beide Seiten bist DU!
Allerdings hast du durch vielerlei Gegebenheiten immer wieder lernen „dürfen", dass Träume Schäume sind und DU dich gefälligst um richtige und wichtige Sachen zu kümmern hast.

Gefühle sind unverlässlich und es ist besser sich an der Realität des Verstandes zu orientieren, ein weiterer weitverbreiteter Lehrsatz eurer Zivilisation.

Ein gesunder Geist wohnt in einem gesunden Körper und so sind viele unter euch, die wie die „Ver- rückten" ihre Körper trainieren, damit sie über einen gesunden Geist verfügen. Viele von euch kommen nicht einmal ansatzweise auf den Gedanken, dass der Körper gesunden könnte, wenn der Geist gesundet ist.

Versteht uns bitte richtig! Trainiert soviel oder sowenig ihr wollt!
Selbst der Begriff „verrückt" hat für uns eine andere Bedeutung als dies für euch der Fall ist. Wenn etwas „ver- rückt" ist, bedeutet dies im

Prinzip, dass es von seinem ursprünglichen Standort verschoben wurde.

In Wahrheit ist dies für die gesamte Menschheit zutreffend. Im Prinzip seid ihr alle „ver-rückt" worden. Durch vielerlei Vorgänge in der Entstehungsgeschichte der Menschheit und selbstverständlich auch in der Folge haben sich Situationen ergeben, die eure Sichtweisen, insbesondere das Denken und Empfinden für euch (euer) SELBST verschoben, also „ver-rückt" haben.

Es gibt so vieles, dass euch trennt von all euren Brüdern und Schwestern, oder wie ihr so schön zu sagen pflegt, von euren Mitmenschen.
Ihr seid getrennt durch eure Nation, durch eure Sprache, euren Glauben, eure Geschlechter euren sozialen Status, durch eure Ausbildung, eure Berufe und noch durch so vieles mehr.
Doch was habt ihr gemeinsam?
Euer Lachen, eure Freude, euer Weinen, euer Leid und insbesondere eure Wünsche, Hoffnungen, Träume und Bedürfnisse!
Das beispielsweise habt ihr alle gemeinsam.
Es gibt noch vieles mehr, was euch Menschen aller Schichten, Rassen und Religionen vereint.
Euer tiefverwurzeltes Bedürfnis nach Akzeptanz, nach Geborgenheit, nach Sicherheit und vor allem euer Wunsch geliebt zu werden, vereint euch mehr als alles andere.
Jeder von euch Menschen ist ein absolutes Unikat in den Weiten des ALL-ES, jeder von euch ist ein absolutes Individuum. Und so hat jeder von euch eigene Mechanismen für das Leben entwickelt und erfunden, die euch (scheinbare) Ersatzmöglichkeiten bieten, all diese Wünsche und Bedürfnisse in eine Ecke zu stellen und sich der „Realität" zu stellen, die immer wieder gezeigt hat, dass Deine Wünsche und Bedürfnisse eben nicht in dem Maße befriedigt werden, wie DU es dir für dich wünschst.
Im Prinzip schon wieder etwas, was dich mit all den anderen Menschen auf diesem Planeten vereint, denn den anderen geht es ebenso wie dir.

Du glaubst, weil du vielleicht arm bist, oder denkst nicht genügend materielle Möglichkeiten zu haben, dass ein reicher Mensch glücklicher ist, als DU es bist?
Glaubst du, weil du krank bist und dein Körper dich immer wieder zwickt und dich plagt, dass ein gesunder Mensch glücklicher ist, als

du es in Deinem Zustand sein könntest?
Weil du dich einsam fühlst glaubst du vielleicht, dass Menschen, die sich in einer Partnerschaft oder Ehe befinden, glücklicher sind, als du es sein könntest?

Ihr glaubt immer wieder, dass das, was ihr gerade **nicht** habt, dasjenige ist, was euch glücklicher machen könnte.
So sagt ihr immer wieder, wenn diese oder jene Lebenssituation eingetreten ist, dann könnt ihr tun, was ihr möchtet, dann seid ihr glücklich und zufrieden, dann seid ihr dieses oder jenes.
So machst auch du dein Glück und deine Zufriedenheit abhängig von bestimmten Gegebenheiten, von denen du gerade jetzt denkst, dass dir eben gerade jenes fehlt.

Nun, wir werden dir einiges über dich und deine Mitmenschen erzählen.
Du kannst dir relativ sicher sein, dass dich unsere Erzählung verändern wird. Sie wird dich in der Art verändern, als dass DU selbst deine Sichtweisen über viele Dinge deines tagtäglichen Lebens verändern wirst.
Unsere Erzählungen werden dich insoweit verändern, als dass du über das eigene Verständnis vieler kosmischer Gegebenheiten und Gesetzmäßigkeiten SELBST in die Lage versetzt wirst, dein Leben in die eigenen Hände zu nehmen.
Um die Inhalte dieses Buches, dieser Erzählungen verstehen zu können, musst du **kein** esoterischer oder spritueller Mensch sein. Es ist vollständig ausreichend, dass du ein Mensch bist.
Selbst wenn du dich als Esoteriker(in) oder Spiritualist(in) definierst, wird es deinem Verständnis unserer Beschreibungen nicht schaden können.

Lass also alles, was du weißt und kannst für die Dauer unserer Erzählungen einmal hinter dir. Versuche offen zu sein, für die merkwürdigsten Erzählungen und Beschreibungen, die du vielleicht jemals gehört hast.
Öffne dich, sei jedoch wachsam und kritisch.

Augen zu und durch! Das ist unter Umständen nicht die Motivation, die du für unsere Erzählungen brauchen kannst.
Es schadet nicht, wenn du von Zeit zu Zeit während unserer Erzählungen die Augen schließt und dein Herz hören und sehen lässt.
Ob es dir nutzen wird, wirst du dann wissen, wenn du die Erfahrung

gemacht hast.

Sei versichert Menech, dass **DU geliebt bist**.

Gibt es etwas, das DU dir ersehnst?

Sehnst du dich nach innerem Frieden? Hast du das Bedürfnis, dich entspannt zurückzulehnen, deine Augen voller Vertrauen zu schließen und dich einfach in dich selbst fallen lassen zu können?

Ist dir bewusst, Mensch, dass dein Wunsch nach innerem Frieden, und wir sprechen von innerem Frieden und keineswegs von resignierter Gleichgültigkeit, daher entstammen **muss**, dass du in dir eine Form von Krieg führst?
Immer wenn du einen Wunsch oder ein Bedürfnis in dir verspürst, bedeutet dies, dass du über das, was dir dein Wunsch signalisiert nicht verfügen kannst.
Viele von euch machen die Erfüllung eurer Wünsche von bestimmten Geldbeträgen abhängig.
„Wenn ich das Geld habe, kann ich endlich dieses oder jenes tun......"
„Wenn ich Geld hätte, könnte ich mir einen guten Arzt/ das beste Medikament/ die besondere Operation leisten............"
„Wenn ich Geld......"
„Wenn ich......"
„Wenn......"
„Wenn......"
„Wenn......"

Da eure inneren Überzeugungen in bezug auf Geld dergestalt sind, dass ihr es in eurer Gedanken- und Gefühlswelt mehr ablehnt als anzieht, geratet ihr innerlich in einen Konflikt.
Einerseits der Wunsch, das Bedürfnis nach dem, was ihr Geld nennt und andererseits die Realität eurer Welt, in der Geld denjenigen vorbehalten ist, die sich in Führungspositionen befinden, eigene Firmen haben, oder, oder, oder........

Vielleicht verfügt ihr über genügend finanzielle Mittel. Seid ihr deshalb sorgenfrei?
Löst euer Geld eure Sorgen und Probleme? Seid ihr mit all eurem Geld wirklich glücklich? (Habt keine Sorge, ihr dürft es, soweit es uns angeht, durchaus behalten!)
Auch euer Leben ist mit vielerlei Bedingungen verknüpft.

Dieses Hin- und Hergerissensein, dieses gedankliche Hin- und Herspringen zwischen dem was ist und dem was ihr euch erhofft und wünscht, bereitet euch eine Art von innerem Kampf, der euch nicht zur Ruhe kommen lässt.

Die Unzufriedenheit in euch und die Art, wie ihr sie nach Außen tragt und eure Mitmenschen dadurch konfrontiert, bereitet euch wieder eine Form von Gegenreaktionen der anderen, die euch innerlich nicht „**be-fried**-igt", sondern wiederum eher dazu beiträgt, dass ihr weiterkämpft.

So geratet ihr in einen Strudel von Reaktion und Gegenreaktion, dessen Zentrum sich immer und ohne Ausnahme so darstellt, dass ihr durch einen „Ausbruch" euren inneren Druck vermindert.

Dabei kann es sich um Wutausbrüche, massive Frustrationen oder „Fluchtverhalten" mit all ihren Nebenerscheinungen, wie z. B. Fresssucht, übermäßigen Alkoholgenuss, Kaufrausch, weitere Süchte aller Art, körperliche Gebrechen, übermäßige Traurigkeit, Depression oder vielerlei sonstige Dinge handeln.

Vielleicht ist Geld gar nicht das Problem um das es geht?

„Wenn ich meine Krankheit besiegt habe, dann werde ich wieder.........!"

„Wenn ich meine(n) Traum- oder Seelenpartner(in) gefunden habe, kann ich endlich........"

„Wenn ich endlich den neuen Job habe, dann werde ich.........!"

„Wenn ich das neue Haus oder die neue Wohnung gefunden habe, bin ich.........!"

Kommt euch davon irgendetwas bekannt vor?

Euer gesamtes Leben, euren gesamten Umgang mit anderen Menschen, euren Umgang mit euch selbst verknüpft ihr mit Bedingungen und Vorgaben.

Keineswegs aus Böswilligkeit, nicht aus Dummheit oder sonstigen „Negativmotivationen", sondern einzig und allein aus Unwissenheit oder Unkenntnis.

Bei der Auseinandersetzung mit all euren Wünschen, Hoffnungen und Träumen und deren Erfüllung, respektive bei deren Nichterfüllung verschafft ihr euch eine Art von "Beschäftigungstherapie", mit der ihr große Anteile eures Lebens verbringt.

Wenn ihr die Zusammenhänge begreift und versteht, so könnt ihr euer Leben vollständig verändern und seid der Erfüllung eurer Wünsche ein wesentliches Stück nähergerückt!

Habt ihr es bemerkt? Wir haben euch eine kleine Falle gestellt. „Wenn ihr die Zusammenhänge begreift und versteht.............."
Wiederum eine Bedingung.

Im Prinzip kennt ihr alle Vorgänge und Zusammenhänge schon.
Es gibt nichts, was ihr nicht schon kennt oder wisst. Ihr könnt euch lediglich aus einigen Gründen an euer Wissen nicht mehr erinnern.
Aus eurem inneren Wissen habt ihr das „Gewissen" gemacht. Selbst wenn euch das kleine Wortspielchen ein wenig kindlich vorkommen wird, denkt dennoch einmal darüber nach.

„Gewissen" – „Geh Wissen"

In eurem Sprachgebrauch ist jedes Wort und dessen Schreibweise genau definiert.
Der phonetische Ablauf eines Wortes oder Satzes ist in eurer Realität dabei nur von untergeordneter Bedeutung. In eurem Umgang mit eurer Sprache ist es wesentlich bedeutsamer, dass die festgelegten Regeln eingehalten werden. Darauf werdet ihr getrimmt und jeder Verstoß gegen diese Reglements wird geahndet.
Könnt ihr euch noch an eure Schulzeit erinnern?

Ihr werdet im Verlauf unserer Erzählung noch verstehen, dass die phonetische Lautfolge von Wörtern und Sätzen wesentlich wichtiger sein kann, als die genau festgelegte Schreibweise.
Euer Wissen hat genau das getan, was ihr von ihm verlangt habt. Es ist gegangen. Im Prinzip ist es noch da – es steht euch lediglich nicht mehr richtig zur Verfügung.

Ihr habt euer Wissen gehen lassen, damit ihr eure zwischenmenschlichen und materiellen Spiele spielen könnt.
Hat dies einen Grund?
Ja!
Steckt ein Sinn dahinter?
Ja!

Selbst wenn dieser Gedanke dir im Augenblick noch suspekt vorkommen mag:
Du spielst ein Spiel.
All die anderen Menschen spielen DEIN Spiel mit, so wie DU das Spiel der anderen mitspielst.
Der Sinn des Spiels ist es DEIN Leben zu leben.
Der Grund des Spiels ist es, DICH selbst zu finden und zu erkennen.

Je sinnloser dir dieses Spiel um Geld, Macht und um andere materielle Dinge vorkommt, desto mehr bist du bereit nach Alternativen zu suchen.
Viele dieser Alternativen werden dich wiederum „ent-täuschen", bis du begreifst, dass du lediglich nur DU selbst sein musst, damit DU glücklich und zufrieden sein kannst.

DU hast dein Leben in der Hand!
Du willst es verändern?
Dann tue es!
Tue es JETZT!

Und schon wieder gehst DU in DEINE eigene Falle!
„Ich würde ja gern, aber wie soll ich denn.........."
„Wenn ich nur wüsste wie, dann könnte ich ja........."

Wenn DU DEIN Leben verändern möchtest, kannst DU dies in jedem Augenblick Deines Lebens tun. Unabhängig von jeder Situation in der DU gerade stecken magst.

NUR DU kannst **DEIN** Leben verändern.

DU bist der/die Meister/in Deines Lebens. Triff die Entscheidung jetzt oder irgendwann in der Zukunft.

Der Gedanke mag dir jetzt noch dubios vorkommen, aber DU lebst und **erlebst** eine Art von Traum, den Deine Seele, dein höheres Selbst, dein göttlicher Anteil oder wie auch immer du diesen Persönlichkeitsaspekt von dir nennen willst, träumt.
DU bist fähig und in der Lage Deinen Traum, der dein jetziges Leben darstellt zu verändern.
Du bist diejenige/derjenige die/der Deinen Traum träumt.

Willst du Deine Welt verändern, verändere Deinen Traum. Das ist alles.
Das ist ALL-ES.

Deine Suche endet dann, wenn du gefunden hast, wonach du suchst.
Was jedoch suchst du?
Wirst du uns glauben, wenn wir dir nun sagen, dass DU DICH SELBST suchst?
Wirst DU DICH SELBST in Deiner äußeren, der materiellen Welt

finden?
Ja!
Nein!

Beides ist der Fall. Finden kannst DU DICH nur in DIR!
Deinen Umgang mit DIR und mit anderen findest DU nur in der äußeren, der materiellen Welt.
Die materielle, die physische Welt erfüllt bei der Suche nach dir selbst eine wichtige Funktion. Sie wirkt wie ein Spiegel, durch den DU DICH selbst sehen kannst.
Das, was DU in der physischen Welt erlebst und erfährst, ist das, was DU an Gedanken und inneren Überzeugungen in dir selbst findest.

DEIN Gedanke und DEIN Gefühl miteinander vereint ergeben eine Wirkung in der äußeren, der physischen Welt. Sind Gedanke und Gefühl nicht im Widerspruch zueinander, ergibt sich dadurch ein gewaltiges Potential an Schöpferkraft, die es DIR ermöglicht ALLES, und wir meinen wirklich ALLES, zu tun und entstehen zu lassen.

Schockiert DICH der Gedanke?
Macht er DIR Angst?
Heißt das nicht, dass DU für vieles verantwortlich bist, was um DICH herum geschehen ist, geschieht oder noch geschehen wird?
Merkst du, was dieser Gedankengang mit DIR tut?
Er macht dich ängstlich oder er lässt ein immenses Machtgefühl durch dich rieseln.
Vielleicht lässt er DICH auch völlig kalt, weil DU dies schon längst weißt.
In diesem Falle fragen wir DICH, warum DU unsere Erzählung eigentlich noch liest?

DU, IHR bist/seid in der Lage all das zu tun, was ihr wollt.
Lernt die Mechanismen kennen und IHR/ DU seid/bist in der Lage euer/dein Leben nach EUREN/DEINEN Vorstellungen zu gestalten.

„Ich würde ja gern, aber wie soll ich denn............", „Wenn ich nur wüsste wie, dann könnte ich ja..........", gehören dann der Vergangenheit an, wenn DU DICH dazu entschließt.
Dieses Mal war es keine Falle, eure Sprache ist jedoch so verstrickt, dass es kaum möglich ist, Zusammenhänge zu beschreiben, ohne sie mit Bedingungen zu verknüpfen.
Ihr mögt uns vergeben............

Wie entsteht eine Bedingung?

Im Prinzip ist eine Bedingung nichts anderes als die Vorstellung einer Situation unter gewissen Voraussetzungen.
Also noch mal: Die „**Vor**- Stellung" einer Situation unter gewissen „**Vor**- Aussetzungen".
In zwei Wörtern dieses Satzes findet ihr die Silbe „vor". „Vor" bezieht sich in eurem Sprachgebrauch meist auf Zeitabläufe, die **vor** dem Augenblick des JETZT liegen oder gelegen sind. Anders formuliert, beschreibt diese Aussage eine gedankliche Phantasie unter bestimmten Voraussetzungen.
Eine Bedingung ist genau mit derartigen Zeitabläufen verknüpft.

Bedingungen sind Vorgaben, die ihr mit Abläufen eurer Realität verknüpft. Wenn also etwas in eurem Leben geschehen soll, projiziert ihr vorher in euren Gedanken eine bestimmte Vorstellung, die keineswegs in allen Details genau geplant sein muss.

Wollt ihr beispielsweise eine Kreuzfahrt machen, so braucht ihr dafür ein Ticket. Ein Ticket kostet Geld. Somit entsteht in eurer Gedankenwelt die Vorstellung, dass ihr auf irgendeinem Wege Geld erhalten müsst, um das Kreuzfahrtticket bezahlen zu können.
Wollt ihr eure Krankheit „besiegen", so geht ihr davon aus, dass ihr einen Heiler braucht, der euren Körper durch seine inneren Kräfte, durch Medikamente oder andere Mittel so beeinflusst, dass er Heilung erfährt.

Sucht ihr euch eine(n) Partner(in), so betrachtet ihr euch in einem Spiegel, findet euch mehr oder weniger in Ordnung und versucht nach euren eigenen Möglichkeiten einen Menschen zu finden, der euch mögen könnte.

Wenn ihr versucht in eurem Leben etwas zu erhalten oder zu erreichen, projiziert ihr in eurer Gedankenwelt bereits im Vorfeld die Abläufe. Maßgabe für eure Vorstellungen sind immer eure eigenen inneren Meinungen und Überzeugungen, die ihr im Laufe eures Lebens einfach als Wahrheit oder als Gegebenheit akzeptiert habt.

Nun könntet ihr beispielsweise euer Kreuzfahrtticket von jemandem geschenkt bekommen oder anderweitig erhalten. Der erste Gedanke in diesem Zusammenhang wird jedoch sein: „Wer sollte mir schon so ein Ticket schenken?", oder ähnlich.

Im Wissen um eure Erkrankung, der damit verbundenen Abläufe und Symptome wisst ihr, oder besser, glaubt ihr zu wissen, dass erst dieses oder jenes mit euch geschehen muss, damit euer Körper Heilung erfahren kann.

Auf der Suche nach dem/der Partner/in, habt ihr eine Vorstellung eures Aussehens und eurer Wirkung auf das andere (oder gleiche) Geschlecht. Ob andere Menschen dies auch so beurteilen wie ihr selbst, sei an dieser Stelle einmal dahingestellt.
Aufgrund eurer eigenen Überzeugungen über eure eigene Person sucht ihr euch nun Wege und Möglichkeiten, **trotz** eurer (angeblichen) äußeren und inneren Unzulänglichkeiten oder Schönheiten einen Menschen zu finden, der euch **trotz**dem mag.

All diese **Vor**gaben, die ihr nicht nur **vor** euch selbst, sondern auch **vor** allen anderen belegen und begründen könnt, sorgen dafür, dass ihr immer wieder in die gleichen **Vor**gänge und Abläufe eures eigenen Lebens eintaucht und auf diese Weise immer wieder sogenannte „Wieder-Holungen" erlebt. „Wieder-Holungen" in der Form, als dass ihr immer wieder die gleichen Lebensabläufe durchleben könnt, die ihr schon immer durchlebt habt.
Wie das Wort bereits beschreibt, **holt** ihr etwas **wieder**, ihr **wieder** - **holt** es.
Es ist durchaus möglich, dass derartige „Wieder-Holungs-Situationen" zunächst einmal anders aussehen, sich anders anfühlen und generell anders erscheinen als die bisher durchlebten Ereignisse. Dennoch erkennt ihr im Laufe der Zeit, dass sich wieder einmal eine Situation einfach wiederholt, die ihr im Prinzip nie wieder erleben und erfahren wolltet.
Die Folge davon können wieder einmal Frustration, Depression oder andere körperliche oder geistige „Durchhänger" sein.

Wenn ihr dann genug davon habt, sucht und findet ihr Mechanismen und Techniken, die es euch ermöglichen können oder sollen, derartige Wiederholungen loszulassen oder gehen zu lassen.

Funktionieren derartige Techniken? Ja, im Prinzip schon! Meist solange bis sich eine bekannte Lebenssituation wiederholt.

Tatsächlich haben derartige Lebenssituationen, die euch zugegebenermaßen nicht immer glücklich sein lassen, jedoch eine Funktion. Sie sind für euch „not - wendig".

Gemäß eurer euch antrainierten Programme und Überzeugungen seid ihr jedoch überwiegend hilflos dem Leben mit all seinen Gegebenheiten ausgeliefert und müsst eben sehen, wie ihr klarkommt.

Die Bedingungen, die ihr immer wieder selbst stellt, schaffen Voraussetzungen in eurem Leben, die euch immer wieder die gleichen Abläufe erleben und erfahren lassen. Verknüpft ist die Projektion der Bedingungen oder Vorgaben immer mit euren inneren Überzeugungen, über die wir noch ausführlich sprechen werden.

Auf diese Art und Weise bewegt ihr euch immer wieder.im Kreis.
Die Vorstellung, einfach dem/der Partner/in begegnen zu können, die Vorstellung einfach über Geld verfügen zu können oder die Vorstellung einfach aus euch selbst heraus gesunden zu können fällt euch einfach schwer.
„Wie............., woher.............auf welche Weise............", beschäftigt euch wesentlich mehr.

Ihr selbst, jeder Einzelne von euch gestaltet sich sein Leben selbst. (Uns ist bekannt, dass wir uns diesbezüglich fortwährend wiederholen.) Die Basis dafür bilden eure inneren Überzeugungen, die im Prinzip nicht einmal eure eigenen Überzeugungen sind, sondern lediglich Vorgaben und Lebensweisen, die ihr von anderen Menschen übernommen habt.

Habt ihr euch dann Lebensumstände geschaffen, die euch nicht sonderlich gefallen, versucht ihr sie möglichst umgehend und möglichst wirksam zu bekämpfen, sie auszurotten und zu vernichten, damit sie euch nicht mehr „erwischen" können – ihr versucht sie „loszulassen".
Das Spielfeld und die Variationen derartiger Kämpfe, die sich euch oftmals nicht als solche darstellen, ist außerordentlich vielfältig.

In diesem Zusammenhang stellt sich jedoch für Außenstehende gegebenenfalls die Frage: Geht es euch darum zu lernen euer Leben zu gestalten, oder möchtet ihr lernen „loszulassen"?

Nun lebt ihr allerdings seit einiger Zeit innerhalb gigantischer energetischer Veränderungen, die sich immer mehr in eurem persönlichen wie auch in eurem globalen Lebensumfeld auswirken werden. Das bedeutet, dass derartige alte Verhaltens- und

Überzeugungsmechanismen immer mehr an Einfluss und Wirkung verlieren.

Also lernt einfach, mit euch selbst und eurem Leben auf andere Art und Weise umzugehen, als dies bisher der Fall war.

Es ist wesentlich einfacher, als ihr es im Moment noch glaubt.

Deine inneren Glaubenssätze

Was wäre eine Welt mit all den auf ihr lebenden Menschen, wenn ihr bedingungslos lieben könntet und würdet?
Was wäre, wenn ihr lernen würdet euch selbst, eure Gedanken und Gefühle nicht immer wieder in bestimmte „**Vor**-Gaben" zu verstricken, um so eure euch innewohnende Schöpferkraft in Bahnen zu lenken, die euch im Prinzip gar nicht so gut gefallen?
Was wäre, wenn ihr euer Leben selbst in jeglicher Form gestalten würdet?

Was wäre, wenn ihr, entgegen eurer herrschenden spirituellen und esoterischen Dogmatisierung, beginnt, euren Wünschen und Bedürfnissen nachzugeben und zu lernen sie euch zu erfüllen?

Nun, viele gehen von euch einen großen Umweg um sich ihre **Vor**gaben in Bezug auf ihre Wünsche und Vorstellungen zu erfüllen.
Im Prinzip hat sich die letzten paar tausend Jahre kaum etwas geändert. Noch immer habt ihr eure Gladiatorenkämpfe. Heute kämpfen eure Gladiatoren nicht mehr um ihr Leben. Bestenfalls kämpfen sie noch um ihr Prestige. Heute verdienen eure Gladiatoren Millionen, sitzen in Rennwagen, stehen auf einem Tennis- oder Fußballplatz und sind für viele andere **Vor**bild oder Idol.
Noch immer lebt ihr nach dem Prinzip Brot und Spiele für die Menschen.
Wer abgelenkt ist, denkt nicht nach. Wer nicht nachdenkt, entwickelt keine (für das System) gefährlichen Gedanken. Wer keine gefährlichen Gedanken entwickelt, ist beherrsch- und lenkbar.

So wurde ein Gesellschaftssystem entwickelt, das auf der Aufsplitterung, der Teilung basiert. Gut und Böse, schwarz und weiß, arm und reich, gesund und krank.
Wertmaßstäbe wurden kreiert, die den Menschen Vorgaben stellten, die sie nur in Ausnahmefällen auch erreichen konnten. Damit verbunden wurden gewisse „Unteraufgabenstellungen", die immer wieder erreichbar gemacht wurden, damit die Menschen innerhalb des Systems nicht auf Dauer die Lust verlieren.

Für viele von euch bedeutet eure spirituelle Entwicklung alles.
Doch seid einmal ganz ehrlich, ist das, was euch da oftmals als „heilbringend" verkauft wird (und wir wählen das Wort „verkauft" ganz bewusst) wirklich das, was euch näher zu euch bringt? (Natürlich

greift hier wiederum das Prinzip, dass jeder Weg euch dorthin bringen wird, wohin ihr ohnehin kommen werdet. Aber muss es deiner Vorstellung gemäß unbedingt ein Weg mit vielen Umwegen, Sackgassen, Täuschungen und „Ent-Täuschungen" sein?

Auch wenn ihr es im Augenblick noch nicht zu glauben vermögt: Jeder einzelne von euch ist wichtig für die Entwicklung und Entfaltung des großen Ganzen. Jeder von euch ist absolut einzigartig in seiner Denk- und Gefühlswelt. Keiner ist dem anderen auch nur annähernd gleich, auch wenn es in einigen Fällen viele Übereinstimmungen geben mag.

So hat jeder einzelne von euch seine eigene Betrachtungs- und Empfindungsweise und somit auch seine eigene absolut einzig- artige Wahrnehmung.

Ihr lebt innerhalb eines für euch unvorstellbar großen Energiegefüges, das ihr als den Kosmos bezeichnet. Ihr seid ein winzigkleiner Teil dieses großartigen Gefüges. Auch wenn jeder einzelne von euch, verglichen mit dem großen Ganzen nur ein winzig kleiner Bruchteil der Einheit darstellt, so wäre die Einheit ohne das winzig kleine Rädchen nicht vollständig.

Jeder einzelne von euch ist für ALL-ES, was geschieht oder noch geschehen wird, immens wichtig und bedeutsam.
Von eurer Warte aus betrachtet mag es immens schwierig sein, die großen, die kosmischen Zusammenhänge und Wirkungsweisen zu begreifen und zu verstehen.
Doch euch selbst, das, was ihr selbst als winzig kleiner Bruchteil des großen Ganzen seid, zu begreifen und zu verstehen, wird euch möglich sein.

Kennt ihr die Aussage: „Wie im Großen, so im Kleinen, wie im Kleinen, so auch im Großen."?
Stellt euch einmal eine Mikrobe vor. Glaubt ihr, dass diese Mikrobe innerhalb eines menschlichen Körpers den gesamten Körper begreift und ihn in seiner gesamten Größe durchforschen und wahrnehmen kann?
Eine Mikrobe ist eine Mikrobe, ist eine Mikrobe. Sie hat Fähigkeiten und Eigenschaften und tut all das, was sie kann dort, wo sie gerade die Möglichkeit hat.

Was tut ihr? Ihr forscht und forscht und wenn ihr endlich einen Teil des großen Ganzen glaubt sehen oder anderweitig wahrnehmen zu können, seid ihr euch nicht mehr so ganz sicher, wo ihr denn nun euer Tun beginnen sollt.

„Dieser Ort wäre nicht schlecht, aber in meiner Erinnerung hatte ich noch einen besseren Ort....", so sagt ihr und bevor ihr beginnt, sucht ihr noch mal den Ort, der lediglich in eurer **Vor**stellung besser schien und verlauft und verzettelt euch.

Jeder Ort ist genauso gut, wie jeder andere. Jeder Platz ist so gut, wie alle anderen.

Ein Platz wird deshalb gut oder schlecht, weil ihr ihn dazu macht oder nicht.

Gleichgültig welchen Platz ihr in eurem Leben einnehmen wollt, es wird der **richtige** sein.

Eure Dogmatisierung sorgt dafür, dass ihr glaubt an dem Platz, an dem ihr jetzt seid, nicht „richtig" zu sein. Eure Dogmatisierung sorgt dafür, dass ihr glaubt nicht gut genug zu sein und aufgrund dessen „besser" werden müsst.

Eure Dogmatisierung vermittelt euch ein Bild von euch selbst, in dem ihr froh sein müsst euer Leben halbwegs „auf die Reihe zu bekommen".

Während in früheren Zeiten eure Kirchen oder sonstige Glaubensgemeinschaften ein Bild der „jenseitigen" Welt präsentierten, in dem ihr gewisse Vorgaben zu erfüllen hattet, um als „guter" Menech zu gelten, erfüllen heute eure spirituellen oder esoterischen Dogmen euer Bewusstsein und somit euer denken, fühlen und handeln.

Auch hier findet ihr immer wieder Vorgaben, die es zu erfüllen gilt. Insoweit hat sich auch hier kaum etwas verändert.

Als Teil des großen Ganzen, steht JEDEM von euch im Prinzip all das zur Verfügung, was auch dem großen Ganzen als Gesamtheit zur Verfügung steht.

Jeder von euch - wir betonen dies noch einmal - ist ein Teil des Ganzen. Ohne diesen Teil wäre das Ganze kein Ganzes mehr.

Eure euch innewohnenden Schöpferkräfte sorgen immer dafür, dass ihr das habt, was ihr „braucht". Aufgrund eurer Glaubenssätze seid ihr jedoch in die täglichen Abläufe so „**ver**-wickelt", dass ihr immer mehr nach „**Ent**- wicklung" strebt.

Eure Schöpferkräfte, die sehr eng mit euren inneren Überzeugungen verwoben sind, sorgen schlicht und ergreifend dafür, dass ihr zu

jedem Zeitpunkt eures Lebens das erlebt und erfahrt, was ihr eben gerade über euch und die Welt GLAUBT.
Der absolute, der innige Glaube lässt sich im Prinzip so beschreiben, dass jeder Gedanke dem aufgrund der inneren Überzeugungen kein „automatischer" Gegengedanke entgegengesetzt wird als absolute Überzeugung gelten kann.
Jeder Gedanke hat in der Folge ein Gefühl und umgekehrt.

So fühlt ihr euch beispielsweise zu einem Menschen aufgrund seines Auftretens hingezogen und ein Gefühl in euch rät euch zur Vorsicht.

Gelingt es euch den Gedanken und das Gefühl in eine Richtung zu lenken, so entsteht nahezu übergangslos eine Form der Realität, die für euch körperlich, also dreidimensional erscheint.

Anders formuliert: Gelingt es euch Gedanken und Gefühle **gleichzuschalten**, erschafft ihr Realität.
Nun haben wir kurz zuvor behauptet, dass ein jeder von euch immer das erhält, was ihr braucht.
Auch wenn das Thema „Liebe" noch wesentlicher Bestandteil dieser Erzählung sein wird, soviel vorab: Ihr lebt ***innerhalb*** der absoluten Liebe. Ja mehr noch, ihr seid Bestandteil dieser absoluten und bedingungslosen Liebe.

Ihr werdet so unbeschreiblich geliebt, dass euch diese Liebe all das gibt, was ihr wollt.

Da allerdings beginnen eure „Probleme". Diese absolute und bedingungslose Liebe unterscheidet nicht zwischen dem, was ihr in eurer Gedankenwelt vordergründig fordert, sondern sie gibt euch immer das, womit ihr euch intensiv auseinandersetzt.
Die absolute und bedingungslose Liebe gibt euch das in eurer physischen Existenz, womit ihr euer Bewusstsein aufgefüllt habt.

Bedingungslosigkeit bedeutet keinerlei Forderungen zu stellen oder gewisse Abläufe von gewissen Vorgaben oder Bedingungen abhängig zu machen.
Ihr werdet so geliebt, dass das Leben, der große Geist, die kosmische Kraft, Gott oder das EINE Wesen euch nicht fragt ob ihr dies wirklich wollt oder ob ihr euch bewusst seid, was euch aus euren Bewusstseinsinhalten erwachsen wird.

Diese Liebe gibt ohne zu fragen.

Diese Liebe gibt euch ohne jegliche Bedingung, einzig und allein deshalb, weil ihr SEID.

Im Prinzip könntet ihr euer Bewusstsein mit allem anfüllen, was euch von Bedeutung ist, in der absoluten Bewusstheit, dass ihr darüber werdet verfügen können.

Doch euer Bewusstsein ist angefüllt mit all euren Wünschen und Bedürfnissen, mit all euren Zweifeln und Ängsten.
Und so erhaltet ihr das, was ihr euch „wünscht".

Ihr glaubt Wünschen zu müssen und erzeugt genau dadurch die Überzeugung:
„Ich habe nicht!!!"

Und weil dieses „Nicht-Haben" in eurem Bewusstsein als Wahrheit akzeptiert wird, reagiert der Kosmos genau darauf und entspricht eurem „Wunsch" **nicht** zu haben.

So einfach ist das.

Nun gibt es jedoch einige Zusammenhänge, die es euch ermöglichen, dass ihr dennoch erhaltet. An dieser Stelle möchten wir jedoch lediglich das Wirkprinzip verdeutlichen. Insofern werden wir es bei diesen Äußerungen belassen. Im weiteren Verlauf dieser Erzählung werdet ihr noch begreifen lernen wie und warum sich immer wieder gewisse „Ausnahmen" dieser Gesetzmäßigkeit ergeben. Dabei handelt es sich nicht wahrhaftig um Ausnahmen, das immer und ohne Ausnahme das Prinzip von Ursache und Wirkung Gültigkeit hat. Es handelt sich dabei mehr um eine Art von „Zufallstreffern" (Bitte keine Diskussion über das Wort „Zufall"). Wer von euch bereits derartige Zufallstreffer gelandet hat, wird beim Versuch der Wiederholung festgestellt haben, dass das nicht ganz so einfach ist.

Wenn ihr nun immer wieder Leid und Schmerz erlebt, hat das einen Sinn?
Ja! Ja! Und noch mal ja!

All das Leid und all der Schmerz hat den Sinn euch solange zu quälen, bis ihr beginnt nach Alternativen zu suchen.

Wird das Leid und der Schmerz „von oben" geschickt?
Nein! Nein! Und nochmals Nein!

Es mag sich an dieser Stelle noch etwas unverständlich anhören, aber ihr erzeugt euer Leid und euren Schmerz wiederum selbst, durch all das, was ihr über eure Welt und über euch selbst glaubt.
Ihr werdet in eine Welt hineingeboren, die euch, zumindest zu Beginn eures Lebens wenig Möglichkeiten lässt, frei zu entscheiden. Und wenn ihr alt genug seid frei zu entscheiden, so seid ihr bereits so tief geprägt durch all die unzähligen Menschen, die es nur gut mit euch gemeint haben und euch ihre Überzeugungen und Sichtweisen so tief aufgeprägt haben, dass ihr euch aus diesem Wust von Lebensüberzeugungen kaum noch retten könnt.

Und so kämpft ihr euren Kampf zwischen dem, was tatsächlich in euch ist und dem, was andere euch über die Welt und euch selbst gelehrt haben.

Vergesst nicht: An euren Lebensumständen könnt ihr erkennen, was ihr denkt, glaubt und fühlt.

Vielleicht möchtet ihr das nicht so gern hören, dennoch verhält es sich so.

Darin liegt für euch eine enorm große Chance.
Betrachtet euer Leben mit all seinen damit verbundenen Umständen. Nehmt das, was euch selbst daran nicht gefällt und versucht einmal herauszufinden, welche Person in eurer Vergangenheit euch über diesen Umstand was beigebracht hat.

Vielleicht ist das in einigen Fällen nicht möglich. Dennoch solltet ihr dann nicht traurig sein.
Wir werden euch noch mehr darüber erzählen.

Liebe ist bedingungslos

Euer Weltbild ist geprägt von vielfältigen inneren Überzeugungen, die es euch selbst immer wieder ermöglichen, euch selbst zu sabotieren. In der Folge seht ihr euch genötigt, euch in irgendeiner Form aus eurer eigenen Umkettung zu befreien. Der Gedanke, die innere Überzeugung, dass ihr **nicht** fähig seid, euer Leben und die damit verbundenen Umstände selbst gestalten zu können, lässt euch immer wieder und immer wieder Frustration in vielfältiger Form erleben.

Das euch vermittelte Weltbild suggeriert euch immer wieder, dass ihr den höheren oder den niedrigen Mächten ausgeliefert seid und euch in irgendeiner Form mit der einen oder der anderen Seite (oder am Besten mit beiden Seiten) arrangieren müsst.

In eurem Weltbild gibt es einen Gott, der die Welt geschaffen hat und der all dem Leben, dass auf ihr kreucht und fleucht in unterschiedlicher Form zu Diensten steht. Irgendwann, so die Überlieferung werden die „Guten" belohnt und die „Bösen" bestraft.

Diese Bestrafung oder Belohnung wurde aus bestimmten Gründen in „jenseitige" Bereiche verlagert, so dass damit noch eure Furcht vor dem Übergang von einer Existenzebene in die andere geschürt wird.

Die meisten von euch tragen eine tief verwurzelte Angst vor dem Vorgang in sich, die ihr als „sterben" bezeichnet.

Sprüche, wie z.B.: „Kleine Sünden straft der liebe Gott sofort", unterstützen eure Glaubenssätze und Überzeugungen eines „liebenden" Gottes, der euch immer dann, wenn ihr es verdient habt, bestraft.

Der liebende Gott, der euch bestraft, indem er euch immer wieder durch globale oder persönliche Katastrophen zeigt, dass ihr auf dem „falschen" Weg seid?

Ein liebender Gott, der die Menschheit durch globale Vernichtung strafen wird, wenn sie sich nicht so verhält, wie er es vorgibt?

Würde dies nicht heißen, dass die Wesenheit, die ihr als GOTT bezeichnet, die Menschheit und all die anderen Lebensformen auf eurem Planeten erschaffen hat, um euch gleichzeitig wieder in Formen zu pressen?

Würde dieses Gottesbild nicht bedeuten, dass ihr erschaffen wurdet, um einzig und allein Gott zu Diensten zu sein?

„Ich bin der Herr, DEIN Gott. Du sollst keine anderen Götter haben, neben mir!"

Ist dieser Satz die Aussage eines liebenden Wesens, dass sich seiner Einzigartigkeit als das EINE Wesen bewusst ist? Weist diese Aussage wahrhaftig auf ein Wesen hin, dass sich bewusst ist, dass es der EINE und EINZIGE Gott ist?

Oder handelt es sich hierbei mehr um die Aussage einer Wesenheit, die unter der Ausübung von negativen Machtstrukturen versucht klarzustellen, dass die Verehrung eines „anderen" Gottes möglicherweise mit Strafe geahndet werden könnte?

Würde eine Wesenheit, die sich wahrhaftig klar und bewusst ist, dass SIE das EINE und EINZIGE Wesen ist, tatsächlich Anspruch darauf erheben, verehrt zu werden?

Würde es dieser Wesenheit nicht gleichgültig sein, wie sie bezeichnet wird, da sie in dem vollständigen Bewusstsein lebt, dass SIE ALL-ES erschaffen hat und ALL-ES aus ihr entspringt?

Interpretiert unsere Aussagen bitte nicht so, dass wir euch euren Glauben an ein höheres Wesen nehmen wollen.

Das EINE Wesen **IST**. Das EINE Wesen **ist** Licht und Liebe. Das EINE Wesen **ist** in ALL-EM. Das EINE Wesen **ist** ALL-ES.

ALL-ES besteht aus dem Bewusstsein des EINEN Wesens. ALL-ES **IST** das Bewusstsein des EINEN Wesens.

So wie euer altes Gottesbild geprägt ist, sind auch eure eigenen Verhaltensweisen.

„Ich bin der Herr, dein Gott. du sollst keine anderen Götter haben, neben mir!"

„Ich bin dein(e) Partner(in). Du sollst keine andere(n) Partner(in) haben, neben mir!"

„Ich bin dein Land, Deine Heimat. Du sollst keine anderen Länder haben, neben mir!"

„Ich bin dein sozialer Status. Du sollst mich erhalten und lieben!"

„Ich bin Deine Religion, dein Glaube. Nur ich bin der „richtige" Glaube!"

Noch mehr Beispiele?

„Auge um Auge, Zahn um Zahn!"

Ich bin der Herr, dein Gott. Wenn du mir etwas tust, wirst du schon sehen, was du davon hast, denn ich bin mächtiger als DU!?"

Betrachtet einmal unter diesen Aspekten eure Welt, eure Religionen, eure „Re -**Gier**- ungen", euer Verhalten untereinander, euren Umgang mit euren Kindern, euren Umgang mit eurer Umwelt, den Tieren und Pflanzen.

Immer wieder seid ihr versucht, euch anderen gegenüber hervorzuheben. Immer wieder erwischt ihr euch dabei, dass ihr versucht euren Anteil an dem großen Kuchen zu erhalten.
Immer wieder seid ihr versucht euren Besitz zu vermehren, oder endlich, endlich einmal Besitz zu haben.

Ist das schlecht? Nein, das ist es nicht!
Ist das gut? Auch das nicht!
Es ist, wie es ist. Dabei handelt es sich um menschliche Verhaltensweisen, die wieder zurückzuführen sind auf eure Bedürfnisse, Wünsche und Träume, die immer wieder nach Befriedigung oder Befreiung suchen.

Wie oft wird von Liebe gesprochen und letztendlich ist Egoismus gemeint.
„Ich liebe dich, mein Schatz, aber wenn du nicht............., dann............!"

Wie viele Menschen werden aus „Liebe" misshandelt und gequält, getötet und verstümmelt?
Wie viele Menschen müssen unter der „Liebe" anderer leiden?
Aus der „Liebe" zu einem anderen Menschen, aus der „Liebe" zur eigenen Religion, aus der „Liebe" zum Vaterland oder aus sonstigen „Liebesbezeugungen"?
Gehört Eifersucht zur Liebe?
Gehört Besitzdenken zur Liebe?
Gehören Bedingungen zur Liebe?

Handelt es sich aus eurer Sicht um Liebe, wenn dieses Gefühl der Liebe, das im Prinzip eine unendliche Macht repräsentiert, mit Bedingungen verknüpft ist?
Könnt ihr euch selbst, wenn ihr euch einmal betrachtet, sagen: „Ich liebe mich!"?
Selbst wenn ihr dies versucht, schleicht sich nicht sofort ein Hintergedanke ein, der euch sagt: Das ist Eigenlob, das darfst du nicht, das ist nicht richtig, oder ähnliches?

Machen wir euch Vorwürfe? Versuchen wir, euch euren Glauben an Gott zu nehmen? Wollen wir euch sagen, was ihr zu tun oder zu lassen habt?
Nein! Nein! Nein!
Ja! Ja! Ja!
Wir versuchen euch einige Unstimmigkeiten aufzuzeigen, damit ihr selbst die Möglichkeit habt, für euch zu entscheiden und selbst zu bestimmen, was für euch an dieser Welt stimmt und was nicht.
Somit habt ihr selbst die Möglichkeit der Entscheidung und könnt euren Weg der persönlichen und spirituellen Entwicklung aus eigener Kraft und ohne Furcht gehen.

Veränderung bedeutet auch Veränderung. Also kommt ihr nicht umhin, wiederum „ver-rückt" zu werden oder selbst aus der freien Entscheidung heraus eure Standpunkte zu verändern und zu wechseln.

Nun, es kommt noch „schlimmer".
Nun, nebenbei bemerkt möchten wir euch bitten, einmal auf eure Gefühle in diesem Zusammenhang zu achten.
Einerseits interessiert es euch, andererseits gibt es dabei ein Gefühl der Furcht in euch. Ist das, was wir sagen nicht Blasphemie? Handelt es sich dabei nicht um Gotteslästerung in reinster Form?
Könnt ihr unseren Aussagen wirklich so vertrauen, dass sie euch veranlassen, euch mit dem „höchsten" Auseinanderzusetzen?
Macht sich das Gefühl von Freude breit? Handelt es sich dabei vielleicht ganz versteckt um ein Gefühl der Schadenfreude, dass endlich wieder einmal „jemand" da ist, der es „denen" zeigt, indem er diesen „Gott" beschimpft?
Selbst wenn es so ist, gibt es dann nicht ganz versteckt noch ein Gefühl der Unsicherheit? Ganz klein und ganz weit im Hintergrund?

Nun, wieder einmal ein kleines Wortspielchen. Um mit Gott zu „sprechen" verwendet ihr Gebete. Analysieren wir einmal das Wort Gebet. Gesprochen wird es „Ge-beet". Betont ihr dieses Wort anders, indem ihr „**geb**(e)**t**" sagt, oder das zweite „e" weglasst, lässt sich dieses Wort von „geben" ableiten.
Doch was, so die Frage an euch, gebt ihr denn, wenn ihr ein **Geb**(e)**t** sprecht?

Doch zurück zum Thema.

Deutet die Aussage: „Ich bin der Herr, dein Gott! Du sollst keine anderen Götter haben, neben mir!", nicht darauf hin, dass die Wesenheit, die diesen Ausspruch tat in sich die Furcht trug, von ihrem „Thron" verdrängt zu werden?
Deuten Machtstrukturen nicht immer in irgendeiner Form darauf hin, dass es eine Gruppe von Wesenheiten gibt, die eine andere Gruppe von Wesenheiten unterdrückt oder versucht deren Denken, Fühlen und Handeln in Bahnen zu lenken, die den Vorstellungen und Wertmaßstäben der ersten Gruppe entspricht?

Müssen diejenigen, die Macht ausüben, nicht immer in der Furcht leben, entdeckt und entlarvt zu werden?
Müssen diejenigen, die Macht ausüben, nicht immer wieder in der Angst leben, dass die Menschheit sich eines Tages bewusst wird, ihre wahrhaftigen Möglichkeiten und Fähigkeiten erkennt und somit eigenverantwortlich lebt?
Müssen diejenigen, die Macht ausüben, nicht immer wieder Angst davor haben, dass die Menschen einfach erkennen, dass all die herrschenden Strukturen von Abhängigkeiten, Massenmanipulation und Unterdrückung entlarvt werden?

Glaubt ihr nicht, dass jemand, der in diesen urexistentiellen und für den Betroffenen überaus bedrohlichen Ängsten leben muss, immer wieder versuchen wird, sein Machtpotential zu stärken und zu festigen?

Angst ist das Gefühl, dass am weitesten auf eurer Welt verbreitet ist und das euch am intensivsten prägt. Und dieses Gefühl setzt sich in allen Ebenen eurer Machtstrukturen fort. Diejenigen, die ganz oben sitzen, haben im Prinzip die größte Angst von euch allen.

Angst beherrscht euren Planeten.
So lebt ihr in der Furcht euren Arbeitsplatz zu verlieren, eure(n) Partner(in) zu verlieren, eure Investitionen zu verlieren, euer Ansehen oder euren Ruf zu verlieren, die Liebe oder Akzeptanz anderer zu verlieren und vieles mehr.
Seid ihr aufgrund eurer Auseinandersetzung mit esoterischen oder spirituellen Gegebenheiten auch in diesen Bereichen geprägt, so fürchtet ihr euch inzwischen sogar schon davor, den Wandel der Zeiten zu verpassen und „hier bleiben" zu müssen, nicht gut oder schnell genug zu sein, in eurer Entwicklung, eure „Auf-Gabe" nicht zu erkennen und vieles mehr.

Ihr nehmt das, was euch über lange Zeiträume als „göttlich" verkauft wurde, und mit diesem Glauben wurden Imperien geschaffen, und projiziert es nach „oben".

Der Gott, der für euch nach wie vor in verschiedenen Formen maßgeblich ist und der als Gott der Liebe bezeichnet wurde und wird, hat auf eurer Welt eine Form der Liebe indiziert, die auf Bedingungen und Gegenleistungen basiert.

Nun, Liebe ist ein Vorgang bei dem sich beispielsweise ein Mensch von einem anderen Menschen angezogen fühlt. Daraus entsteht dann oftmals ein Gefühl der Liebe, die wir zunächst einmal als „verliebt-Sein" definieren möchten.

Dann habt ihr in euch das Gefühl einen anderen Menschen zu lieben und vor allem geliebt zu werden. Im Zuge der Zeit bleibt gegebenenfalls ein Teil dieses Gefühls erhalten, jedoch die Dinge des täglichen Lebens nehmen mehr und mehr zu. Das „verliebt -Sein" wandelt sich in ein zwischenmenschliches Spiel, das immer wieder zu tun hat mit Frustration, mit Verletzungen, mit Enttäuschungen, Zurückweisungen und vielem mehr.

Eure Beziehungen haben oftmals zu tun mit Abhängigkeiten, da gegebenenfalls im Zusammenhang mit eurem täglichen Leben die Partner existentiell, sexuell oder aufgrund des Gefühls gemocht oder zumindest gebraucht zu werden, ihr Leben oftmals so miteinander verknüpfen, dass es untrennbar erscheint.

Aus dem „verliebt- Sein" wird oftmals eine Form von Gewohnheit, die im Prinzip NICHTS mit Liebe zu tun hat.

Ein Geschäft ist ein Vorgang, bei dem der eine Geschäftspartner eine Ware oder eine Leistung liefert und dafür eine Gegenleistung in Form von Geld, Waren oder Leistung erhält.

Der Gott eures Weltbildes ist bereit euch zu lieben, wenn ihr ihn verehrt oder euch zu vergeben, wenn ihr versprecht in Zukunft „brav" zu sein.

Leistung für Gegenleistung und Gegenleistung für Leistung.

„........ich liebe dich, wenn.........."

„........ich liebe dich, aber.........."

Euer Zusammenleben besteht ebenfalls oftmals auf der Basis eines Geschäftes. Ihr erbringt Leistung und erhaltet etwas dafür oder ihr erhaltet Leistung und vergütet sie.

Diese Form eures „liebevollen" Zusammenlebens macht euch oftmals krank, bringt euch zur Depression und Verzweiflung oder lässt euch

im Laufe der Zeit einfach abstumpfen.
Euren inneren Schmerz betäubt ihr durch Medikamente, durch Ess-
oder Verhaltensstörungen, durch Suchtverhalten oder vieles andere
mehr.

Das Gefühl der Liebe, diese wahrhaftige Empfindung wird überdeckt
durch eure Lebensumstände und Probleme, die wichtiger sind als der
wahrhaftige zwischenmenschliche Austausch.
Wann habt ihr eure(n) Partner(in) das letzte Mal wirklich begehrt?
Dürft ihr das überhaupt? Ist Sexualität nicht „schlecht" oder zumindest
„verrucht"?

Könntet ihr wirklich begreifen, dass ihr ein Teil des großen Ganzen
seid, könntet ihr wirklich und wahrhaftig verstehen, dass auch alle
anderen Lebensformen ein Teil des großen Ganzen sind, und all das
zusammen das EINE Wesen darstellt und repräsentiert, wäre euch
klar, dass ihr selbst und all die anderen um euch herum wahrhaft
göttlicher Herkunft sind.
Könntet ihr das wahrhaftig tief in euch als Wahrheit akzeptieren, so
wäre euch klar, dass ihr alles zur Verfügung habt, was ihr braucht und
euer Umgang mit euch selbst würde sich in diese Wahrheit einfügen.

Wollt ihr das EINE Wesen sehen, so seht in einen Spiegel oder
betrachtet euch euren Nächsten.
Ihr wurdet „ver-rückt", als euer Planet in ein Machtgefüge
eingebunden wurde, dass auch in der Jetztzeit noch immer wirkt.
Eure wahrhaftige Existenz und der Grund eurer Anwesenheit auf
eurer Welt wurde aus ihrer Ursprünglichkeit verschoben in ein Gefüge
aus negativer Machtausübung und Manipulation, Egoismus und
Unfrieden, Gier und Neid.

Ist das gut? Ja! Nein!
Ist das schlecht? Ja! Nein!

Es ist, wie es ist.
Da jedoch alles im Wandel ist und nichts wirklich fest strukturiert ist,
könnt ihr es jederzeit ändern.
Ihr, jeder von euch, ist ein Teil des EINEN Wesens. Jeder von euch ist
Teil einer unbeschreiblichen Liebe, die nicht fragt und nichts fordert.
Ihr seid geliebt! Mehr als es euch jetzt noch möglich ist, es euch
vorzustellen.

Macht euch doch einfach eine Vorstellung, wie eurer Meinung nach ein wahrhaft göttliches Wesen handeln würde, das in der **bedingungslosen** Liebe existiert.
Macht euch in diesem Zusammenhang bewusst, dass diese Form der Liebe nicht nur die Liebe zum Anderen oder Nächsten beinhaltet, sondern auch die Liebe zu sich selbst.

Jede Lebensform im Kosmos ist der anderen absolut gleichwertig.
Jedes Leben ist so wertvoll, wie das andere.
Wertungen und Bedingungen sind Maßgeblichkeiten eurer Zivilisation.
Das „Gute" ist ebenso Teil des Ganzen wie es das „Böse" ist. Auch hier ist beides gleichwertig, da das Eine nicht ohne das Andere sein kann.
Beides ist in euch und somit auch im Ganzen.
Jeder einzelne entscheidet, ob das Eine oder das Andere gelebt wird.

Ihr seid geliebt, so wie ihr seid.
Wenn ihr anders sein wollt, als ihr jetzt gerade seid, verändert euch.
Entscheidet selbst, wer oder was ihr sein wollt und geht euren Weg.
Nicht mehr!
Aber auch nicht weniger.

Liebe und Treue

Nun verhält es sich einfach so, dass ihr vieles von dem, was ihr selbst nicht könnt oder was euch selbst schwer fällt, einfach auf andere Menschen projiziert.

Um geliebt, gemocht oder zumindest akzeptiert zu werden, versucht ihr immer wieder Leistungen zu erbringen, die einen anderen Menschen motivieren sollen, liebevoll mit euch umzugehen, oder euch gegebenenfalls zumindest ein gewisses Maß an Zuwendung zukommen zu lassen.
Der „Leistungskatalog" für derartige „**Vor**-Leistungen" ist unendlich groß und von der Persönlichkeitsstruktur des Einzelnen abhängig. Von dem/der perfekten Sexpartner/in, zur/zum perfekten Hausfrau / Hausmann zur / zum liebevollen Partner / in, der / die versucht über die liebevolle und verwöhnende Art dem anderen das Maß an „Gegenleistung" zu entlocken, dass für das Leben und Überleben so immens bedeutsam ist, bis zum treusorgenden „Familienoberhaupt", dass sich einen Buckel schuftet, um die Familie zu ernähren und zu versorgen.

Ob ihr nun so handelt, weil ihr einfach so seid oder ob ihr euch so verhaltet, weil ihr tief in euch einfach die Überzeugung habt so handeln zu müssen, um liebenswert zu sein, wird in vielen Fällen zunächst einmal schwierig sein herauszufinden.

Ein wesentlicher Faktor in euren Beziehungen jedoch ist für viele die „Treue".
Untreue ist in eurem Sprachgebrauch beispielsweise ein Vorgang, bei dem in einer „Beziehung" einer der Partner beispielsweise durch sexuelle Handlungen mit einem anderen Menschen euer Vertrauen bricht.
Hier stellt sich nun die Frage, entsteht der Vertrauensbruch bereits mit dem Gedanken oder der Phantasie oder erst durch die letztendliche Handlung?
„Appetit holen ist in Ordnung, aber „gegessen" wird zu Hause!"
Spielt es denn für euch keine Rolle, ob euer Partner beim Ausleben eurer Sexualität dabei an eine(n) andere(n) denkt?

Entsteht nicht jede eurer Handlungen zunächst einmal durch den Gedanken?
Wird nicht jede Handlung zunächst einmal durch den Gedanken

entworfen und gestaltet?

Von einigen, wenigen Ausnahmen abgesehen: Seid ihr nicht alle in diesem Fall potentielle „Ehebrecher", wobei es dafür nicht einmal unbedingt erforderlich ist verheiratet zu sein.

Beinhaltet nicht jede frustrationserfüllte Bindung an einen anderen Menschen nicht immer wieder den Wunsch nach liebevollem Umgang?
Entsteht nicht immer wieder einmal in eurem Leben der Wunsch, das Bild eines anderen Menschen, der liebevoll und respektvoll mit euch umgeht, wenn es der/die „Lebenspartner/in" schon nicht tut?

Einen Menschen, der niemals die „Verfehlung" begeht, tatsächlich körperlich das zu tun, was ihr als „fremdgehen" bezeichnet, wird von euch als „treuer Mensch" bezeichnet.
Mit dieser Form der Untreue verbindet ihr den **Verlust** des „Fremdgehenden" und damit den Verlust der Form von Liebe, Verständnis, Vertrauen und vielleicht auch der Geborgenheit, die euch dieser Mensch vermittelt hat und der sich durch seine Handlung erdreistet, euch das alles wegzunehmen.
Geht es dann nicht in Wahrheit um die Furcht vor dem Verlust und weniger um die Furcht vor der Untreue?

Doch wie entsteht eine solche Handlung. In diesem Zusammenhang sprechen wir nicht von Menschen, die zwanghaft versuchen nach sexueller Befriedigung zu streben, was letztendlich nichts anderes als eine Form von Sucht (Sucht = Suche, Anm. d. Verf.) ist.
Die Absicht, sich von einem anderen Menschen etwas zu „holen" oder sich geben zu lassen, entsteht in den meisten Fällen doch eher dann, wenn aufgrund der Lebensumstände ein wahrhaft liebevoller Umgang nicht mehr möglich scheint oder nur noch phasenweise stattfindet.

Holt ihr euch nicht auf diese Weise etwas, dass euch euer/eure Partner/in scheinbar nicht mehr geben kann oder will?

Sind derartige Handlungsweisen nicht wesentlich verständlicher, wenn ihr euch als vielleicht „Betrogene" bewusst macht, dass auch ihr euren Anteil habt?

Doch wie verhält es sich mit eurer Treue zu euch selbst?
Könnt ihr euch selbst treu sein?

Was heißt das überhaupt, sich selbst treu zu sein?

Wie oft in eurem Leben verleugnet ihr euch selbst?
Wie oft in eurem Leben begeht ihr immer wieder Handlungen, bei denen ihr gegen eure inneren Überzeugungen handelt?
Wie oft in eurem Leben tut ihr etwas, dass ihr im Prinzip gar nicht tun möchtet, es aber dennoch tut, weil ihr einfach gelernt habt, dass euch diese Form der Selbstverleugnung gewisse Vorteile verschafft?

Ist es euch möglich euch vorzustellen, dass, wenn ihr beginnt euch selbst treu zu sein, also immer so handelt, dass Gedanken und Gefühlswelt übereinstimmen, die Frage der „Untreue" sich für euch nicht mehr stellen wird?

Wenn die äußere Welt, also das, was ihr als Realität bezeichnet, ein Spiegel eures eigenen Selbst wäre, würde dann die Untreue eures Nächsten euch nicht auf eure eigene Untreue zu euch selbst hinweisen?

Denkt einmal darüber nach, wenn ihr wollt.

Könnt ihr euch vorstellen, dass, wenn ihr beginnt euch selbst zu lieben, ihr nicht mehr all die Unzulänglichkeiten anderer Menschen aufgreifen müsstet, um euch und eure Wahrnehmung darauf zu fixieren?
Wenn ihr beginnt euch selbst zu lieben, könntet ihr euch selbst so lassen, wie ihr nun einmal seid und ihr könnt ebenfalls die anderen mit all ihren „Fehlern" und Unzulänglichkeiten tolerieren.

In euch, in jedem einzelnen von euch Menschen, liegt der Schlüssel zur inneren Glückseligkeit. Macht euer Wohlbefinden nicht abhängig von dem Wohlbefinden anderer Menschen in eurer Nähe.
Erst dadurch, dass ihr euch trotz der Trauer der anderen Menschen dennoch in euch selbst wohl fühlt, seid ihr euch und der Liebe in euch nahe.
Innerer Frieden entsteht in dem Augenblick, indem ihr euren Kampf einstellt.

Habt ihr euch und euren inneren Frieden gefunden, so müsst ihr nicht mehr das Leid der anderen so miterleben, wie ihr es heute noch tut, da euch deren Leid und Schmerz an das eure erinnert.
So seid ihr in der Lage Trost zu spenden, ohne selbst leiden zu

müssen.

Das bedeutet keineswegs, dass euch die anderen Menschen egal sind oder werden.

Lediglich eure eigene Empfindung und euer eigener Umgang mit euch selbst verändert sich.

Lasst es wie es ist oder verändert es.

Der Schlüssel zu ALL-EM, was ist, liegt in euch selbst. Jeder einzelne von euch trägt diesen Schlüssel der absoluten Verbindung in sich selbst.

Woher kommt das Leben auf der Erde?

„........ und wieder kamen die Schöpfergötter zusammen, zwölf an der Zahl und der EINE war unter ihnen.
So waren sechs von der einen Energie und sechs von der anderen.
So gegensätzlich sie waren, so vereinten sie sich in dem Bewusstsein, dass sie aus dem EINEN entsprungen waren, der ALL-ES ist, so dass sie auch EINS mit sich und den anderen sind.
Eine Welt sollte geschaffen werden, dicht in ihrer Energie, die Materie heißen sollte. Eine Welt, Teil einer Existenzebene, die in der Reihenfolge der Dichte der Energie der dritten Dimension anheim war.
Wesenheiten sollten sich dort finden können und ihr Leben, gebunden an die Körperlichkeit der materiellen Dichte, gestalten und erfahren.
Getrennt sollten sie sich fühlen aus dem EINEN, der das Ganze ist, um so dem Ganzen, das der EINE ist, die Erfahrung zu bescheren.
Gebunden sollten sie sein, in einen Zyklus von der Verdichtung des Geistes in die Freiheit des Geistes und umgekehrt, solange bis sie aus sich selbst heraus erkennen, dass das Leben von Ihnen das Leben des EINEN ist.
Und so verschmolzen die Schöpfergötter ihr Bewusstsein und ein jeder ließ Anteile seines Selbst in diese Einheit der Zwölf einströmen.

Als der Gedanke gedacht und das Gefühl empfunden war, lösten sie sich voneinander und ein jeder von ihnen ging wieder seinen Weg.

Gedanke und Gefühl verschmolzen miteinander und das Bewusstsein der kosmischen Einheit begann sich der Schöpfung des entstandenen kollektiven Gedankens zu unterwerfen.
Aus dem Nichts, das ALLES ist, entstand Bewusstsein in verdichteter Form.
Die Energie formte sich und ein Gefüge entstand, dass Materie genannt wird.
Zeiten vergingen und Planeten und Fixsterne bildeten sich, entwickelten Leben und sahen es vergehen.

So auch auf der Welt „Erde" genannt.
Doch das, was entstehen sollte, war noch nicht.

Doch gab es eine andere Welt, die schon Leben hatte. Doch hatten die Lebewesen dieses Planeten Lebensstrukturen entwickelt, die das lebenserhaltende System ihres Planeten, die Ökologie, an den Rand der Vernichtung geführt hatte. Die profitorientierte Ausbeutung der

Bodenschätze und der anderen Ressourcen ließ ihnen keinen anderen Ausweg, als sich den Weg zu bahnen, durch die Weiten des Raumes um dort nach dem zu suchen, was nicht mehr vorhanden war, auf ihrer Welt.

Ein großes Projekt wurde entwickelt, das viele von ihnen auf eine Welt bringen sollte, die reich an Bodenschätzen und sonstigem war.
Viele von ihnen ließen ihr Leben auf dem Weg zur anderen Welt, doch das Projekt war unabdingbar für den Erhalt dieser Rasse.

So durchquerten sie den Raum in großen Schiffen und landeten auf der neuen Welt, Erde genannt.
Über Hunderte von Jahren hinweg beuteten sie die Schätze und Mineralien des Planeten aus. Wieder ließen viele ihr Leben in dieser Zeit.
Bald schon waren sie so wenige, dass das Projekt gefährdet schien.
Arbeitskräfte fehlten und von der Heimatwelt, in ihren letzten Zügen liegend, war keine Hilfe mehr zu erwarten.
Der oberste Führer des Projektes und der, der das Wissen über die Dinge hatte, taten sich zusammen und berieten sich, denn der Widerstand und der Aufruhr unter ihren eigenen häufte sich.
Leben war gefunden worden in der Zeit ihrer Anwesenheit. Unterentwickelt nach ihren Maßstäben und nicht ebenbürtig ihrer eigenen Existenz.
So entschlossen sie sich, das unterentwickelte Leben zu domestizieren. Doch die Halbmenschen waren wild und ungeschickt in der Handhabung von Werkzeugen. Sie mussten unterwürfig gemacht und bewacht werden, was viele von ihnen so beschäftigte, dass wiederum das Ziel des Projekts Schaden litt.

So entschlossen sich die Führer in den Schlüssel des Lebens einzugreifen, um die Rasse zu verändern.
Eine Art von Lebewesen sollte geschaffen werden, einsetzbar für die Zwecke der Rasse, die um die Existenz kämpfte. Regenerierbar in einem gewissen Maße und so gestaltet, dass sie sich selbst vervielfältigen konnten. Sie sollten keinen eigenen Willen haben, unterwürfig und dienstbar sein.

So wurde aus dem Schlüssel des Lebens eine neue Rasse entwickelt. Im Körperbau ähnlich ihren Erschaffern, ausgerüstet mit vielerlei Fähigkeiten, doch auch ausgestattet mit der inneren Gewissheit, von ihren Erschaffern abhängig zu sein.

So wurden die Erschaffer zu Herrschern und die Erschaffenen zu abhängigen Arbeitsmaschinen.

Das neue Volk war gehorsam und gelehrig, arbeitsam und bescheiden. Die Erschaffer wurden als Götter verehrt. Doch die Erschaffer veränderten sich. Das einst so wichtige Projekt wurde unwichtig, da sie begannen sich als Götter zu fühlen. Streitigkeiten und Kriege unter den Erschaffern nahmen überhand und wieder mussten viele ihr Leben lassen.

Zu einer Zeit vermischten die beiden Rassen sich, da viele der Erschaffer sich Frauen der neuen Rasse nahmen. Die Nachkommen dieser Verbindungen waren anders als das erschaffene Volk, da sie auch Anteile der Erschaffer in sich hatten.
Diese wurden die Mittler und Verbindungsglieder zwischen den Göttern und der neuen Rasse.
Das Streben nach Macht erfüllte die Götter immer mehr und so führten sie immer wieder Kriege untereinander, in die nun schon die Menschen der neuen Rasse eingebunden wurden, da nicht mehr viele der Erschaffer am Leben waren.

Zeit verging und beide Rassen vermischten sich, so dass nahezu niemand in seiner ursprünglichen Rasse noch zu finden war.
Das Projekt der Rettung der Heimatwelt war vergessen. Götter mischten sich mit Menschen und Halbgötter taten desgleichen. Macht, Egoismus, Krieg und Verzweiflung herrschte.
Aufstände und Kriege um die Macht waren an der Tagesordnung. Die neue Rasse kämpfte gegen die Götter und die Götter gegen die neue Rasse.

Als die Götter sich in ihrer Bedrängung nicht mehr halten konnten, entschlossen sie sich, die Welt auf andere Art zu beherrschen.
Die Erschaffer, die noch am Leben waren, entwickelten Methoden ihr eigenes Bewusstsein zu transferieren, so dass sie unsterblich sein konnten und nicht in den Zyklus von Geburt und Wiedergeburt und somit in das Vergessen eingebunden waren.

So verließen sie scheinbar die Stätte ihres Wirkens. Die neu entstandene Menschheit jedoch lebte weiter mit dem Wissen, dass sie von den Göttern hatte. Sie lebten weiter in den Strukturen, die die Götter ihnen gegeben hatten. Machtstrukturen, in denen der Mächtige den Machtlosen unterdrückt und der Unterdrückte gegen den

Mächtigen kämpft.........

Dieser Auszug aus einer Chronik, übersetzt in eure Ausdrucksformen mag euch einen kleinen Einblick in eure Entstehungsgeschichte geben.
Völlig unbedeutsam erachten wir die Hintergründe.
Für euch von Bedeutung mag in diesem Zusammenhang sein, dass allein der Gedanke in Verbindung mit dem gleichgerichteten Gefühl Universen entstehen lassen kann.
Das fehlende Bindeglied in eurer Evolutionskette ist letztendlich auf einen Eingriff in die Gen- respektive euer DNS-Struktur zurückzuführen.

Ihr wurdet ursprünglich als eine Rasse erschaffen, deren Aufgabe es sein sollte, Arbeiten zu verrichten. Eine Anbindung an das kosmische Gefüge war von Seiten eurer Erschaffer niemals vorgesehen.

Eure Erschaffer wiederum haben sich in die aus sich selbst heraus entstehenden Abläufe der gedanklichen Verschmelzung der zwölf Schöpfergötter eingefügt.
Eines fügt sich zum anderen und Realität entsteht.
Im Prinzip ist der lineare und temporäre Ablauf einer Realitätsgestaltung absolut unwichtig, da einzig und allein das Ergebnis zählt.

Selbst wenn eine kleine Gruppe der ursprünglichen Erschaffer noch die Fäden auf eurer Welt zu ziehen glaubt, werden auch diese lernen müssen, dass jeder Ablauf auch eine andere Seite hat.

Fürchtet euch nicht, denn die Zeit der Tyrannen ist gekommen.
Je mehr sie versuchen euch weiterhin zu binden an eure Unkenntnis und Ungläubigkeit, desto mehr arbeiten sie für euch und eure Bewusstwerdung.

Das Gleichgewicht des Bewusstseins

ALL-ES, was ihr sehen, riechen, fühlen, schmecken und hören könnt und ALL-ES, was ihr nicht sehen, riechen, fühlen, schmecken und hören könnt, ist im Prinzip aus dem Bewusstsein des EINEN Wesens entstanden. Ja, mehr noch, ALL-ES **ist** das Bewusstsein des EINEN Wesens.

Ob ihr es nun kosmisches Bewusstsein nennt, als Schöpferkraft, Energie, Schwingung oder wie auch immer bezeichnet: **alles ist ein Gedanke des EINEN.**

Du, Menech, in Deiner Existenz, bist ein Gedanke des EINEN, der sich selbst weiterdenkt.

Ob ihr die kosmischen Kräfte nun als Energie, Bewusstsein oder Licht bezeichnet, spielt keinerlei Rolle. ALL-ES ist ein- und dasselbe und ALL-ES entspringt der EINEN und EINZIGEN Quelle.

Diese Wesenheit, die im Prinzip keine tatsächlich körperlich existente Wesenheit ist, wie ihr sie euch vorstellt, **ist** ALL-ES, was ist. Jedes Atom, jedes Molekül, jede Verbindung aus Atomen oder Molekülen, also das, was ihr als Materie bezeichnet, ist letztendlich Bewusstsein, Energie, Schwingung, Licht des EINEN Bewusstseins.

In diesem Bewusstseinsfeld, das den Kosmos nicht ausfüllt, sondern der Kosmos **IST**, ist im Prinzip alles im absolut harmonischen energetischen Ausgleich. Auch wenn alles an Information, Energie oder Schwingung an jedem beliebigen Ort des Kosmos ständig vorhanden ist, werden die vorhandenen Energiefelder durch bestimmte Vorgänge aktiviert oder deaktiviert.

Um dies zu verdeutlichen folgendes Beispiel: Euer Planet, so wie alle anderen Planeten wurde aus dem Bewusstsein des EINEN gestaltet. Alle auf euren Planeten lebenden Menschen wurden aus dem Bewusstsein des EINEN gestaltet. Alles andere Leben und hier beziehen wir auch die Pflanzen und Mineralien ein, sowie euer Planet selbst sind Lebensformen, die über ein eigenes Bewusstsein verfügen, dass ursprünglich aus dem Bewusstsein des EINEN gebildet wurde. Alles Leben, alle Materie ist auch heute und jetzt noch Teil des Bewusstseins oder der Energie des EINEN Wesens. Diese, wir möchten es einmal so bezeichnen, Bewusstseinsenergie des EINEN enthält alles an Information, was jemals eine Lebensform in Vergangenheit, Gegenwart oder auch in der Zukunft an Erfahrung und Information gesammelt hat, da nichts und niemals irgendetwas aus dem Bewusstsein des EINEN Wesens getrennt sein kann oder wirklich getrennt sein konnte.

Gutes und Böses, Freude und Leid, Oben und Unten, links und rechts, Schmerz und Befreiung, Liebe und Angst werden im Bewusstsein des EINEN ver**EIN**t.

Da das Bewusstsein des EINEN alles ist, da alles und jedes aus dieser Energieform besteht, hat **jede** Lebensform ALLES zur Verfügung, was das EINE Wesen zur Verfügung hat.

So wie ihr euch selbst in eurer Existenz erlebt und erfahrt, erlebt sich das EINE Wesen durch euch, durch uns, durch all das Leben in den Weiten des (Welt)-ALL(E)S.

Wie im Großen, so im Kleinen und umgekehrt.

Alles setzt sich fort und alles ist EINS.

Die Vorstellung, dass das EINE Wesen perfekt und allwissend ist, entspricht schlicht und ergreifend nicht den tatsächlichen Gegebenheiten.

Dennoch ist es perfekt und allwissend, da es das Wissen und die Erkenntnisse des gesamten Kosmos in sich vereint. Und doch strebt ES weiter nach der Erkenntnis seines eigenen Selbst und versucht sich selbst und seine Möglichkeiten ständig weiter auszubauen.

Aus diesem Zweck hat ES den materiell existenten Kosmos, die Materie erschaffen.

Doch selbst die materielle Welt, die euch so oft zu schaffen macht, ist wiederum nur eine Projektion der Bewusstseinsenergie des Einen Wesens.

ALL-ES ist EINS und das EINE ist ALL-ES.

Nichts kann voneinander getrennt sein. Nichts existiert wirklich nebeneinander, sondern ALLES existiert in sich.

Nun, wir möchten euch im Augenblick nicht weiter verwirren, indem wir euer „schönes" altes Gottes- und Weltbild weiter zerstören.

Die absolut logische Konsequenz aus dieser Beschreibung ist jedoch, das ihr, jeder einzelne von euch, einen absolut **EIN**zigartigen Teil des EINEN Wesens repräsentiert.

Das EINE Wesen vereint ALLES in sich und alles, was aus dem EINEN entsprungen ist, ist, aus der Sicht des EINEN betrachtet, gleichwertig. (Ganz nebenbei bemerkt gibt es nichts, was nicht dem EINEN entsprungen wäre.)

Aus der Sicht des EINEN ist jedes menschliche Wesen ein Teil seines Selbst und somit jedem anderen Wesen gleichgesetzt.
Gutes und Böses sind aus der Sicht des EINEN Wesens absolut gleichwertig.
Aus der Sicht des EINEN sind der Heilige und der Mörder Anteile des eigenen Selbst und „besitzen" somit auch die gleiche Wertigkeit.
Der Heilige tut seinen Teil, um der Selbsterfahrung und Selbsterkenntnis zu dienen und der Mörder ebenso.

Aus eurer Sichtweise ist der Mörder verachtenswert, schließlich nimmt er einer anderen Lebensform das einzig wahrhaft Wichtige. Leben kann jedoch nicht tatsächlich beendet werden, es kann lediglich die Form der Existenz wandeln.
Diese Bewertungsskalen aufgrund derer Handlungen als „gut" oder „schlecht" eingestuft werden, basieren jedoch auf dem Wertesystem, das innerhalb eurer Gesellschaft gestaltet wurde.
Ihr würdet euch wundern, welche Definitionen von „guter" und „schlechter" Handlungsweise in anderen Zivilisationen Gültigkeit haben.

Unsere Aussage würde bedeuten, dass ihr völlig schadlos einen Anderen töten könntet. Im Prinzip schon, soweit es eure „Schuldskala" aus der Sicht des EINEN betrifft.
Schuld ist letztendlich wieder ein Anteil eures Gesellschaftssystems, das dazu dient, euch unter Kontrolle zu halten. Schließlich und endlich werden nach euren Überlieferungen die „Guten" durch einen Aufenthalt im Himmel und die „Bösen" durch das ewige Fegefeuer bestraft. Und wer möchte sich schon nach all der Plackerei in eurem Leben dann auch noch ewig in überheizten Räumlichkeiten aufhalten und dort auch noch gewaltig leiden?
Also seid ihr schön brav und haltet euch, soweit als möglich, an eure Regeln.
Nun ja, gewisse Übertretungen sind schon mal möglich, aber es gibt ja noch die Möglichkeit der Buße und dann wird's schon nicht so schlimm werden.

Würden in diesem Zusammenhang auch noch eure Gefühle und

Gedanken, die ihr so im Laufe eures Lebens denkt und empfindet in eure Aburteilung mit einbezogen, wärt ihr schon etwas schlechter dran. In diesem Falle müsste die Hölle noch etwas ausgebaut werden, damit ihr alle dort Platz habt.

Ist das die Definition eines liebenden Gottes, der euch nur dann liebt, wenn ihr seine Regeln beachtet? Das entspricht, zumindest nach unserer Betrachtungsweise eher der egomanen Persönlichkeit einer Wesenheit, die alles unter Kontrolle haben will.

Eure Gedanken kreisen nun um das Thema, dass ihr alles tun könnt, ohne von „dort oben" bestraft zu werden. Sind wir nun die „Bösen", die euch spirituelle Menschen in die Falle locken wollen und euch durch unsere Erzählungen zu Taten motivieren wollen, die euch in eurer Entwicklung um Jahre oder um Inkarnationen zurückwerfen?

Sollen wir euch nun gemäss euren Bedürfnissen beweisen, dass unsere Aussagen der Wahrheit entsprechen? Findet es einfach selbst heraus!
Wir zeigen euch unsere Sichtweisen auf und ihr mögt damit tun, was euch gefällt.

Könnt ihr euch vorstellen, dass ein menschliches Wesen, dass tatsächlich in seinem **Herzen** verstanden hat, dass es ein Anteil des EINEN, also ein Wesen wahrhaft göttlicher Herkunft ist, und somit auch verstanden haben muss, dass all die anderen um es herum Wesen göttlicher Herkunft sind, noch fähig und in der Lage ist, etwas zu tun, dass anderen schadet?
Ihr tragt keine göttlichen Anteile in euch, ihr **seid** göttliche Anteile.
Ihr alle, in Verbindung mit all dem Anderen das existent ist, seid das EINE Wesen.
Ihr seid verbunden mit der EINEN und EINZIGEN Liebe und Wahrheit.

Das Bewusstsein oder die Energie des EINEN Wesens, die ihr selbst seid, ist in sich immer im absoluten Ausgleich.
So hat, um bei euren Definitionen zu bleiben, jeder von euch „gute" Anteile in sich und „böse" Anteile in sich. Wir lassen diese Worte bewusst in Anführungszeichen setzen, damit ihr erkennen könnt, das „gut" und „böse" immer das Produkt von Interpretationen sind.

So ist jeder von euch im Prinzip ein potentieller „Heiliger" oder ein

potentieller „Mörder". Alles ist in euch.
Ihr habt gelernt, dass das „Gute" das ist, wonach ihr streben sollt und
das „Böse" dasjenige ist, dass ihr hinter euch lassen sollt.
So verdrängt ihr das „Schlechte" in euch und tut vor euch selbst so,
als wäre es nicht vorhanden und legt von Zeit zu Zeit großen Wert
darauf, anderen zu zeigen und vorzuführen, dass ihr „gut" seid.

Nun, wärt ihr in euch selbst absolut davon überzeugt, dass ihr „gut"
seid, müsstet ihr es den anderen nicht zeigen. Ihr wärt es einfach!
Punktum!

Wärst DU die Gesamtheit des EINEN Wesens, wüsstest DU es und
müsstest es niemandem zeigen. (Einmal davon abgesehen, dass es
in diesem Fall niemanden geben würde, dem DU es zeigen könntest.)

Dies jedoch gehört zu euren zwischenmenschlichen Spielen, die eurer
Entwicklung und eurem wahrhaftigen Fortschritt dienen. Wir werden
zu einem späteren Zeitpunkt noch ein wenig mehr darüber berichten.

Das Bewusstsein des EINEN, dass ihr durch bestimmte, völlig
logische und nachvollziehbare Vorgänge immer wieder selbst in
materielle Ausdrucksform bringt, enthält in jedem Augenblick ALLES.
Durchlebt ihr also eine „negative" Situation, so könntet ihr in dieser
Situation auch absolute „Positivaspekte" finden und leben.

„Was soll an meiner Krankheit und den ganzen damit verbundenen
Leiden denn „gut" sein.........?"
„Was ist schön daran, dass ich allein und einsam bin..........?"
„Wie soll ich mich darüber freuen, dass ich meine Rechnungen nicht
bezahlen kann.........?"

„JUHUU!!!! Ich habe meinen Arbeitsplatz verloren, meine Wohnung
wurde gekündigt, mein(e) Partner(in) hat mich verlassen..........???",
so etwa?

Schon gar nicht schlecht!

Ihr zweifelt an unserem Verstand?
Verständlich!
Deshalb verständlich, weil ihr in euren Herzen noch immer nicht wisst
oder glauben mögt, wer und was ihr in Wahrheit seid und über welche
Möglichkeiten ihr verfügt. Aus diesem Grunde seid ihr durch solche

Situationen überfordert, ausgeliefert und fühlt euch hilflos.

Doch wir sind mit unserer Erzählung noch nicht am Ende und ihr werdet noch verstehen...........

Die Chance DEINES Lebens

Immer dann, wenn ALL-ES in Deinem Leben zusammenbricht, hast DU eine immense Chance, das zu erreichen und das in DEIN Leben zu holen, wonach DU DICH tief im DEINEM Herzen schon immer gesehnt hast.

In der Welt, in der DU DICH entschlossen hast zu leben, gibt es ein gültiges Prinzip, das DU und all die anderen Menschen immer wieder erfahren haben, bis DU es, so wie all die anderen auch, ganz tief in DIR als Wahrheit akzeptiert hast.

Dieses Prinzip lässt sich vielleicht in folgende Worte kleiden:

„Mühe dich und plage dich, bis du ein kleines Stück des Kuchens erhascht hast und tue alles, damit du es nicht mehr verlierst."

Was sagen dir Deine Gedanken im Zusammenhang mit diesem Satz?

„Na ja, so ganz kann man das nicht sagen, schließlich bin ich gern bereit auch etwas abzugeben............; Wovon sollte ich meine Rechnungen bezahlen........; Ich möchte meine(n) Partner(in) nicht verlieren...........; Ich will doch den Kampf gegen meine Krankheit nicht aufgeben.........; Außerdem bin ich dabei mich zu verändern...........;"

All das ist richtig und zutreffend. Dennoch gibt es auch andere Betrachtungsweisen dieser Thematik.

Schließlich und endlich lässt sich das Prinzip: *„Mühe dich und plage dich, bis du ein kleines Stück des Kuchens erhascht hast und tue alles, damit du es nicht mehr verlierst.",* auf einen einzigen Punkt zurückführen. ANGST!

Wäre es für dich völlig „normal", dass du alles, was du dir gerade wünscht auch im Übermaß zur Verfügung hättest, würdest du immer wieder alles, was du hast, von dir geben, weil du all das nur solange haben möchtest, bis für dich etwas anderes von Interesse wäre. (Ganz nebenbei: das Wort „normal" beinhaltet das Wort „Norm". „Normal" bedeutet also der Norm entsprechend. Hast du schon einmal darüber nachgedacht, wer oder was eure „Normen" festlegt?)

Also noch mal: Wenn du immer alles haben könntest, würdest du nur das haben wollen, was für dich wahrhaftig von Interesse ist. Da Deine Interessen sich immer wieder verlagern, wäre von Zeit zu Zeit immer wieder etwas anderes von Interesse und du würdest immer wieder andere „Dinge" in dein Leben holen.

Könntest du alles immer haben, wenn du es brauchst, könntest du immer alles an die weitergeben, die es nicht haben können, in dem

Bewusstsein, dass du es dir wieder beschaffen kannst, wenn es für dich von Bedeutung ist.

Soweit die Theorie.
In der Praxis sieht es jedoch anders aus. Einiges in deinem Leben geht DIR leicht von der Hand und anderes ist unendlich mühsam oder scheint gar unerreichbar.
Das, was dir leicht erreichbar scheint, mag in einigen Situationen Deines Lebens zwar auch schwierig sein, dennoch liegt die Fixierung Deines Denkens und Fühlens mehr in den Bereichen Deines Lebens, die überwiegend mühsam und schwierig sind.
Dort liegt die Hauptaufmerksamkeit Deines Bewusstseins.
Immer wieder krank? Immer wieder pleite? Immer wieder einsam?
Vielleicht findest du eine Kombination aus verschiedenen Gegebenheiten in deinem Leben. Vielleicht fühlst du auch irgendwo in dir, dass alles irgendwie zusammenhängt und kannst den Schlüssel dazu nicht finden?!

Nun eine kleine Denksportaufgabe: Der Kosmos und alle damit verbundenen Zusammenhänge sind einfach und absolut logisch und basieren auf Ursache und Wirkung.
So mag in Deinem Leben eine Handlung die Ursache sein und die daraus resultierende Konsequenz die Wirkung. Vielleicht ist in einem anderen Fall ein Gedanke die Ursache und die darauf folgende Handlung die Wirkung. Es gäbe noch eine Vielzahl von Definitionen von Ursache und Wirkung.

Wie sehr plagst DU DICH ihn DEINEM Leben und all den damit verknüpften Umständen? Wie groß ist oftmals DEIN Bemühen, DIR ein klein wenig mehr Lebensqualität zu verschaffen?
Wie oft resignierst DU in DEINEM Bemühen? Wie oft erwischt DICH die Frustration, der Schmerz oder das Leid?
Der Kosmos, glaube es Menech, ist einfach nur logisch und steht immer und ohne Ausnahme in Verbindung mit dem Prinzip von Ursache und Wirkung.
Daraus müsste, wenn wir die Wahrheit sagen und DU DEIN Leben mit unseren Aussagen in Verbindung bringst, die Schlussfolgerung entstehen, dass, wenn es so mühsam ist, so „wenig" oder nichts zu haben, es unendlich einfach sein muss, viel oder alles zu haben.
Noch mal: Wenn es so mühsam und schwierig ist wenig oder nichts zu haben, wie leicht und einfach muss es dann sein, viel oder alles zu haben?

Und, Menech, wir sprechen hierbei nicht unbedingt nur von materiellem „Besitztum"

„Wenn das nur so einfach wäre............; Dann könnte ich ja............"

Die kurz in dir auftauchende Freude wird jedoch gleich wieder verdrängt von den Erinnerungen Deines Lebens und dem Gedanken daran, dass es zwar schön wäre, wenn all das so einfach wäre, aber die Realität dann doch etwas anders aussieht.
Schließlich und endlich gab es schon so vieles, dass dir Hoffnung vermittelte, das dich veranlasst hat, es zu versuchen, doch die Ergebnisse waren schon so oft frustrierend...........

Begreife Menech, dass es hier nicht um Experimente und Hoffnungen geht, die sich wie die Seifenblasen in Nichts auflösen. Hier geht es um dich und um kosmische Prinzipien, die DU **für** DICH oder **gegen** DICH einzusetzen vermagst.
Wir versuchen hier nicht DIR etwas neues zu „verkaufen", dass DU durch erlernen von gewissen Mechanismen für DICH und die Erfüllung DEINER Wünsche und Bedürfnisse einsetzen kannst, um dieser, ach so oft frustrierenden Realität zu entfliehen, sondern wir erklären DIR anhand DEINES Lebens, was DU eigentlich schon immer tust.
Wir erklären DIR anhand DEINES Lebens, wozu DU bereits fähig BIST!
DU hast nichts zu lernen, da DU schon alles weißt und kannst.
Lediglich DEINER Erinnerung an das, was DU bist und was DU kannst wurde so etwas wie ein „Knick" verpasst, damit DU eben **glaubst**, es nicht mehr zu können und **glaubst**, es eben nicht mehr zu wissen.

Und damit sind wir schon sehr tief in die Thematik eingedrungen.
DEIN Glaube! Das, was DU als Wahrheit akzeptierst ist das, was DIR ständig in DEINEM Leben begegnet.
Ob DU es nun **glaubst** oder nicht: DU bist und warst schon immer der/die ***SCHÖPFER/ IN*** und ***ERSCHAFFER/ IN*** DEINER eigenen Realität!

Dein GLAUBE ist der Schlüssel zu ALL-EM, was ist.

Wenn wir nun die Wahrheit sprechen, würde dies nicht bedeuten, dass, wenn DEIN Leben DIR nicht gefällt, es an dem liegt, was DU

glaubst?
Würde dies nicht auch heißen, dass DU einzig und allein DEINEN
GLAUBEN verändern müsstest, um DEIN Leben und ALLE damit
verbundenen Gegebenheiten verändern zu können?

*Wenn es so mühsam und schwierig ist, wenig oder nichts zu
haben, wie leicht und einfach muss es dann sein, viel oder alles
zu haben?*
Was möchtest DU, Menech?

Die Überzeugungen DEINES Glaubens

Sprechen wir über religiöse Überzeugungen DEINES Glaubens? Nein! Auch wenn in der einen oder anderen Form Überschneidungen mit Deinen religiösen Überzeugungen möglich sind. Behalte Deinen Glauben und behalte Deine Religion. Behalte alles, was du hast und was du bist solange, bis **DU** dich entscheidest, das eine oder andere davon nicht mehr brauchen zu können.

Die Überzeugungen, von denen wir sprechen, haben zu tun mit Deinen Sichtweisen und Weltbildern. Es geht um die Sichtweisen in bezug auf die Welt mit all ihren Gegebenheiten und es geht – vor allem – um die Sichtweisen in bezug auf DICH selbst.

Im Prinzip ein äußerst komplexes Thema mit unglaublich vielen Möglichkeiten, Verknüpfungen und Varianten. Aus diesem Grunde werden wir dieser Thematik ausreichend Zeit und vielfältige Beschreibungen widmen.
DU solltest dir an dieser Stelle sehr konkret überlegen, ob DU es wahrhaftig wissen möchtest.
DEINE Neugier mag dich treiben und veranlassen zu denken: „Natürlich möchte ich es wissen!" Unter Umständen mag sich bei diesem Gedanken ein Gefühl melden, dass dir ein leichtes Kribbeln im Bauch vermittelt. Ein Gefühl, das mit dem Gedanken verbunden ist, dass DU es wissen möchtest und dir eigentlich versucht mitzuteilen, dass du es doch nicht wissen möchtest?!

Sei dir bewusst, dass unsere Beschreibungen dich insoweit verändern werden, dass du einiges in Zukunft anders sehen wirst als bisher.
Lasse dich also nicht von Deiner Neugier treiben mit dem Hintergedanken, dass du unsere Beschreibungen ja nicht annehmen musst. Im Prinzip entspricht dies der Wahrheit. Dennoch wirst du feststellen, dass DU tief in DIR vieles von dem, was nun folgen wird, wiedererkennen wirst.
Entscheide also an dieser Stelle ganz bewusst, ob DU es erfahren möchtest oder nicht. DU wirst hinterher nicht sagen können, DU hättest es nicht gewusst.

Dennoch gibt es nichts vor dem DU dich fürchten müsstest, denn all das, was wir DIR in der Folge erzählen werden, ist DIR längst bekannt.
Entscheide also jetzt!

Nun, nachdem DU diesen Satz liest, hast DU dich entschieden. In der Zukunft wirst DU mehr Entscheidungen treffen und dies in der tatsächlichen Bedeutung dieses Begriffes. Wenn du dich „Ent-Scheidest" bedeutet dies, dass DU eine Scheidung, also eine Trennung aufhebst. „Ent-Scheidest" du dich, heißt dies, dass du aus mindestens zwei Möglichkeiten die eine erwählst und die andere(n) unbeachtet lässt.

In der Praxis Deiner „Ent-Scheidungen" sieht es jedoch oftmals so aus, dass DU nur deshalb eine der Varianten wählst, weil sie besser aussieht, als die anderen. In der Regel sieht sie deshalb besser aus als die anderen, weil du in Deinen Gedanken Projektionen entwickelst, die du an die Möglichkeiten „dranhängst".

Du wirst also mit einer Situation konfrontiert, die „Ent-Scheidungen" erfordert und entwickelst zunächst einmal in Deiner Gedankenwelt Vorstellungen dessen, was die Folge Deiner „Ent-Scheidung" sein **könnte**.

Du tust dies auf der Basis all dessen, was du an Wissen und Kenntnissen in dir trägst und aufgrund der Lebenserfahrung, über die du verfügen kannst.

Du lebst in einer Welt, in einer Zivilisation, in einer Kultur, in einem Land, in einer Gesellschaft, in einer Religion, in einem sozialen Gefüge, in einer Familie.

Die Welt, auf der du lebst sorgt aufgrund bestimmter Voraussetzungen dafür, dass du im Prinzip kein Problem damit hast, aufrecht auf Deinen beiden Beinen zu gehen, zwei Arme zu haben und zwischen Deinen beiden Schultern etwas seinen Platz hat, dass du Kopf nennst. Nase, Ohren und Mund haben alle Menschen in etwa an der gleichen Stelle.

Das ist die menschliche „Norm", also die **„Norm**-alität".

Erst wenn du aufgrund Deines „unnormalen" Aussehens oder gewisser Behinderungen anders aussiehst, als die anderen Menschen, fällst du auf.

Wäre es eurer „Norm" entsprechend, also „normal", dass ihr alle Ohren hättet, die im Durchmesser zwei Meter messen, wäre dies die „Norm", also normal". Hätten alle fünf Finger und einen Daumen, wäre dies die Norm, hättet ihr alle keine Nasen......., usw., usw.

Ebenso wie mit eurem Aussehen verhält es sich mit euren geistigen Zuständen. Ein Mensch, der sich mit seinem Verhalten innerhalb einer gewissen Norm bewegt, wird von euch als normal bezeichnet. Eine der Maßgaben zu entscheiden, ob ein Mensch „normal" oder „verrückt" ist, sind seine Wahrnehmungsmöglichkeiten und die

Fähigkeit sich der Norm gemäß zu verhalten und auszudrücken.

Eure Gesellschaft legt die Norm fest, was erwünscht, erlaubt oder verboten ist.
Ein Mensch, der gegen diese Regeln oder Normen verstößt, indem er anderen widerrechtlich etwas wegnimmt oder gar andere Menschen quält, körperlich verstümmelt (wobei es bei euch den Begriff der geistigen Verstümmelung nur im Ansatz gibt) oder gar tötet, ist ein Verbrecher.
Ein Verstoß gegen die Norm der gesellschaftlichen Regeln, die wir soeben beschrieben haben, ist also ein Verbrechen. Damit derartige Handlungen unterbleiben und/oder andere davon abgehalten werden, gibt es Gesetze, die das Maß der Bestrafung festlegen.
In derartigen Fällen gibt es jedoch Interpretationsmöglichkeiten.
Einer, der anderen ihren Besitz stiehlt, um davon sein Leben zu bestreiten, ist „verdammenswert" - einer, der das gleiche tut, jedoch aus dem Hintergrund, weil er einfach nicht weiter weiß in seinem Leben, erhält zumindest ein gewisses Maß an Verständnis.

Eure Religionen geben euch Regeln und Vorgaben, mit denen ihr es schaffen sollt „gute" und liebenswerte Menschen zu sein oder zu werden.
Wer sich im weitesten Sinne an diese Regeln hält, wird nach seinem Tode ins Himmelreich gelangen. Im gegenteiligen Fall wird er der ewigen Verdammnis anheim fallen. Ein Sünder, der bereit ist zu bereuen, dem wird vergeben.

Eure Familien geben eure Regeln und Verhaltensweisen, mit denen ihr bereits eure Kindheit verbringt. Diese Verhaltensweisen und deren Durchsetzung euch gegenüber prägen euch immens.
Doch auch hier gilt immer und ohne Ausnahme: *Das Einhalten der Regeln wird belohnt und der Verstoß dagegen wird bestraft.*
Bereits als Kinder erlebt und erfahrt ihr immer wieder dieses irdische Lebensprinzip.

Das Ausmaß der Bestrafung mag überaus unterschiedlich sein. Von körperlichen Schlägen oder sonstigen Misshandlungen bis zur psychischen Qual durchleben Kinder eurer Erde immer wieder die Durchsetzung des Prinzips: *Das Einhalten der Regeln wird belohnt und der Verstoß dagegen wird bestraft.*

Ein Kind ist sich schon einer Verfehlung bewusst, wenn es im

Verhalten der Eltern feststellen kann, dass diese sich in der kleinsten Form abweisend verhalten oder zwischen ihren Aussagen und Handlungen eine Diskrepanz vorhanden ist.

„Brave" Kinder, also diejenigen, die den Vorstellungen ihrer Eltern entsprechen, erleben immer wieder „positive" Zuwendung von Eltern und Verwandten. „Böse" oder „unartige" Kinder erleben immer wieder, dass ihr Verhalten nicht erwünscht ist, da sie immer wieder „negative" Zuwendung in Form von Worten, Handlungen oder Verhaltensweisen erhalten. Auch hier sind die Vorstellungen der Eltern oder naher Verwandter maßgeblich.

Aus beiden Verhaltensweisen und deren Vermischung ergeben sich für jedes Kind in dessen weiterem Leben wiederum unzählige innere Überzeugungen, die wir in diesem Zusammenhang als die Basis der menschlichen Glaubenssätze oder Programmierungen bezeichnen wollen.

Verpacken wir einfach einmal die letzten Abschnitte in ein Beispiel. Du könntest nun ein Mensch sein, der über ein geringes Selbstvertrauen verfügt, also wenig Vertrauen zu sich selbst hat. Also wirst du in Deinem Leben immer wieder mit Situationen konfrontiert sein, die dir aus ihren Inhalten zeigen, dass du in Bezug auf Selbstvertrauen ein Defizit hast.
Im Zuge der Zeit wirst du in dir ein Bedürfnis entwickeln, über mehr Selbstvertrauen verfügen zu wollen. In diesem Zusammenhang machst du dir also eine Vorstellung davon, wie es sein müsste, über mehr Selbstvertrauen verfügen zu können.
Irgendwann wirst du auf Regeln Deiner Welt stoßen, die dich darauf aufmerksam machen, dass du demütig zu sein hast. Gegebenenfalls wird großes Selbstvertrauen von dir oder deiner Umwelt auch noch definiert als Arroganz oder Überheblichkeit.
So bleibt dir letztendlich nur die Entscheidung weiterhin innerhalb Deiner Geringschätzung Deines Körpers, Deiner Empfindungen und all der Dinge, die du in Deinem Leben bereits geleistet hast und noch leisten wirst zu bleiben, oder das andere Extrem zu leben und dich gegebenenfalls zu einem Arroganzbolzen zu entwickeln, den niemand in Deinem Lebensumfeld wirklich mögen wird.

Nun, dieses Beispiel zeigt einen Lebensbereich, indem einerseits ein Bedürfnis, nämlich das nach größerem Selbstvertrauen entstanden ist, und andererseits die unterschiedlichsten Regeln, die dir in diesem

Falle zeigen, dass du dies scheinbar nicht „darfst".

Diese fortwährenden Widersprüchlichkeiten zwischen deinem Bedürfnis und/oder deinem Wunsch und dem, was in deiner äußeren Welt für dich „erlaubt" ist oder von dir erwünscht wird, lässt dich immer wieder an Grenzen stoßen.
Diese Grenzen erfordern von dir wiederum eine Entscheidung.
Diese Entscheidung hat für dich eine (oder mehrere) Konsequenzen.

Überschreitest du die Grenzen, so verbindest du in deiner inneren Vorstellungswelt (Phantasie) die möglichen Konsequenzen mit Projektionen gewisser Grundbedürfnisse und Wünsche.
Überschreitest du die Grenzen nicht, so fühlst du dich gegebenenfalls beengt und eingegrenzt.

Deine Phantasien werden meist durch „Negativerfahrungen" geprägt sein, die dir suggerieren, dass du Menschen oder deren Form von Zuwendung oder Akzeptanz verlieren könntest. Gegebenenfalls könntest du auch Geld oder andere Formen von „Sicherheit" verlieren.
So wird deine Entscheidungsfindung wahrscheinlich durch gewisse Ängste geprägt sein.
Damit geht es nicht mehr um eine Entscheidung, die du aus deinem tiefen Bedürfnis heraus triffst, sondern um eine Form der Entscheidung, die durch deine Vorstellung der wahrscheinlichen Konsequenz geprägt sein wird.

Überschreitest du die Grenze, so sagt dir deine Gedankenprojektion, werden Menschen dich gegebenenfalls nicht mehr mögen, dich vielleicht sogar ablehnen oder dich verlassen.
Lässt du die „Dinge" wie sie sind, bleiben dir zwar die anderen Menschen und deren Umgang mit dir erhalten; diese Option lässt dich jedoch auch nicht wahrhaftig glücklich sein.

So wird deine Entscheidungsfindung nicht mehr bestimmt durch deine wahren Wünsche und Bedürfnisse, sondern sie wird geprägt sein durch deine gedankliche Projektion von Verlust oder Verzicht.
Die Entscheidung wird also in eine völlig andere Ebene verlagert, wo sie durch deine gedanklichen Projektionen hinverlagert wird und lautet dann letztendlich: Möchte ich auf die Zuwendung verzichten oder möchte ich aus mir selbst heraus glücklich sein.
Nun, es mag durchaus sein, dass dir das von uns hier beschriebene Prinzip noch nicht ganz klar ist.

Seid jedoch versichert, Menech, dass dir dieses Prinzip noch weiter bewusst werden wird........

Verhinderungsmechanismen

Im Prinzip, lieber Mensch, verfügst du über alle Fähigkeiten und Möglichkeiten, die du brauchst, um dein Leben in der Form und Qualität gestalten zu können, die DU dir für DEIN eigenes Leben vorstellst.
Ja, mehr noch, letztendlich gestaltest du dein Leben selbst.
Die Basis dafür bildet DEINE eigene Wahrheit.
Nun, was ist deine eigene Wahrheit?

In dir trägst du ein Bild oder eine Vorstellung von dir selbst. Diese Vorstellung von dir selbst ist durch bestimmte Umstände entstanden, die wir in der Folge noch genauer beschreiben werden.
Innerhalb dieser Vorstellung von dir selbst gibt es Zusammenhänge, Erkenntnisse und Wissen, dass du immer wieder aus dir selbst heraus auf deine Umwelt, deine zwischenmenschlichen Verbindungen, dein Gottesbild, dein Weltbild, deine Fähigkeiten und Möglichkeiten, deine Unfähigkeiten und Unmöglichkeiten, kurz, auf all das projizierst, was dich und dein Leben ausmacht.

Hast du beispielsweise ein geringes Selbstwertgefühl, wirst du immer davon ausgehen, dass es die anderen Menschen um dich herum ebenso sehen.
(Ganz nebenbei bemerkt, ist dies eine äußerst weit verbreitete Krankheit auf eurer Welt, von denen auf eine andere Art und Weise sogar die betroffen sind, die scheinbar über einen großen Selbstwert verfügen.)
Bei allem was du sagst, denkst oder tust wirst du davon ausgehen, dass deine Mitmenschen dich ebenso einschätzen, wie du dich selbst.
So projizierst du deine eigenen Überzeugungen auf alle anderen Menschen und auf alle sonstigen Begebenheiten des Lebens.
Ja, mehr noch, da dein geringes Selbstwertgefühl für dich einfach unumstößliche Gegebenheit ist, verhältst du dich auch dementsprechend. Alles, was du tust, denkst und fühlst, ist von dieser inneren Überzeugung geprägt. Da das Gefühl des geringen Selbstwertes dein Leben bestimmt und beherrscht, wirst du auch immer wieder Menschen finden, die dich genau in dem Gefühl des geringen Selbstwertes bestätigen.

Andererseits wirst du zu irgendeinem Zeitpunkt deines Lebens in dir den Wunsch entwickeln genau dieses Defizit verändern zu wollen. Je größer dieser Wunsch ist, desto schwieriger wird dessen Realisierung.

Ebenso, wie du die absolute Überzeugung des geringen Selbstwertes in dir getragen hast, wirst du eine Vorstellung dessen entwickeln, wie du als menschliches Wesen mit ausgeprägtem Selbstwert zu sein hast.

Des weiteren wirst du in diesem Fall versuchen immer wieder Situationen zu „provozieren" in denen du eine Form der Bestätigung erhalten möchtest, dass andere Menschen dir verbal und/oder nonverbal mitteilen, dass du sehr wohl einen „Wert" für sie hast.

Selbst wenn du immer wieder diese Bestätigungen erhältst, befriedigen sie dich nicht, da sie meist nicht deinen Vorgaben oder Vorstellungen entsprechen.

Du selbst setzt dir somit bewusst oder unbewusst ein relativ genau definiertes Ziel, nämlich die Projektion *DEINER* Vorstellung der Umsetzung des ausgeprägten Selbstwertgefühls und wirst dich immer wieder aufgrund deiner Zielsetzung bewerten und beurteilen.

Die Fixierung deiner Wahrnehmung auf dieses Ziel wird dich immer wieder Menschen wahrnehmen lassen, die über ein großes Selbstwertgefühl verfügen.

In einigen Fällen wirst du sie bewundern, andererseits wird es oft ein merkwürdiges Gefühl im Zusammenhang mit diesen Menschen in dir geben.

Eine Art von nicht genau definierbarem Widerstand gegen diese Menschen, vielleicht sogar offene oder verdeckte Rebellion gegen sie, je nachdem in welcher Position sie zu dir stehen

Einerseits wird es eine Form der verstärkten Wahrnehmung für Menschen mit ausgeprägtem Selbstwertgefühl in dir geben, andererseits eine Form der Ablehnung.

Auf einer gewissen Ebene wird es dir mit dir selbst ähnlich ergehen.

Du wirst dich einerseits bis zu einer gewissen Grenze hin selbst mögen, dich allerdings immer wieder für deine eigene Unzulänglichkeit und die scheinbare Unfähigkeit bei der Erreichung deines Zieles selbst verurteilen, dich weiter herabsetzen oder sogar gänzlich ablehnen.

Könntest du dich selbst so akzeptieren wie du bist, hättest du auch die Problematik mit Deinem Wertgefühl nicht.

In dem Augenblick, in dem DU ein scheinbares Defizit in deiner Persönlichkeit als wahr akzeptierst, wirst du dir sofort ein Ziel setzen.

Das Ziel lautet: Veränderung des Defizits zu einem positiv scheinenden Persönlichkeitsaspekt.

Damit hast du eine Vorstellung in dir entwickelt, was dein nächster Schritt in deinem Leben sein sollte.
In der Regel wirst du dann beginnen zu versuchen dieses (scheinbare) Defizit in dir zu wandeln. Somit triffst du für dich die „Ent-Scheidung" dich auf den Weg zu dieser Lösung zu machen.
In dir entsteht eine selbst gesetzte Bedingung, nämlich die Überzeugung: „Wenn ich mehr Selbstwertgefühl habe, dann kann ich........, dann werde ich........, dann brauche ich nicht mehr........", und so weiter.

Nun gibt es jedoch auch deine Wünsche, Bedürfnisse und Erwartungen, die du in deinem Leben zu erfüllen wünschst oder erfüllt haben möchtest.
„Ich wollte schon immer einmal........, eines Tages werde ich..........", und vieles mehr.

In Kombination mit dem Beispiel des geringen Selbstwertgefühls entsteht daraus eine Kombination, die da lauten wird: „Wenn ich mehr Selbstwertgefühl habe, dann werde ich........, dann kann ich........", oder so ähnlich.

Es findet eine Verlagerung der wahrhaftigen Bedürfnisse statt, deren Erfüllung du selbst davon abhängig machst, ob du nun mehr Selbstwertgefühl hast oder nicht.

Du glaubst erst einmal deine eigenen Bedingungen erfüllen zu müssen bevor du dich an andere Dinge deines Lebens heranwagen kannst.

Dementsprechend wirst du auch beginnen dein Leben zu gestalten.
Deine Wünsche und Bedürfnisse treten in den Hintergrund um der selbstgestellten Bedingung Raum zu schaffen.

Damit schaffst du dir einen eigenen „Verhinderungsmechanismus", der dir, so paradox es sich anhören mag, dabei **hilft**, nicht glücklich sein zu „müssen"..........

Teil II

Die immense Macht der Angst

Angstprojektion

Das Gefühl der Angst stellt ein immenses Machtpotential dar.
Tatsächlich stellt die Angst in euren Gefilden die Trieb- oder Bremskraft innerhalb vielfältiger Strukturen und Abläufe dar.
Angst ist unglaublich vielschichtig in ihren Erscheinungsformen auf den bewussten und unbewussten Ebenen eurer Denk- und Gefühlsstrukturen.
Unter den Begriff Angst fallen auch eure „kleineren" Befürchtungen und all die gedanklichen Projektionen, die sich auf unangenehme Dinge beziehen, die euch selbst, euch nahestehenden Menschen betreffen oder die ganz allgemein irgendwann einmal geschehen **KÖNNTEN!**

Angst ist immer und ohne Ausnahme eine gedankliche Projektion. Bestimmte Gedanken oder Geschehnisse werden aufgegriffen, diese werden dann weitergedacht und schließlich und endlich ergibt sich dann eine Vorstellung in euch.

Um zu verdeutlichen wovon wir sprechen ein Beispiel.
Stelle dir vor, dass du aus irgendwelchen Gründen auf einer Linie entlang gehen musst. Stelle dir weiterhin vor, dass keinerlei Konsequenzen damit verbunden sind, gleichgültig ob du diesen Test nun bestehst oder nicht.
Die Linie ist etwa 10 Meter lang und kerzengerade.
Hättest du ein Problem damit, auf dieser Linie zu gehen?

Es mag durchaus sein, dass du aus mangelnder Übung kleine Schwierigkeiten hast, einen Fuß vor den anderen zu setzen. Das ist alles.

Versuche nun dir vorzustellen, dass du die gleiche Strecke über einen Balken gehen sollst. Wiederum gibt es keinerlei Konsequenzen wenn du es schaffst oder nicht schaffst.

Hättest du nun ein Problem?
Sicherlich keines, das dich wirklich daran hindern könnte, den Balken zu überqueren.

Nun stelle dir einmal vor, der gleiche Balken läge über einer etwa 10 Meter breiten Schlucht, die sich einige hundert Meter nach unten erstreckt.

Im Prinzip wieder der gleiche Balken, den du problemlos entlanggehen konntest.
Lediglich die mit der Überquerung des Balkens verbundenen Umstände haben sich verändert.
Bei der Überquerung des Balkens der über die Schlucht hängt hätte ein Fehltritt **„wahr-schein**lich" dramatische Folgen.

Betrachten wir uns die drei Beispiele der „Überquerung" ein wenig genauer.
Eine Linie zu überqueren bedeutet keinerlei Gefahr für die Person.
Erst wenn damit Konsequenzen verbunden sind, wird es schon unangenehmer.
Beispielsweise bei einer Verkehrskontrolle, bei der getestet wird, ob der/die Fahrer/in alkoholhaltiges getrunken hat.
Ein Mensch, der vollkommen nüchtern ist wird wenig Schwierigkeiten beim Überqueren haben. Ist dieser Mensch jedoch geprägt von einer gewissen Furcht vor der „Obrigkeit", mag es schon komplizierter werden.
Hat der betreffende Mensch tatsächlich getrunken, „darf" er beim Gehen auf der Linie nicht versagen, weil er den Führerschein verlieren könnte...., und...., und....., und........

Ihr bemerkt, dass es bereits hier kompliziert und sehr umfassend wird weiter auf die Projektion von möglichen Konsequenzen unter Berücksichtigung möglicher Wahrscheinlichkeiten einzugehen.
Schließlich und endlich wären diese Interpretationsmöglichkeiten so vielfältig, wie es Menschen gibt, die in eine derartige Situation geraten könnten.

Ähnlich würde es sich in der Realität bei dem Balken verhalten, der einfach überquert werden kann.
Auch hier keine Befürchtungen, Ängste oder Stresssituationen, solange es um „Nichts" geht.
Bestenfalls ein Mensch, der Angst davor hat, sich den Knöchel verstauchen oder brechen zu können oder sich durch einen Sturz weitergehende Verletzungen zufügen zu können, wird in einer derartigen Situation Angst verspüren.

Ganz anders würde es sich mit der Überquerung der tiefen Schlucht darstellen.
Obwohl der Vorgang des „Balkengehens" der gleiche ist, würdest du in der realen Situation mit deinen massiven Urängsten vor schwerer

Verletzung oder Tod konfrontiert.

Erst eine Situation in Verbindung mit der für einen Menschen entstehenden Konsequenz ergibt für diesen Menschen eine Gedankenprojektion. Diese gedankliche Projektion erzeugt in dir ein dazugehörendes **projiziertes** Gefühl.

Nicht die Überquerung des Balkens erzeugt in dir das Gefühl von Furcht, sondern die Vorstellung dessen, welche Konsequenz daraus entstehen **könnte**.

Natürlich könnte ein Mensch **Mut** in sich **erzeugen** und somit dennoch die Schlucht mittels des Balkens überqueren.
Mut ist keinesfalls der Gegenpol zur Angst, sondern die Fähigkeit trotz bestehender Ängste zu handeln. Mut ist die Fähigkeit, die Handlungsfähigkeit beizubehalten.

Angst entsteht NIEMALS durch eine konkrete Situation, sondern IMMER durch die, mit der Situation verbundenen Gedankengänge.

Angst ist IMMER eine gedankliche Projektion aus Gegenwart oder Vergangenheit in die Zukunft. Verbunden mit dieser Gedankenprojektion ist IMMER ein Gefühl.

Ängste sind reine Projektionen, die euch in vielfältiger Form beeinflussen.

Kennst du das Arbeitsprinzip DEINER Ängste, hast du bereits einen Weg gefunden MIT deiner Angst umzugehen.
So hast DU bereits einen gewaltigen Schritt getan, Menech.

Die Auswirkungen der Angstprojektionen

Nun, Angst ist also die Projektion eigener Gedanken- und Gefühlsstrukturen auf Situationen, Gegebenheiten und sogar Dinge.

Findet diese gedankliche Projektion aufgrund konstruktiver, freudvoller, glücklicher oder liebevoller oder sonstigen positiven Grundsätzlichkeiten statt?

Nein! Die gedankliche Projektion basiert wiederum auf der Angst.

Kommen wir zurück zu dem Beispiel mit dem Balken des vorherigen Kapitels.

Bist du in der **Realität** mit einer Situation konfrontiert, die von dir erfordert, dass du den über der Schlucht liegenden Balken überqueren musst, wirst du leichtfüßig und mit einem Hochgefühl in dir diesen Balken überqueren?

Du hättest Angst! Und es wäre völlig „normal", dass du Angst hättest.

Ob du diesen Balken nun überquerst oder nicht, hängt wiederum von deiner Motivation ab.

Liegt am anderen Ende ein Koffer mit Geld, kämst du sicherlich ins Grübeln und würdest in dir nachsehen, ob da nicht eine Portion Mut vorhanden ist, die es dir ermöglicht, über den Balken zu gehen oder zu kriechen.

Kommt eine Gefahr auf dich zu, die - wiederum in deiner Gedankenprojektion – noch größer zu sein scheint als es die Balkenüberquerung für dich ist, würdest du gegebenenfalls schnellstmöglich versuchen, die Tiefe der Schlucht als Schutz für dich verwenden zu können und den Balken aus diesem GRUND überqueren.

Also mag die Furcht, die du in dir trägst durchaus auch Motivation, also Antriebskraft sein, etwas zu tun, was du unter anderen Umständen vielleicht nicht tun würdest.

Allerdings bietet die Angst als Motivationskraft lediglich stark eingeschränkte Entscheidungsmöglichkeiten.

(Ganz nebenbei bemerkt, gibt es wesentlich stärkere und effektivere Antriebskräfte, auf die wir zu einem späteren Zeitpunkt zu sprechen kommen. Hier und jetzt beschreiben wir lediglich den „IST" - Zustand der Persönlichkeits- oder Bewusstseinsstrukturen von euch Menschen.)

Wenn eine Angststruktur dich beherrscht, kannst du sie durch eine andere und stärkere Angststruktur überwinden.
Nun ist es möglich, dass sich der Gedanke in dir breit macht, dass es das ja wohl nicht sein kann. Schließlich und endlich trägst du ja schon genug Ängste in dir. Sollst du nun anfangen dir selbst noch größere Ängste einzureden, damit du diese „alten" Angststrukturen überwinden kannst?

Das wäre durchaus eine Möglichkeit. Schließlich und endlich hast du dieses Prinzip in deinem Leben schon oft genug verwendet, so dass es dir durchaus vertraut sein müsste.
Immer wenn dein LEIDENSDRUCK groß genug war, hast du Veränderungen in deinem Leben und den damit verbundenen Umständen herbeigeführt.

Nun die Frage an DICH: Hat es dir Freude bereitet zu leiden?
Hat es dir Spaß gemacht, erst so stark geistig und körperlich leiden zu müssen, bis du NICHT MEHR ANDERS KONNTEST, als Entscheidungen zu treffen und somit Veränderungen in deinem Leben herbeizuführen?

WARUM hast du jedoch SO lange Zeit immer wieder und immer wieder all die Frustrationen, all den Schmerz und all das Leid durchlebt?
WARUM hast du nicht bereits vorher eine Entscheidung getroffen und somit Veränderungen in DEINEM Leben herbeigeführt?

War es nicht wieder das Gefühl der Angst vor der möglichen Konsequenz, dass dich gehindert hat?

Befindet sich ein Mensch in einer Lebenssituation, die stark belastend ist, gibt es zunächst einmal zwei grundsätzliche Möglichkeiten.
Dieser Mensch wird entweder versuchen die Situation kurzfristig „in den Griff zu bekommen" indem versucht wird die Situation seinen Vorstellungen gemäß „passend" zu machen oder es findet eine Form der Resignation statt, die sich sinngemäß in die Worte fassen lässt: „Wie soll ich denn damit schon wieder fertig werden.....!"

Gleichgültig jedoch welche dieser beiden Möglichkeiten DU wählst, du wirst beginnen einen Kampf zu führen, der dich in seiner Konsequenz nur in den seltensten Fällen „be- **fried-** igen" wird.
Diesen Kampf wirst du als extrovertierter Mensch im Außen kämpfen und als introvertierter Mensch wirst du diesen Kampf mit dir selbst führen.

Im „Außen" kämpfst du, indem du versuchst die Umstände so zu manipulieren (= in deinem Sinne beeinflussen), damit du das Gefühl hast die Situation so verändert zu haben, dass du dich mit den Umständen daraus halbwegs einverstanden erklären kannst.

Gegen dich kämpfst du, indem du dich und deinen Weg selbst bezweifelst, wieder einmal glaubst versagt zu haben, denkst, dass das Leben dich nicht liebt, du deine wahre „Auf-Gabe" noch nicht gefunden hast und noch unglaublich vieles mehr.

„Warum kann das nicht einfach mal nur so alles laufen und funktionieren....?"
„Kann ich nicht endlich einmal Ruhe davon haben....?"
„Ich habe gedacht, das hätte ich schon gelöst....!"
„Warum passiert mir das immer wieder....?"
Warum verstehst du mich nicht........?"
Und noch so viele Aussagen mehr, die du immer wieder machst oder zumindest denkst.

Vieles hast du schon verändert. Dennoch fühlst du dich noch immer nicht „richtig" wohl mit dir selbst........
Was jedoch ist der Ausweg aus diesen Denkstrukturen?

Von der Kunst einen Planeten zu beherrschen

Nun, im Prinzip spielt es keine große Rolle ob du einen einzelnen Menschen beherrschen möchtest oder einen gesamten Planeten. Du musst dazu lediglich lernen in größeren Bahnen zu denken.
Um Menschen, Staaten, Kontinente, Planeten, Sonnensysteme oder Universen „be-**HERR**-schen" zu wollen, brauchst du im Prinzip nur einige Regeln zu beachten.
Die folgende Anleitung kannst du entweder dazu einsetzen, um dein Bedürfnis nach Macht in ihrem negativsten Sinne ausleben zu können, oder du kannst sie verwenden, um dir bewusst zu werden, was seit Jahrtausenden geschieht............
Verwende ein Messer um zu töten oder das Brot zu teilen, um denen geben zu können, die keines haben. Immer wirst **du** diejenige oder derjenige sein, der das Messer für „gutes" oder „schlechtes" einsetzt.
Mit jedem Gedanken, mit jeder Handlung wirst du eine Ursache setzen. Diese Ursache hat zu irgendeiner Zeit eine Wirkung zur Folge. Tötest du mit dem Messer, so wirst du zu irgendeiner Zeit erleben wie es ist mit einem Messer getötet zu werden. Teilst du mit dem Messer das Brot, um denen zu geben, die keines haben, wirst auch du zu irgendeiner Zeit erhalten, wenn du nichts hast.
Dieses Prinzip ist ABSOLUT wertfrei. Mehr dazu jedoch später.

Nun die Anleitung für dich:

Schaffe ein System von gut und böse, Schuld und Unschuld.

Schaffe ein System, basierend auf Leistung und Gegenleistung.

Gib einigen Geld und Macht und schaffe ein System, das diese beiden Aspekte verherrlicht und den anderen die Hoffnung darauf macht, „es" auch erreichen zu können.

Teile die, die du beherrschen willst in kleine Gruppen und lasse eine jede Gruppe in dem Glauben, dass das, was das ihre ist, das Wahre und Richtige sei.

Gib denen, die du beherrschen willst begrenzte Bereiche an die Hand innerhalb derer sie sich scheinbar frei bewegen können.

Gib denen, die du beherrschen willst die Hoffnung auf Veränderung, doch lasse nicht geschehen, dass sie wahrhaftes Wissen erlangen können.

Gibt denen, die ausbrechen wollen aus dem geteilten Gefüge deiner Macht etwas, auf dass sie ihre Suche fixieren können.

Gib denen, die beherrscht werden sollen Gerüchte und Beweise, die immer widerlegbar sind, damit die Wahrnehmung derer sich immer mehr auf das Thema fixiert, so dass sie nicht mehr wissen was wahr und unwahr ist.
Teile auch diese in Gruppen, die zueinander in Konkurrenz stehen, so dass sie sich durch ihr Verhalten selbst immer mehr entzweien.

Streue Fehlinformation, wo immer du kannst.

Verbreite die Wahrheit so, dass sie bezweifelt werden MUSS.

Gib denen, die beherrscht werden sollen, in Form von Suggestion Verhaltensweisen an die Hand, die in DEINEM Interesse liegen.

Lasse diejenigen, die dennoch die Wahrheit finden, als Träumer dastehen.

Gib allen die Hoffnung auf positive und wahre Veränderung und schaffe Gegebenheiten, die es denjenigen, die beherrscht werden sollen, unmöglich macht dort zu verändern, wo es außerhalb deiner Kontrolle liegt.

Führe immer wieder Neuerungen ein, die, in denen die verzweifelt sind, Hoffnungen wecken.

Gib denen, die beherrscht werden sollen, das Gefühl Einfluss zu haben, so dass ihnen die scheinbare Option frei sein zu können immer gegenwärtig ist.

Nun, zugegeben diese Auflistung enthält nur einen kleinen Teil von Verhaltensregeln, die notwendig sind, um wahrhafte Macht ausüben zu können.
Dennoch magst du das Eine oder Andere finden, das dir bekannt vorkommen wird.

Du lebst in einer Realität, die dir gewisse Wahrheiten oder unveränderliche Gegebenheiten **vorgaukelt**. Erst dadurch, dass **DU** diese Gegebenheiten **akzeptierst**, werden sie wahr.

Nun, wir möchten dir dies an einem kleinen Beispiel verdeutlichen.

Nimm einfach einmal an, deine Seele hätte vor einer Woche den Entschluss gefällt, sich auf diesen Planeten zu begeben, sich dazu einfach einen entsprechenden Körper geschaffen und sich mit einem „gefälschten" irdischen Erinnerungsspeicher ausgestattet. Nimm einfach weiter an, dieses Prinzip wäre unter den Seelen weit verbreitet und jede Seele würde den „Neuankömmling" einfach in ihre Abläufe integrieren. Als Auswirkung dieser Akzeptanz wäre die Seele in alle „Spiele" mit eingebunden. Stelle dir des Weiteren einmal vor, dass die Seelen die gesamten physischen Abläufe und Gegebenheiten - also die sogenannte Realität - durch ihre Schöpferkräfte gestalten, so dass sich also in Verbindung mit dem „gefälschten" Erinnerungsspeicher auch das gesamte Umfeld dieses „Neuankömmlings" gestaltet hat und sämtliche Erinnerungsspeicher aller beteiligten Seelen sich dementsprechend umgestaltet haben. Deine menschlichen Erinnerungen wären für dich ABSOLUT real. Die Erinnerungen aller Beteiligten wären ebenfalls ABSOLUT real.

Science Fiktion?
Vielleicht!
Woher hast du das Bild deiner Realität? Woher stammt das Bild dieser dreidimensionalen Wirklichkeit, die dir immer wieder so zu schaffen macht?

Was wäre aus dir geworden, hätte dir als Kind (gleichgültig ob deine Erinnerung daran nun „echt" ist oder nicht) jemand beigebracht, dass du über unbegrenzte Schöpferkraft verfügst und hätte dich jemand immer wieder gelehrt, diese auch entsprechend einzusetzen?

Was wäre, wenn alle Seelen eine Art Spiel spielen, das lauten könnte: Wir spielen wir leben auf einem Planeten, ausgegrenzt aus unserer Erinnerung an unsere wahre Existenz und erfahren uns selbst unter bestimmten Voraussetzungen.
Du zweifelst an unserem Verstand?
Gut so, denn es könnte durchaus sein, dass wir über keinen verfügen.

Du hältst uns für verrückt?
Du hast recht, denn von deinem Standpunkt aus betrachtet, sind wir „ver-rückt".

Suchst du nicht schon lange nach neuen und veränderten Sichtweisen?
Dies ist EINE davon.
Es mag durchaus sein, dass diese Sichtweise in keine Form von Projektion hineinpasst, die du bisher kennen gelernt hast.
Aus deiner Sichtweise betrachtet ist die Dreidimensionalität die Dreidimensionalität.
Dein Leben ist dein Leben.
Die Materie ist Materie.
Deine Sorgen sind deine Sorgen.
Dein Schmerz ist Dein Schmerz.
Die Menschen sind die Menschen.
Und so weiter und so weiter.

DOCH WOHER WEISST DU DAS????????
Woher weißt du, dass die Realität, die du erlebst, wahrhaftig die Realität ist.
Woher weißt du, dass du nicht einfach als höheres Wesen, das du nun einmal bist, einfach nur träumst, du wärst auf diesem Planeten?

Haben wir dich nicht bereits zu Beginn dieser Erzählungen darauf hingewiesen, dass wir dich/euch verwirren werden?
Warum gibt es in dir jetzt und in diesem Zusammenhang das Gefühl, dass vielleicht doch etwas dran sein könnte, an unseren Beschreibungen?

Wie real wären in diesem Fall all deine Verhaltensweisen, Muster, Glaubensstrukturen, inneren Überzeugungen, an all dem, was dir immer wieder zu schaffen macht, was du loswerden oder „transformieren" möchtest?

Was, lieber Menech, wäre, wenn du beginnst, all das, was dir immer wieder und immer wieder so zu schaffen macht, einfach HINTER dir zu lassen.

Bist du in deinem Leben nicht so beschäftigt damit, immer wieder und immer wieder „altes" aufzulösen?
Bist du nicht immer wieder und immer wieder damit beschäftigt, dich

zu „ent-wickeln"?

Scheint es dir nicht selbst als sinnvoll einmal darüber nachzudenken, was DU in DEINEM Leben anstelle deines Problems erleben und erfahren möchtest?
All Deine Sorgen, Nöte und Probleme, all die Egoismen, die Bedürfnisse und Wünsche, all deine (scheinbaren) Fehler und Defizite, die dich immer wieder so sehr in deinem Bewusstsein beschäftigen, tragen dafür Sorge, dass du sie immer und immer wieder erleben „darfst".
Ja, Menech, du hast bereits vieles verändert. Dennoch bist DU noch immer **nicht** „zu- **frieden**" in deinen tieferen Bewusstseinsschichten.

Was, Menech, wäre, wenn Du schlicht und ergreifend von falschen (oder besser: unwahren) Gegebenheiten ausgehst?
Was wäre, wenn DU etwas suchst, von dem dir lediglich **eingeredet** wurde, dass du nicht darüber verfügen kannst? Wenn deine Wahrnehmungsfähigkeit (aufgrund welcher Zusammenhänge auch immer) lediglich auf anderes fixiert ist und du in Deiner Wahrnehmung lediglich keine Option für die Wahrheit deiner Existenz in dir findest?
Wäre es dann nicht so, dass du nach etwas suchst, dass du schon lange hast?

Dein Leben ist geprägt von „Vor-gaben" und „Auf-gaben", die du glaubst erfüllen zu müssen.
Macht dich diese „Qual-ität" von Leben wahrhaftig glücklich?
Selbstverständlich erlebst du immer wieder Momente des Glückes und der „Be-**fried**-igung".
Wie lange jedoch, Menech, halten diese an?

Der Wert eines Menschen

Sagen wir dir die Wahrheit, Menech?
Nein! Ja! Schließlich und endlich ist die Wahrheit so unendlich vielfältig, wie du es dir innerhalb deiner großen Begrenzungen nicht einmal ansatzweise vorzustellen vermagst.

Es mag durchaus so sein, dass wir DEINE Erwartungen im Zusammenhang mir UNSERER Beschreibung nicht erfüllen.
Da WIR jedoch DIR ähnlicher sind, als du dir das zu diesem Zeitpunkt vorzustellen vermagst, verhält es sich so, dass unsere Beschreibungen durchaus auch in dir zu finden sein könnten.

Betrachten wir einfach einmal das Gefüge innerhalb dem sich dein Leben abspielt.
Nehmen wir einmal an, dass du einen Beruf ausübst (es handelt sich lediglich um ein Beispiel), der in der Wertehierarchie eurer Gesellschaft einen geringen Wert hat.
Nehmen wir einfach einmal an, dass du gegen Bezahlung mit einem Besen die Straßen einer Stadt kehrst.
An dir fahren ständig Menschen in großen, bunten und teuren Fahrzeugen vorbei.
Obwohl du selbst ein Fahrzeug hast, wirst du dir ein derartig großes und teures Fahrzeug unter „normalen" Umständen nie kaufen können.
Die Menschen in den großen und teuren Fahrzeugen werfen dir, sollten sie dich tatsächlich beachten, bestenfalls amüsierte oder mitleidige Blicke zu.
Wird sich in dir da nicht im Laufe der Zeit das Gefühl (die Überzeugung) einschleichen, dass der Wert DEINER Arbeit, die schließlich und endlich dazu führt, dass die Straßen weiterhin befahrbar und sauber sind, sehr gering zu schätzen ist?
Wirst du nicht irgendwann beginnen, das, was du über deine Tätigkeit fortwährend erleben „darfst", auf dich selbst zu übertragen und dich selbst immer weniger achten und schätzen?

Wird deine fortwährende Geringschätzung nicht irgendwann zu gewissen Formen der Frustration und der Aggression führen?
Wird dieser Bewusstseinszustand in dir nicht zu irgendeinem Zeitpunkt zu dem Gefühl der Hilflosigkeit führen, weil du nicht mehr weißt, wie du dein Leben verändern kannst?

Wirst du nicht irgendwann beginnen, in dir einen Traum, einen

Wunsch, ein Bedürfnis zu entwickeln, selbst in einem der großen und teuren Autos sitzen zu können oder dir eine andere, sinngemäße Symbolik dafür aussuchen?
Wird dieser Wunsch nicht irgendwann in deinem Leben das sein, was du dir unendlich ersehnst und für dich die Symbolik DEINER Erfüllung darstellen?

Wirst du nicht irgendwann beginnen, dein WAHRHAFTES Bedürfnis nach Wertschätzung dessen, was du tust und was DU BIST auf die scheinbare Erfüllung der Symbolik projizieren?
Tritt dann nicht der Traum des großen und teuren Fahrzeugs an die Stelle nach Akzeptanz und Wertschätzung?

Beginnst du dann nicht einen Weg einzuschlagen, der dich niemals zu der „Be-**fried**-igung" deines wahrhaften Bedürfnisses führt, sondern lediglich immer wieder erfahren lässt, dass die Erfüllung deines (projizierten) Scheinbedürfnisses nicht realisierbar erscheint.
Die Erfüllung deiner projizierten Symbolhaftigkeit drängt sich in den Vordergrund.
Das große und teure Fahrzeug wird zum Ziel.
Finanzielle Mittel benötigst du, um deine Projektion endlich, endlich erfüllen zu können.....
Woher willst du sie jedoch bekommen?
Was bleibt dir um dir Geld zu beschaffen?
Begreifst du DEINEN Kreislauf innerhalb vorgegebener Möglichkeiten?

Dein wahrhaftes Bedürfnis nach Akzeptanz und Selbstwert glaubst du mit Geld oder anderen materiellen Werten befriedigen und steigern zu können.

Wer jedoch legt den „Wert" eines Menschen fest?
Sind dies nicht die Regeln und Vorgaben eures Systems, in dem ihr lebt?

Ist dies ein System, das auf den menschlichen Werten basiert?
Wohl kaum!
Es ist innerhalb eures Wertesystems von nutzen ein wahrhafter Mensch zu sein?
Innerhalb gewisser zwischenmenschlicher Gefüge sicherlich.
Doch wovon sollt ihr Leben, eure Miete, die Raten und sonstiges bezahlen?

Durch eure Menschlichkeit?
Wird Menschlichkeit in eurem System honoriert?
Verhält es sich nicht eher so, dass Profitdenken, Gier, Missgunst und sonstige „Negativstrukturen" euch zu der Erfüllung eurer materiellen Projektion führen würden?
Würdet ihr nicht viel eher durch den Einstieg in das System die finanziellen Mittel erreichen können, die ihr glaubt haben zu müssen, um glücklich sein zu können?
Warum steigst DU jedoch eher aus dem System aus, wenn Geld das ist, was du willst?
Oder gibt es in dir eine Form von Wissen, die dir genau mitteilt, das dies nicht dein Weg ist?

Warum also, wenn es sich so verhält, versuchst du deine wahrhaften Bedürfnisse mit der Scheinbefriedigung „Geld" ausgleichen zu wollen?

„Ja schon, aber.......?!
Wie sollst du das System verändern?
Wozu willst du es verändern?

Willst du es verändern, damit DU endlich von den ANDEREN akzeptiert wirst?
Dass DU als das akzeptiert wirst, was du nun einmal bist: ein menschliches Wesen mit Fehlern und Defiziten?
Wie wäre es, wenn DU beginnst, DICH selbst einmal zu akzeptieren MIT all deinen Fehlern und Defiziten UND mit all deinen Vorzügen und Möglichkeiten?

Verhält es sich nicht so, dass du bei dir mehr darauf achtest, was du „noch" nicht erreicht hast, als auf das, was du erreicht hast?
Scheint dir nicht das wichtiger, was du **nicht** bist, als das, was du bereits bist?

Wer, so fragen wir DICH, Menech, gibt dir die Ziele, die Vorstellungen und die Bedingungen, nach denen DU dich zu richten hast?
Wer gibt dir die Werte, die Idole, die DICH mit DIR selbst unzufrieden sein lassen?

Wer gibt dir das Gefühl, nicht wertvoll genug zu sein, so, wie du JETZT bist?

Wie groß und vor allem wie WAHR sind deine Bedürfnisse, die du in

dir trägst?
Wie unwahr und projiziert sind sie?

Ist Geld das, was du möchtest, ein Haus, ein großes teures Fahrzeug oder möchtest du akzeptiert, gemocht und geliebt werden?

Du hast, wenn DU es wünschst durchaus die Macht und den Einfluss, die Welt zu verändern.
Vielleicht tust du es deshalb nicht, weil du nicht weißt wie?

Was bist DU wert, Menech?
Bist du „nur" ein Straßenkehrer?
Bist du „nur" eine Frau?
Bist du „nur" ein unwissender Mensch?
Bist du „nur" eine Belastung für andere?
Bist du „nur" ein(e) Arbeiter(in)?
Bist du „nur" ein(e) Manager(in)?
Bist du „nur" ....?????

Wer, so fragen wir dich nochmals, legt den Wert dessen fest, was DU bist?
Du selbst? Ja, durchaus. Doch aufgrund welcher Voraussetzungen?
Kennst du die Wahrheit deiner Existenz?
Ist sie dir **wahrhaftig** bewusst?
Was ist die Wahrheit deiner Existenz, Menech?

Du kannst die Wahrheit deiner Existenz nicht kennen, Menech.
Du kannst lediglich das, was du bereits **kennst** als Teil der gesamten Wahrheit als wahrhaftig akzeptieren oder auch nicht.
Die Wahrheit ist so vielfältig, wie es Lebewesen im Kosmos gibt.
Wenn dir deine erlebte Wahrheit, DEINE Realität nicht gefällt, suche dir eine andere. So einfach soll das sein? Ja, Menech, so einfach ist das.
Im Prinzip erlebst du einen „Traum", eine Vorstellung von Realität.
Verändere deinen Traum und du veränderst die Realität.
Das hast du in deinem Leben bereits immer wieder getan, allerdings ist dir das bisher nicht bewusst gewesen. Schließlich und endlich suchst du immer wieder nach den „großen" Dingen des Lebens. Das sorgt dafür, dass du den „kleinen" Dingen keine oder nur wenig Aufmerksamkeit schenkst.
Doch in den kleinen Dingen wirst du die Schlüssel finden, die du brauchst.

Du BIST ein strahlendes und lichtes Wesen.
Lediglich deine „**HERR**-schende" Überzeugung, dich erst dorthin bewegen zu müssen, lässt dich nach etwas suchen, das du bereits hast.
Du suchst im Außen und findest es nur in dir. Du kommst nicht einmal ansatzweise auf den Gedanken, darüber bereits „verfügen" zu können und deshalb suchst du nicht in dir.

Bedingungen, Ängste und Werte

Nun gestattet dir das „vor- **HERR**- schende" Wertesystem nicht, DICH selbst als wertvoll zu erachten.

„Wertvoll" wärst du dann, wenn..............."

Diesen Leerraum vermagst du mit einem DEINER wichtigen Wünsche auffüllen.
Du kannst den Begriff „wertvoll" auch ersetzen durch „wichtig", „geliebt", „schön", „frei", „begehrenswert", „angstfrei", „glücklich", „friedlich", „sorgenfrei" oder irgendeine andere Definition, der hier nicht aufgeführt wurde, dir aber bedeutsam oder wichtig erscheint.

Nehme dir ein Blatt Papier zur Hand und schreibe den Satz so, wie er für dich Gültigkeit hat. Ersetze das Wort „wertvoll" mit dem Begriff, der Deinen größten Wunsch definiert und ergänze das fehlende Wort oder die fehlenden Worte mit der Bedingung, die DU dir gesetzt hast.

Im Prinzip lässt sich also sagen, dass eine Bedingung immer dann entsteht, wenn ein menschliches Grundbedürfnis unerfüllt bleibt und aufgrund dessen auf ein Ereignis projiziert wird, das die scheinbare Voraussetzung für die Erfüllung des unbefriedigten Grundbedürfnisses schafft.

„Wenn diese Umstände geschaffen sind, dann kann oder werde ich.........", weist klar und deutlich genau auf die beschriebene Konstellation hin.

„Wenn ich den/die Partner/in gefunden habe, kann ich endlich glücklich sein......."
Heißt das nicht, dass DU glaubst, solange nicht glücklich sein zu können, solange dieser andere Mensch NICHT mit deinem Leben verknüpft ist?

„Wenn ich diese Schmerzen nicht mehr habe, werde ich.........."
„Wenn ich keinen Krebs mehr habe, dann kann ich wieder........"
„Wenn ich dieses Problem nicht mehr habe, mache ich endlich......"
„Wenn ich meine Schulden nicht mehr habe werde ich........."
„Wenn ich den/die Partner(in) gefunden habe, muss ich nicht mehr......"
„Wenn ich meine Ausbildung abgeschlossen habe, bin ich

endlich........"
„Als erstes brauch ich ein neues Haus und dann......."

Bevor du etwas erhältst, das du gerne möchtest (und wir sprechen
von ALLEN „Dingen", nicht nur von materiellem Besitz) muss erst
etwas anderes „erledigt" werden.
Im Prinzip entsteht dadurch ein gewaltiges Paradoxon.
Der ursprüngliche Wunsch oder das Bedürfnis wird immer größer in
dir. Die Möglichkeit der wahrhaften „Er-FÜLL-ung" wird jedoch immer
geringer, da versucht wird, die Bedingung und nicht das Bedürfnis zu
erfüllen.
Die Bedingung scheint jedoch nicht erfüllbar zu sein, was die Erfüllung
des ursprünglichen Grundbedürfnisses ebenso unmöglich macht.
Da das ursprüngliche Grundbedürfnis im Laufe des Lebens jedoch
immer mehr nach Erlösung drängt, findet nochmals eine Verlagerung
statt. Diese Verlagerung wird in Bereiche verlagert, die durchführbar
erscheinen oder sind.
Obwohl es sich im Prinzip um **Ablenkungen** handelt, werden diese
als solche nicht erkannt.
Das ursprüngliche Grundbedürfnis wurde mit einer verknüpften
Bedingung überdeckt.
Beides scheint zu diesem Zeitpunkt unerfüllbar. So wird also versucht,
diesen **Mangel** an „Er-**FÜLL**-ung" durch „Ersatzbe-**FRIED**-igungen"
„aufzufüllen".

(Vergesst bitte nicht, dass dies lediglich rationale Beschreibungen von
diesen Vorgängen und Abläufen sind. Im Hintergrund jedoch stehen in
Verbindung mit euren Gedanken und Gefühlen - euren
Bewusstseinsinhalten – eure euch innewohnenden Schöpferkräfte,
auf die wir in der Folge noch eingehen werden.)
So lebst du ein Leben innerhalb von Strukturen und Abläufen, die
deine Wünsche und Bedürfnisse unerfüllt lassen und dir immer wieder
bestätigen, dass du das, was du erreichen möchtest, nicht erreichen
kannst.
Andererseits weißt du aus deiner eigenen Lebenserfahrung, dass
ALLES, was du in deinem Leben jemals **wahrhaft** erreichen wolltest,
auch wahrhaftig erreicht hast.
Erinnere dich an deine Vergangenheit.
Suche dort jetzt einmal nach Situationen, in denen du alles
darangesetzt hast ein gestecktes Ziel zu erreichen. Gleichgültig wie
wichtig oder unwichtig diese Ziele dir JETZT erscheinen, zu dem
damaligen Zeitpunkt waren sie für dich bedeutsam.

Damals hast du ALLES darangesetzt und getan, damit du dein Ziel erreichst!

Nun mag es durchaus sein, dass du jetzt glaubst, dass es damals nicht so schwierig war, die Umstände andere waren und sonstige Argumente suchst, die dir helfen, diese Leistung selbst wieder herabwürdigen zu können.
Bewerte und beurteile deine Leistung im Zusammenhang mit der Erreichung deiner damaligen Ziele jetzt nicht.
Akzeptiere lediglich das Ereignis, DEINE Möglichkeit ein gestecktes Ziel auch erreichen zu **können**.
Die logische Konsequenz daraus ist schlicht und ergreifend diejenige, dass DU **all** das erreichen kannst, was dir wirklich wichtig ist.
Nicht erreichen kannst du, was dir nicht wahrhaftig wichtig ist und was du dir selbst nicht zutraust.

Versuchen wir dieses Kapitel in wenigen Sätzen nochmals „wiederzuholen", also zu wiederholen, so ergibt sich schlichtweg die Frage: Glaubst du wahrhaftig, Menech, dass die bewussten und unbewussten Ebenen deiner Ganzheit in ihrem gesamten Wissen Ersatz als Befriedigung akzeptieren werden?

Visionen

Ihr Menech tragt so unendlich viele materielle Wünsche und Bedürfnisse in euch.

Ihr glaubt „**Vor**-Sorge" für so viele Ereignisse treffen zu müssen.

Habt ihr so wenig Sorgen, dass ihr jetzt bereits darüber sorgen müsst, was irgendwann einmal sein KÖNNTE?

Die gedankliche Ausrichtung von euch Menech an euren materiellen „Dingen" und eure damit verbundenen Ängste, lassen euch immer wieder in Abläufe „einsteigen", die wiederum nur der ersatzweisen Befriedigung eurer wahren Bedürfnisse dienen.

Ein Auto, ein größeres Auto, ein noch größeres Auto.

Eine Wohnung, eine größere Wohnung, ein Haus.

Eine Wohnung, die ihr „be-sitzt", ein Haus, das ihr „be-sitzt".

Ein Beruf, der Geld „bringt", ein anderer Beruf, der euch noch mehr Geld „bringt".

Mehr Verantwortung, mehr Geld, mehr Besitz.

Besitz dient euch dazu, euren Status in eurem gesellschaftlichen Gefüge zu zeigen.

Verfügt ihr über wenig oder keinen Besitz, sucht ihr euch andere „Werte", denen ihr euch zuwendet.

Sogenannte Zivilisationskrankheiten, die dadurch entstehen, dass ihr euch immer weniger „selbst" lebt und immer mehr von eurem System gelebt werdet.

Entsteht euer „Stress" dadurch, dass ihr lebt oder entsteht euer Stress dadurch, dass ihr immer wieder versucht, Vorgaben zu erfüllen und „mehr", von was auch immer, wollt?

Sollte nicht das „System" dem Menech dienen und nicht der Menech dem „System"?

Nun, ein kleines Spiel.

Stelle dir einmal vor, du würdest einen bestimmten Teil deiner Zeit damit verbringen, einer Tätigkeit nachzugehen, die deinen Fähigkeiten und Möglichkeiten entspricht.

Der Arbeitszyklus beträgt mindestens sechs Monate, aufgeteilt in bestimmte tägliche Arbeitszeiten.

Dafür erhältst du keine Entlohnung in Form eines bestimmten Wertes.

Als „Gegenleistung" könntest du jederzeit in jeden „Laden" gehen und dir dort das mitnehmen, wonach dir gerade ist.

Du möchtest eines der „teuersten" und „größten" Autos?
Hole es dir und fahre es, solange es dir Freude bereitet. Danach gibst du es an andere weiter oder behältst es.
Du möchtest ein großes Haus?
Es wird für dich gebaut oder du nimmst eines, das gerade leer steht. Einfach so.
Magst du die Gegend nicht mehr oder möchtest in einem anderen Haus leben?
Dann geh einfach dorthin, wohin es dich zieht!

Hole dir aus den Geschäften einfach das, was du glaubst jetzt gerade haben zu wollen. Einfach so! Ohne bezahlen zu müssen, weitere Leistungen erbringen zu müssen oder sonstiges.
Das was DU innerhalb deines Tätigkeitszyklus an Leistung erbringst, zählt als „Gegenleistung" für das, was du dir aus den Geschäften holst.
Du erbringst eine Leistung. Dabei zählt nicht, ob du die Straße kehrst (wenn es dir Freude bereitet), dich als Heiler betätigst (wenn es dir Freude bereitet), eine Firma leitest (wenn es dir Freude bereitet) oder sonst etwas tust.
Das was du an Leistung erbringst, ist all dem anderen absolut gleichwertig.

Wie lange, Menech, wirst du brauchen, um zu erkennen, dass Besitz, gleichgültig in welcher Form, Qualität oder Preisklasse DICH in deiner Ganzheit **niemals** „be-**fried**-igen" wird?

In diesem beschriebenen Beispiel würde das heute geltende Besitzdenken sich verwandeln in ein freudvolles umgehen mit den „Dingen".
Statussymbole hätten ihren Sinn verloren.
Würdest du nach der Phase des „Ausprobierens" von Besitztümern nicht irgendwann dazu übergehen nur noch das zu „haben" was du im **Augenblick** wirklich benötigst?

Hätte dann das Streben nach der Erfüllung materieller Wünsche noch irgendeine Bedeutung für dich, Menech?
Was, Menech, hätte dann für dich Bedeutung?

Ist es nicht möglich, dass euer „System" mit all seinem Besitzstreben und mit all der daraus entstehenden Not und Pein den Sinn hat, euch von dem wahrhaftig Bedeutsamen abzulenken?

Stelle dir nun nicht die Frage: „Aber wie soll ich denn.......?"
Lasse einmal diese Vision auf dich wirken und versuche DICH selbst
dabei zu erkennen.

„Beziehungen" und sonstige begrenzende Strukturen

Wie glaubst du; Menech, würdest du mit deinen Hoffnungen, Wünschen und Träumen umgehen, wärst du gelehrt worden, dass diese deiner Seele entspringen und nach Erfüllung drängen?
Wie Menech, würdest du umgehen mit all deinen Wünschen, Träumen und Bedürfnissen, wärst du gelehrt worden, dass es dein **Bestreben** sein soll, in deinem Leben, diese zur Erfüllung zu bringen?

Würdest du, Menech, deine Hoffnungen, Wünsche, Träume und Bedürfnisse dir noch immer versagen? Würdest du sie noch immer verwerfen, mit dem Gedanken: „Ja, eines Tages werde ich........."
Oder würdest du, Menech, diesem göttlichen Drängen dich versagen und statt der Freude und des inneren Glückes der Erfüllung und der Befriedigung weiterhin nach der Trauer und dem Leid der inneren Zerrissenheit suchen?

Was, Menech, ist die Wahrheit?
Frage dich selbst. Verinnerliche Dir selbst einmal das Gefühl, das du bereits erlebt hast, wenn du durch die Erfüllung einer „gut gelaufenen Sache" dich glücklich fühltest.
Verinnerliche Dir das Gefühl der Versagung und des Mangels, Menech.

Und nun Frage dich selbst, Menech, welches DICH glücklich macht.
Woher Menech, willst du die wahrhaftige Wahrheit kennen?
Du kennst das, was du als Realität bezeichnest und einige damit verknüpfte Phänomene.
Sieh dich in deiner Umgebung um, Menech. Ist sie geprägt von Offenheit, Liebe und Wärme?
Ist deine erlebte Realität der Ausdruck göttlicher und bedingungsloser Liebe?

Doch wieder nagt bereits der Zweifel an dir. Was, wenn wir dich verführen wollen? Dich von „rechten" Pfad abbringen, dessen Beschreitung du dir so unbeschreiblich MÜHSAM erarbeitet hast?
Welches der beiden zuvor beschriebenen Gefühle kommt DEINER Vorstellung der „höheren" Glückseligkeit und der bedingungslosen Liebe näher?

Wer, Menech, hat dich gelehrt, dass all das was den „höheren" Streben dient, mühsam und voller Leid und Schmerz sein muss?

Ist es nicht wieder das **HERR**-schende System,. dem diese Überzeugung entspringt?

Nun, in eurem Bedürfnis, euch ablenken zu wollen und euch Ersatzbefriedigungen zu schaffen, habt ihr euch vielfältige Spielmöglichkeiten mit unendlichen Varianten entwickelt. Eines dieser „Betätigungsfelder" sind eure „Beziehungen". Es gibt durchaus Verbindungen zwischen Menschen, die über das, was wir in der Folge nun beschreiben wollen weit hinausgehen – wir möchten jedoch die Regel und nicht die Ausnahme beschreiben.

Im Prinzip gibt es für jeden Menschen lediglich ein „Problem", nämlich **sich selbst vollständig Annehmen und somit Lieben zu können.** Da ihr in eurem dreidimensionalen Gefüge niemals diese Erfahrung des vollständigen angenommen- und erfüllt - Seins so machen konntet, dass sie sich in eurem Bewusstsein wahrhaftig verankert hätte, hat jeder Mensch in diesem Bereich ein gewisses (in der Regel immenses) Defizit. Da ihr Menschen von vollkommen „ver-rückten" Sichtweisen ausgeht, **glaubt** ihr, aus der bedingungslosen kosmischen (oder göttlichen) Liebe getrennt zu sein. Da ihr davon absolut überzeugt seid, **verhaltet** ihr euch auch dementsprechend. Ihr **sucht** also nach einer Verbindung zu euren höheren Aspekten, eurem höheren Selbst, zu Heiligen oder Engeln um auf irgendeine Art und Weise die Möglichkeit zu haben aus eurem begrenzten Denken und fühlen herauszukommen. Das Dilemma oder Paradoxon, das sich für euch aus dieser Glaubensstruktur ergibt ist, dass ihr nach etwas sucht, dass ihr längst seid! „Hört" oder „fühlt" ihr etwas in euch geht ihr auf jeden Fall davon aus, dass dies ja „nur" EURE innere Stimme ist und die kann ja euren eigenen Glaubensstrukturen gemäß NICHTS besonderes sein! Anderenfalls gelingt es der inneren Stimme des einen oder anderen, sich etwas lauter oder vehementer „Gehör" zu verschaffen. Dann mag die Konsequenz diejenige sein, dass ein neuer GURU geboren wurde, der euer eigenes Minderwertigkeitsgefühl und die daraus entstehende Verehrung verwendet, um sein eigenes Defizit auszugleichen.

Die mögliche Verehrung einer Person, die scheinbar über Möglichkeiten verfügt, die andere Menschen (zumindest nach den verbreiteten Überzeugungen) nicht haben, gibt denjenigen die Chance sich wieder klein und unterlegen zu fühlen und sich in ihrer

Unzulänglichkeit selbst zu bestätigen.

Doch kommen wir noch ein klein wenig zurück zu den allseits so beliebten Ablenkungen.

In eurem Bedürfnis, Mittel und Wege zu finden die innere Glaubensstruktur ungeliebt, unwichtig, geringwertig, unattraktiv, unnütz oder was auch immer zu sein ist es Spielfaktor in eurer Realität, eure innere Überzeugung durch äußere Erlebnisse zu überdecken.
Dabei geht es überwiegend darum, durch Erlebnisse und Erfahrungen in der äußeren Realität eine Form der Bestätigung zu finden, die innere Glaubensstrukturen so überdeckt, dass sie sich verändert.
Tatsächlich gäbe es diese Möglichkeit der Bestätigung für jeden Menschen.
Die Fokussierung eines Menschen auf sein eigenes (scheinbares) Defizit jedoch sorgt dafür, dass immer wieder nach der Bestätigung des (scheinbaren) Defizits gesucht wird.

Zu jedem Zeitpunkt ist immer ALLES vorhanden.
Du Selbst, Menech, beschränkst DEINE Wahrnehmung auf das, was für dich von Bedeutung scheint. So vermagst du oftmals nicht die „positive" Bestätigung zu erkennen, die du aus einer Situation erhalten könntest, sondern versuchst immer wieder Ereignisse so umzusetzen, dass sie in Dein Bild passen. Bist du „negativ" fokussiert, wirst du die meisten Erlebnisse auch dementsprechend interpretieren und umgekehrt.
Erhältst du dann einmal doch unmissverständliches Lob oder Anerkennung, wirst du dies gleich wieder etwas herabsetzen.
Ganz der Überzeugung gemäß, das du je „be-**scheiden**" zu sein hast.

Ein ganz hervorragendes Tummelfeld für derartige Spielvarianten sind eure „Be-**zieh**-ungen".
Allein das Wort drückt schon einen Teil dessen aus, worum es geht.
Ihr lebt „Be-**zieh**-ungen" und ihr „er-**zieht**" nicht nur eure Kinder.
Doch wo, so fragen wir euch, **zieht** ihr sie hin, die Menech, die ihr behauptet zu lieben?

Wie fühlt ihr euch, wenn ihr **verliebt** seid?
Was für ein Hochgefühl! Welche Intensität! Welche Körperreaktionen!
Ist es möglich, dass dieses Gefühl demjenigen der absoluten ERFÜLLUNG schon ein wenig nahe kommt? Der Ekstase der

vollkommenen Erfüllung schon etwas entspricht?

Doch was gestaltet und entwickelt ihr daraus?
Von der egomanen „Selbstver-**HERR**-lichung" bis hin zum Töten des „geliebten" Menschen.
Von der Unterwerfung bis zur Depression, vom Machtspiel bis zur absoluten Abhängigkeit.
Allein dieses Buch könnten wir mit all den Spieloptionen füllen, die ihr in euren „Beziehungen" er- und durchlebt.

Verhält es sich nicht so, dass ihr eure(n) Partner(in) nicht für euer Glück oder Unglück verantwortlich macht?
Versucht ihr nicht immer wieder über den andern euch Bestätigung zu holen?
Macht ihr den anderen nicht verantwortlich dafür, dass ihr das erhaltet, was ihr glaubt zu brauchen?
Gestaltet ihr nicht immer wieder die Abläufe eurer „Beziehungen" nach der Option, dass sie zu **funktionieren** haben?
Bilden zwei Menschen, die sich zusammentun gemeinsam eine Maschine, die zu „funktionieren" hat?
Verändert ihr euch nicht ständig? Jeder für sich und, wenn ihr dies wünscht auch ihr zusammen? Verändert ihr euch nicht auch gerade DURCH den anderen?

Warum, so fragen wir euch, steckt ihr diese fortwährenden Persönlichkeitsveränderungen und Wandlungen in ein festgelegtes Gefüge von Ehe, Beziehung, Partnerschaft?
Wo bleibt die Individualität der beteiligten, die Freude an der Entdeckung?
Das fortwährend neue kennen Lernen der „Part-ner"?
Wie fühlt ihr euch, wenn eine „Beziehung" wieder einmal nicht „funktioniert" hat?
Schuldig, voller Frustration, voller Zweifel an euch selbst!
Wer von euch mag sich **dauerhaft** in ein Gefängnis von Pflicht und deren Erfüllung, Selbstverleugnung, Machtspielen und deren Konsequenzen und noch so vielen mehr einsperren lassen?

Wird in euren „Be-**zieh**-ungen" tatsächlich die LIEBE gelebt?
Wie kann, ihr Menech, dann euer „All-Tag" eure Liebe auffüllen mit Gewohnheiten, mit Pflichten und allerlei sonstigen Unwägbarkeiten, die so oftmals in die Trennung und euer Gefühl des „versagt-habens" und vieler sonstiger „Negativemotionen" führen?

Ihr bewegt euch innerhalb einer Realität die euch in euren dreidimensionalen Strukturen Vorgaben anbietet, denen ihr- zumindest habt ihr das gelernt- euch anzupassen habt!

Ihr wollt Veränderung?
Wer, so fragen wir euch, soll sie euch geben?
Wer Menech, lebt DEIN Leben?
Wer Menech hat dir gesagt, dass es leicht sein wird, zu Veränderungen beizutragen?

Magst du, mit all deiner dir angeborenen Intelligenz nicht sehen, welche Widersprüche klar und offensichtlich sind?
Magst oder willst du, Menech, nicht sehen, was dich bindet und fesselt?

Verhält es sich nicht auch hier wieder so, das die vorgegebene Struktur (in diesem Fall die Vorstellung, wie Beziehung zu funktionieren hat) den Menschen integrieren soll und nicht der Mensch individuell agiert?

Doch wo bleibt bei der Erfüllung von Pflichten jeglicher Art, die Erfüllung des Menschen?
Wo bleibt, Menech, deine INNERE Befriedigung, wenn du verantwortlich bist dafür, das die „Be-zieh-ung" „funktioniert"?

Ist es nicht weit verbreitet unter euch,, dass ihr euch in Körpern inkarniert habt, um zu lernen, euch selbst zu erleben und zu erfahren?
Wo bleibt das Lernen, wenn du Vorgaben zu erfüllen hast?
Nun, sicherlich lernst du durch Erfahrung.
Wo bleibt Deine Freude?
Wo, Menech, das Glück, die Liebe und die Freude?

Könntet ihr euch nicht begleiten, ihr Menschen?
Euch begegnen, voneinander lernen, euch solange lieben oder verliebt sein, solange ihr es eben seid, ohne euch wiederum in Strukturen zu begeben, die euch einengen, begrenzen und somit wiederum unglücklich sein lassen?

Lebe, Menech, DEIN Leben!
Warum glaubst DU, bist du sonst hier?

„Das" mit dem „Haben- Wollen" und sonstige Wünsche

Bleiben wir, um das Wirkprinzip zu beschreiben, weiterhin bei euren „Be-**zieh**-ungen"
In der Phase eures „verliebt- Seins" erhaltet ihr von eurem Partner etwas, dass in euch eine gewisse Abfolge von Gefühlen projiziert. Zugegebenermaßen eine Abfolge von Hochgefühlen.

Nun, im Prinzip ist es müßig, fortgesetzt darauf hinzuweisen, dass ihr euch zu einem bestimmten Zweck in diese, eure jetzige Existenzform begeben habt.
Dazu kommen noch einige energetische „Komponenten". beides gemeinsam gibt euch eine für euch unvorstellbare Kraft in die Hand. Jeder Einzelne von euch ist fähig, den gesamten Kosmos zu verändern. Die Welt verändern könnt ihr allemal!

Mache dir, Menech, bewusst, dass DU das Maß der „Dinge" bist, soweit es DEIN Leben betrifft.
Dieser Gedanke mag dir (noch) nicht vertraut sein, Gedanken des Widerspruchs in dir erzeugen oder vollständig von dir abgelehnt werden.

Im Prinzip liegt unser Bestreben nicht unbedingt darin, euch ständig zu sagen wer ihr seid und was ihr seid. Auch das ist müßig. Schließlich und endlich gibt es so viele Geschichten in denen du genau dies nachlesen kannst.

Unser Bestreben liegt darin, euch zu erklären, was ihr mit eurer immensen Kraft zu tun in der Lage seid und vor allem **wie** ihr es tun könnt.
Die Entscheidung zu tun oder zu lassen liegt einzig und allein bei dir! Beim wem sonst?

Nun, wir werden nun einige Zusammenhänge beschreiben, die wir als Wirkungsweisen kosmischer, energetischer oder göttlicher Wirkprinzipien definieren möchten.
Den Chemikern unter euch ist bekannt, dass es chemische Stoffe gibt, die durch das Hinzufügen anderer Stoffe ihr Aussehen, ihre Konsistenz oder sonstige Eigenschaften vollständig verändern.
Durchaus vergleichbar verhält es sich auch mit der kosmischen Energie, der feinstofflichen Energie, der Energie des Bewusstseins, der Schwingung, den morphogenetischen Feldern, der Lichtenergie

oder wie immer ihr dieses „Phänomen" definieren wollt.
All diese Begriffe beschreiben im Prinzip ein- und dasselbe.

Das, was ihr als Gott, die Einheit, die Dreiheit, die Ganzheit, das EINE oder wie auch immer bezeichnet, bildet die Basis, die „Grundsubstanz", den Ursprung, die „Grundenergie" für all das, was existent und sich selbst bewusst ist.
Das EINE ist in ALLEM und ALLES ist das EINE.
Diese Ur- oder Grundenergie IST das EINE.
In eurem Bedürfnis erklären und deuten zu wollen, habt ihr Abläufe initiiert, innerhalb derer Abfolgen stattfinden, die hintereinander oder in Folge geschehen.
Tatsächlich jedoch finden alle Abläufe parallel zueinander statt. Ihr bezeichnet diesen Vorgang als Multidimensionalität.

Ihr sprecht davon, dass ihr eine Seele habt, ein höheres Selbst habt, dass es einen Gott (den EINEN) gibt, dass es Galaxien, Universen und einen Kosmos gibt, dass Energien fließen, Spiritualität sich entwickelt, Schwingung erhöht werden soll, ihr eure Aufgabe übernehmen sollt, euren Nächsten wie euch selbst lieben sollt, ihr die Welt verändern sollt.

Dann sind da noch eure Bedürfnisse, eure Wünsche, die Vorstellungen, die ihr von eurer Selbstverwirklichung habt, euer Weltbild, euer Glaube, eure Bedingungen, eure Programme (inneren Überzeugungen), eure Selbstzweifel, eure Suche nach Wissen und euch (eurem) Selbst und noch so vieles mehr..........

Es ist an der Zeit, dass ihr beginnt, eure Überzeugungen insoweit zu verändern, als dass ihr begreift, dass ihr keine Seele habt, sondern dass ihr Seele seid.
Dass ihr begreift, dass ihr höheres Selbst seid, dass ihr euch innerhalb der Göttlichkeit befindet und Teil davon seid, dass Makro- und Mikrokosmos im Prinzip ein- und dasselbe sind.
Alles ist Energie! Wohin also sollte sie fließen?
Schwingung IST und ist so, wie sie ist.
Verändere dein Bewusstsein, dein Denken und Fühlen und du veränderst alles!!!!

Liebst du deinen Nächsten so wie dich selbst, so bitte deinen Nächsten dir aus dem Weg zu gehen. Denn wie sehr liebst du das, was **du** bist?

Du glaubst das lieben zu können, was du gern wärst. Doch dies Menech, ist ein gewaltiger Unterschied.
Deinen Feinden kannst du eines Tages vergeben, doch kannst du dir selbst vergeben?
Dich selbst verfolgst du ohne Gnade.

Du BIST! Also was willst du noch?
Ist das nicht genug?

Du möchtest deine Spiritualität leben?
Lebst du sie nicht?
„Ja schon, aber............!"
Welche Bedingung willst du erfüllen und wer stellt sie dir? Die bedingungslose Liebe?

Willst du Macht leben? Lebe sie, wenn du magst!
Ist dir deine Macht überhaupt bewusst?
Du hast eine bestimmte Vorstellung davon, wie es sein müsste, wenn du deine Macht lebst. Auf diese Vorstellung bist du fixiert, Menech.
Dieser, deiner eigenen Vorstellung entsprichst du nicht, und deshalb sagst du: „Ich möchte meine Macht leben!"

Möchtest du deine Männlichkeit / Weiblichkeit leben und erleben?
Welchem Bild und welcher Vorstellung wünscht du zu entsprechen?
Bist du ein Mann? Dann kannst du gar nicht anders, als DEINE Männlichkeit zu leben.
Dein gesamtes Denken, fühlen und handeln IST männlich! All das IST DEIN Ausdruck DEINER Männlichkeit! Niemand anders kann dies auf DEINE Weise tun!
Bist du eine Frau? Dann ist es auch dir nicht anders möglich als DEINE eigene Weiblichkeit auszuleben.
Dein Denken, Fühlen und handeln ist weiblich. All das ist DEIN Ausdruck DEINER Weiblichkeit. All das ist DEINE individuelle Ausdrucksform. Keine andere Frau, kein anderes Wesen kann dies auf DEINE Weise tun!

Eure „**Norm**-alität" schafft die Normen, die ihr glaubt erfüllen zu müssen, um euch selbst „Be-**fried**-igen" zu können. Eure Welt gaukelt euch vor, dass ihr einer gewissen Vor-Stellung entsprechen müsst, damit ihr perfekt werden könnt.

DOCH IHR SEID PERFEKT!!!!!!

Göttliche Energie, spielende Seelen, inkarniert in Körpern um spielen zu können, habt ihr vergessen, dass ihr spielt und seid verzweifelt.

Wiederum ist es eure Norm, die euch das Gefühl gibt es nicht zu sein!

Hast du gelernt, Menech, dass deine Bedürfnisse gut sind, dass du sie als Drängen deines Seelenaspektes betrachten sollst, danach streben sollst?
Du hast gelernt, dass du dich kasteien sollst, dein Streben nach Erfüllung „des Teufels" ist und du entsagen sollst, damit du nicht der Sünde verfällst.

Möchtest du Freiheit erleben? Was lässt dich unfrei sein?
Möchtest du Frieden erleben? Was lässt dich unfriedlich sein?
Was möchtest DU erleben? Und was, Menech, hindert dich daran?
Wie Menech würdest du leben, wärst du gelehrt worden, dass Deine Bedürfnisse als Drängen deiner Seele, die du selbst bist, zu betrachten sind?

Warum ist das eine gut und das andere schlecht?
Hast du nicht als spiritueller Mensch dein Ego zu unterwerfen, zu tranformieren oder auf sonstige Art zu verändern?
Warst du schon einmal bewusst egoistisch? Woher willst du dann wissen, ob es dir nicht vielleicht gefallen würde, ein Egoist zu sein?
Doch wer mag schon Egoisten?

Bevor ihr Menech die Möglichkeit habt euch ganz bewusst auf eurem Planeten in euren Körpern zu bewegen, wollt ihr auch schon wieder in den Transformationsprozess und von dieser ach so schlechten Welt entfleuchen.
Hast DU schon einmal ganz bewusst gelebt und erlebt?

Was würdest du tun, Menech, hätten deine spirituellen Lehrer dich gelehrt, dass der Weg der Erleuchtung über das Erleben der Realität geht?
Würdest du nicht ganz anders über Spiritualität denken und fühlen und dementsprechend handeln?

Was nun ist die Wahrheit?
DU KENNST SIE NICHT!
Wer glaubst du, kennt die Wahrheit?
Die einzig wahre Wahrheit ist so unglaublich komplex, dass du,

Menech, sie in deiner jetzigen Existenz nicht zu begreifen in der Lage bist. Die einzig wahre Wahrheit setzt sich zusammen aus der unendlichen Vielfalt von Wahrheiten.

Das macht die Wahrheit so unglaublich einfach, schließlich und endlich ist die EINE Wahrheit nichts anderes als die Summe vielfältiger Interpretationen, die im Prinzip so wahr sind, wie die einzig wahre Wahrheit.

Entspricht das nicht **deiner** Vorstellung von Wahrheit?

Nun, stell dir einmal vor, einer deiner Bekannten plötzlich glaubt Gott zu sein.

In diesem Fall kommt es zunächst auf **dessen** Interpretation der Göttlichkeit an. Ist der Betreffende davon überzeugt, dass Gott ein strafendes Wesen ist, wird **er** sich als strafender Gott verhalten, glaubt dieser Mensch Gott sei die unendliche Liebe, so wird **er** sich so verhalten, wie **er** sich das Ausleben unendlicher Liebe vorstellt.

Ist dieser Mensch jetzt Gott oder nicht?

In der Wahrnehmung der anderen Menschen wäre er es nicht, da diese feststellen würden, dass „er" ja „nur" Mensch ist. Er entspricht nicht der Vorstellung des „Gottes".

Hätte die Menschheit die Vorstellung, dass Gott in einem menschlichen Körper „wohnt" und der Mensch, von dem wir sprechen hätte die eine oder andere außergewöhnliche Fähigkeit, könnte das ganze Bild schon wieder anders aussehen.

Aus der Sichtweise des Menschen, der sich für Gott hält, gibt es (zumindest in den oberen Bewusstseinsschichten) keinen Zweifel. Würde er daran zweifeln, könnte und würde er davon nicht **überzeugt** sein.

Dieser Mensch wird im Laufe der Zeit feststellen, dass sein Umfeld ihm nicht glaubt, dass „er" Gott ist und er wird sich unverstanden und abgelehnt fühlen.

Also wird er auf seine individuelle Weise versuchen, irgendwo auf dieser Welt Bestätigung dessen, was „er" über sich glaubt, zu finden.

Nach und nach wird er immer mehr „Mechanismen" entwickeln, die andere Menschen davon überzeugen sollen, dass „er" Gott ist.

Im Prinzip hat dieser Mensch sogar recht.

Allerdings nur insoweit, als dass er einen Teil der GANZEN Göttlichkeit darstellt (Göttlichkeit im Sinne der Ein(s)heit, nicht von

„Gott").
Wäre „er" wahrhaftig Gott (das EINE Wesen) so wäre dies einfach so.
Es gäbe keine Frage, keinen Zweifel (verborgen oder offensichtlich) und keine Suche nach Bestätigung.

„Hätte" dieser Mensch keinen inneren, vor sich selbst verborgenen Zweifel, „wäre" er also in der **ABSOLUTEN ÜBERZEUGUNG,** „würde" er über ein immenses Bewusstseinspotential verfügen, dass er auch innerhalb des dreidimensionalen Gefüges vollständig nutzen „könnte".

IN DER ABSOLUTEN INNEREN ÜBERZEUGUNG *IST* DIESER MENSCH DER SICHTBAR GEWORDENE AUSDRUCK DER EINHEIT!

Nun, wie verhält es sich mit euren Wünschen und Bedürfnissen? Hast du einen Wunsch? Ein Bedürfnis? Einen Traum? Wünscht DU dir, dass „er" sich erfüllt?

Würdest du dir etwas wünschen, wenn du es bereits „hättest"? Also bedeutet ein Wunsch immer und ohne Ausnahme das Eingeständnis, dass du **NICHT** hast!

Wenn du dir etwas wünscht, ist die ABSOLUTE Überzeugung immer, dass du **NICHT** hast.
UND DAS IST DER EINZIGE GRUND, WARUM DU **NICHT** HAST!

Dabei geht es keineswegs „nur" um deine körperlichen Bedürfnisse und Wünsche, also das „materielle Haben". Dieses Prinzip lässt sich für alle Lebensbereiche auf allen Ebenen anwenden.

Was musst du nun tun? Nichts!
Wünsche dir etwas, ohne es dir zu wünschen. Das ist alles!
Wir werden es dir gleich noch etwas genauer erklären.

Achte auf dein Gefühl, Menech. LERNE darauf zu achten!
Licht, Liebe, Frieden und Freude?
Oder Dunkelheit, Angst, Zerrissenheit und Trauer?
FÜHLST DU DEIN Leben auf die eine oder andere Weise?

Deine Gefühle mögen das Licht sein, das dich leitet und dir DEINE Wahrheit zeigt.

Das Phänomen mit dem Selbstbild

Hast du deine Stimme schon einmal auf einer Magnetbandaufzeichnung gehört?
Kam sie dir merkwürdig vor? „Hörst" du dich selbst anders?
Hast du dich schon einmal auf einer Bildaufzeichnung selbst sehen können?
Hattest du dabei das Gefühl, dass du das nicht sein kannst?
War es „komisch", dich selbst auf diese Weise zu sehen?
„Siehst" du dich anders?

Für all die anderen Menschen, die deine Stimme kennen, klingt deine Stimme von der Aufnahme möglicherweise etwas verzerrt, aber durchaus „normal".
Ebenso verhält es sich mit Bildaufnahmen.
Lediglich **DU** nimmst dich aus einer scheinbar veränderten Perspektive wahr. Du nimmst dich in diesem Fall so wahr, wie dich andere Menschen „von außen" wahrnehmen.

So wie eben beschrieben verhält es sich auch mit deinen Eigenschaften und/oder Fähigkeiten und Möglichkeiten

DU selbst siehst dich anders, empfindest dich anders und erlebst dich anders, als all die anderen Menschen um dich herum.
DU siehst, betrachtest, empfindest, fühlst und denkst dich IMMER und ohne Ausnahme durch dich selbst, durch deine Bewusstseinsfilter, durch deine „Wahr "- „Nehmungs" - Organe, durch deine inneren „Fixierungen" und vieles mehr.
Das bedeutet keineswegs, dass all die anderen dich auf die gleiche Art sehen und erleben.
Allerdings wird eine Gruppe von anderen Menschen einige Übereinstimmungen in der Beschreibung deiner Person feststellen.

Nun, macht in diesem Zusammenhang ein kleines Experiment:
Erinnere dich an den Zeitpunkt an dem du das letzte mal auf der Straße warst. Dabei ist es nicht von Bedeutung, ob dies drei Wochen oder drei Minuten zurückliegt.
Verinnerliche es jetzt!
Wie viele rote Fahrzeuge hast du gesehen?
Wie viele grüne?
Wie viele gelbe?

Du weißt es nicht!
Es mag durchaus sein, dass dein Verstand nun versucht etwas in dir zu projizieren.
Lasse dich aber jetzt nicht verwirren.

Wenn du dich das nächste Mal auf die Straße begibst, achte einmal auf rote oder grüne Fahrzeuge. Durch die Fixierung deiner Wahrnehmung auf rote oder grüne Fahrzeuge wirst du überwiegend genau diese wahrnehmen.
Allerdings wirst du immer abgleiten und beginnen auch auf andere Farben zu achten, zu vergleichen und zu analysieren.

Im Zusammenhang mit unserem „Experiment" handelt es sich um eine bewusste Entscheidung von dir, das nächste Mal auf Fahrzeuge mit roter oder grüner Farbe zu achten.
Ist es nicht so?

Nun, Menech, wir haben dich wieder einmal in eine Falle gelockt.
Du mögest uns verzeihen.
Wir haben dich manipuliert.
Du hast in dieser Erzählung immer wieder Aspekte gefunden, die dich ansprechen. Andererseits hast du auch Anteile gefunden, die du weniger magst. So oder so ist es uns gelungen ein gewisses Maß deiner Aufmerksamkeit, vielleicht sogar ein wenig Vertrauen zu erlangen.

Nun haben wir dich aufgefordert, bei deinem nächsten Aufenthalt in der Öffentlichkeit auf Fahrzeuge bestimmter Farben zu achten. Das hat im Prinzip sogar zu einer unbewussten Verstärkung unseres „Auftrages" geführt, da es enorm schwierig für dich gewesen wäre **nicht** wahrzunehmen.
Gleichgültig, wie deine Persönlichkeit strukturiert ist, wirst du dich mit der von uns in dich hineinprojizierten Thematik beschäftigen.
Vielleicht hattest du die Absicht, dir eine Farbe auszusuchen, die wir **nicht** erwähnt hatten.
Vielleicht wolltest du bewusst **nicht** das Experiment durchführen, dich also „verweigern".
Selbst in diesem Falle, hättest du an dem Experiment teilgenommen, nämlich in der Form, dass du darauf achtest **nicht** auf die Fahrzeuge zu achten.
Unter Umständen hättest du auch einfach getan, worum wir dich gebeten haben.

Gleichgültig welches der erwähnten Verhalten du an den Tag gelegt hättest: Es ist uns gelungen, deine Wahrnehmung auf einen bestimmten Ablauf zu fixieren, gleichgültig, wie du damit umgegangen wärst oder umgehen wirst.

Doch wird es noch „schlimmer", Menech. Dadurch, dass wir dich darauf hingewiesen haben, wie du „Wahr -**schein**- lich" reagieren wirst, haben wir unsere Manipulation noch in der Form verstärkt, als dass du nun im Prinzip keinerlei Chance hast dich ihr zu entziehen.

Es ist durchaus möglich, dass du nun versuchen wirst vor dir selbst so zu tun, als wenn du nicht auf Fahrzeuge achten wirst. Doch wirst du es tun!
Denn nun haben wir dich so manipuliert, dass es nicht mehr allein um die Farbe, sondern um Fahrzeuge geht. Wir haben dich nicht nur fixiert, sondern auch noch verwirrt.

Wir bitten dich nun um Vergebung für unser TUN, Menech.
War das, was wir gerade „getan" haben „schlecht", weil wir deine „Schwächen" oder dein Vertrauen missbraucht haben?
Oder war es „gut", weil wir dir etwas bewusst gemacht haben?

Entscheide selbst aus deiner Sichtweise.

Eine weitere Beschreibung von Wahrnehmungsfixierung:
(Sei unbesorgt, keine Manipulation mehr, lediglich eine Beschreibung eines Vorganges)

Wenn es sich so verhält, dass du dich entschließt dir ein neues Fahrzeug zu kaufen und dir in diesem Zusammenhang ein bestimmtes Modell in einer bestimmten Farbe vorstellst, wirst du „plötzlich" feststellen, wie viele deiner bevorzugten Modelle in der von dir gewünschten Farbgebung sich bereits auf der Straße im Einsatz befinden.
In diesem Fall findet eine unbewusste Wahrnehmungsfixierung auf äußere Gegebenheiten statt. Zurückzuführen ist diese Fokussierung auf deine Entscheidung dir ein neues (anderes) Fahrzeug zu kaufen.
Ist dies nun wahrhaftig **deine** Entscheidung oder ist sie zurückzuführen auf andere konsumorientierte Manipulationen der Wirtschaft, der Gesellschaft oder sonstiger Gegebenheiten, denen du „unterworfen" bist?

Nochmals zurück zu dem letzten „Experiment".
Es ist uns auf eine sehr einfach Weise gelungen deine Wahrnehmung für einen Augenblick auf bestimmte Vorgänge zu fixieren. Diese Fixierung wird sich sehr schnell wieder verloren haben.
Was jedoch, Menech, glaubst du geschieht, wenn eine (oder mehrere) dir nahestehende Personen dich über einen längeren Zeitraum immer wieder und immer wieder und immer wieder auf bestimmte Eigenschaften oder vielleicht sogar „Unfähigkeiten" hinweisen?
Wenn du immer wieder über Jahre hinweg erleben und erfahren musst, dass du
Eigenschaften, Denkweisen und Gefühlsbereiche „besitzt", die „unerwünscht" sind?

Was würde jedoch mit deinen Bewusstseinsfiltern passieren, wenn du immer wieder aus den Reaktionen der Menschen um dich herum erleben musst, dass du beispielsweise nichts oder nur wenig „richtig" machst, dass du aufgrund dessen „minderwertig" bist?
Je nach Strukturierung deiner Persönlichkeit würdest du dir dies gegebenenfalls über längerer Zeiträume hinweg gefallen lassen, dich versuchen zu wehren oder sonstiges.
Dazu bist du als erwachsener Mensch durchaus in der Lage, auch wenn es in verschiedenen Situationen überaus schwierig zu sein scheint.

Doch wie ergeht es einem Kind?
Ein Kind wird „er- zogen", das bedeutet nichts anderes, als dass Verhalten, Denkstrukturen, Gefühlsmuster, innere Überzeugungen und vieles mehr, durch den Umgang der Erwachsenen ist das Kind hineinprojiziert werden.
Den Schlüssel dazu bildet das enorme Bedürfnis nach Liebe, Akzeptanz und Geborgenheit des Kindes. Ein Kind „lernt" durch das verbale oder nonverbale Verhalten der Erwachsenen und durch deren Umgang mit ihm, wann es einen „Fehler" gemacht hat und wann nicht.
Der Umgang der Erwachsenen mit einem Kind ist jedoch so gestaltet, dass das Kind meist nicht genau weiß welche „Regeln" und Verhaltensweisen gerade „gültig" und/oder „erlaubt" sind, da diese mit dem persönlichen Befinden und den gerade herrschenden Stimmungsbildern des (der) Erwachsenen eng verknüpft sind.

Ein Kind beispielsweise, das immer wieder die Erfahrung macht, dass es (nach den Vorstellungen der Erwachsenen) nichts richtig macht, wird früher oder später beginnen, sein Wertgefühl zu bezweifeln.

Irgendwann wird dies zu einer inneren Überzeugung oder Glaubensstruktur, die da lautet: „Ich bin nichts wert."
Ab diesem Zeitpunkt ist die Wahrnehmung auf eben genau diesen Punkt fixiert und das Kind beginnt sich so zu **verhalten**, als wäre es nichts wert.
Vielleicht ergibt sich daraus für das Kind das Gefühl ständig zu stören, im Weg oder „unnütz" zu sein, beginnt sich selbst und/oder seinen Körper, sein Verhalten, sein Denken und vieles weiteres nicht zu mögen und vieles mehr.

In der Folge wird es beginnen seinen Wert „beweisen" zu wollen und endlich, endlich die Bestätigung zu erhalten, dass doch der „Wert" vorhanden ist. Bestätigung im Umgang mit anderen Personen hat in diesem Fall nicht den gleichen Wertgehalt, wie die Bestätigung der „Verursacher".
Des Weiteren wird „es" beginnen immer wieder nach Anzeichen zu suchen, die ihm zeigen könnten, dass „es" doch wertvoll erscheint.
(Ganz nebenbei bemerkt hat der Begriff „beweisen" seinen Ursprung im Begriff „Wissen")
Die „Kompensierung" dieses Defizits wird jedoch nach wie vor nach den (wiederum erlernten) Vorgaben der Erwachsenen erfolgen.

Dieses Kind wird selbst als Erwachsener immer noch versuchen, die Vorgaben zu erfüllen, die ihm in seiner kindlichen Vergangenheit gestellt worden sind!

Nun, Menech, diese ansatzweise Beschreibung eines Vorganges, der dir selbst sehr wohl bekannt und vertraut ist, beschreibt einen weiteren Weg der Manipulation, der eine Fixierung der Wahrnehmungsfähigkeit auf bestimmte Bereiche zur Folge hat.

Allerdings gibt es keinerlei Grund um entsetzt zu sein, sich „hilflos" zu fühlen oder Zorn zu entwickeln.
Dies ist eines der „Spiele", die DU, Seele, spielst.
Wärst du dir von Anbeginn deiner körperlichen Existenz dessen bewusst, könntest du dich nicht wahrhaftig in dieses Spiel der Selbsterkenntnis und Selbsterfahrung integrieren.
Doch die Qualität der Zeit verändert sich und somit auch die Spiele, die ihr in eurer Zukunft spielen werdet.
Viele der Kinder, die jetzt noch Kinder sind, sind bereits „anders", als ihr es noch wart.
Einige der Kinder, die jetzt noch Kinder sind, sind sich, verglichen mit

euch, S E H R bewusst.

So erlebst und erfährst du in deiner dreidimensionalen und „realen"
Welt immer wieder unendlich vielfältige Fixierungen deiner
Wahrnehmung.
Denke in diesem Zusammenhang nur an die gültigen
gesellschaftlichen, wirtschaftlichen und/oder religiösen Prägungen.

Verändere, wenn du magst, DICH und DU veränderst DEINE Welt!
Erhöhe dein Bewusstsein, indem du den bewussten Umgang mit **DIR**
und **DEINER** Welt steigerst.

Verändere die Normalität der Realität

Wie fühlst du dich nun, geliebter Mensch?

Nichts von alledem, was du weißt oder kennst ist die WAHRHEIT.
Du kennst nur den Teil der Wahrheit, die dir bisher als wahr erschien und das ist ein gewaltiger Unterschied.
Selbst das, was du hier in diesen Schriften findest, repräsentiert nur einen Teil der gesamten Wahrheit, nämlich denjenigen auf den du durch diese Schriften hingewiesen wirst.
Du wirst dir deinen eigenen Teil der Wahrheit aus diesen, „unseren" Schriften suchen.
Selbst die Entscheidung keine der Inhalte dieser Schriften als „wahr" zu akzeptieren bringt dich DEINER Wahrheit näher.

Es gibt so vieles, dass euch an Information gegeben wird. So viele Theorien über die Erhöhung der Schwingungen, über die Manipulation der Menschheit und andere „Verschwörungstheorien".

Nun, um deine Energie, deine Schwingung, dein Licht zu erhöhen, kannst du vieles tun. Wir werden dir in der Folge noch weitere Möglichkeiten aufzeigen.
Vielleicht wäre ja ein Weg, dass du die Dunkelheit, die niedere Schwingung, das untere Energieniveau schlicht und ergreifend verlässt?
Aber wie kannst du das?

Je mehr propagiert wird, dass du als menschliches Wesen manipuliert und unterdrückt wirst, desto mehr passt du dich unbewusst dieser Vorstellung an.
Gemäß der in dir verankerten Glaubensstrukturen, beginnst du dich an der Oberfläche deines Bewusstseins entweder dem zu unterwerfen oder dich zu widersetzen.
In deinen tieferen Bewusstseinsschichten jedoch verankert sich nach und nach die Überzeugung der Manipulation der Menschheit und somit auch von dir.
Damit entsteht wiederum eine Bestätigung der Überzeugung, dass du „ausgeliefert", hilf- und machtlos bist.
„Was kann ICH schon tun, um Veränderung herbeizuführen????", so (oder ähnlich) der Glaubenssatz, der in dir strukturiert wird. So wirst du beginnen nach deiner „Auf-gabe" zu suchen. Doch aus welchem Grunde möchtest du das Wichtigste aufgeben (=Aufgabe) über das

DU als inkarnierte Seele verfügst, nämlich DEIN LEBEN?
Was, Mensch, kann wichtiger sein, als DEIN LEBE(n) und all das, was damit verbunden ist?

„Ich werde mich dem entgegenstellen!!!", so (oder ähnlich) der gegenteilige Glaubenssatz, der sich in dir bildet, und du beginnst gegen deine „Manipulation" anzukämpfen. Du beginnst, gegebenenfalls allen Umständen zum Trotz, dich genau dem entgegenzustellen, kämpfst, hast Stress und fühlst dich durch deinen Kampf immer wieder frustriert und ausgelaugt.

Gleichgültig wie DU es tust, du „steigst" in genau diese Thematik ein, indem du dich ihr auf irgendeine Art zuwendest, dich also mit dieser Thematik beschäftigst und deine Handlungsfähigkeit dadurch beeinflussen lässt.

Durch das gezielte herausgeben von Information wird genau das erreicht, was erreicht werden soll: Die Bestätigung dessen, was du ohnehin bereits über dich glaubst und daraus resultierend entsprechende Handlungen für oder gegen die propagierten Informationen.

„Sollen wir denn alles so lassen, wie es ist?", so die durchaus berechtigte Frage.
Wir möchten diese mit einer Gegenfrage beantworten: Wenn du dich so verhältst, denkst und fühlst wie gerade beschrieben- veränderst du dann etwas?

Wie oft habt ihr schon gehört, dass ihr Lichtarbeiter, lichte Wesen, inkarniert auf der Erde um Veränderungen herbeizuführen, Regenbogenkrieger, göttliches Bewusstsein oder so vieles mehr seid. Doch, Mensch, kannst du dies wahrhaftig glauben? Kannst du diese Wahrheit wahrhaftig in deinem Herzen FÜHLEN?
Wohnt in dir die innere Gewissheit, dass sich dies tatsächlich so verhält?

Wenn du handelst, handelst du dann „nur" deshalb so, weil du es gerade nicht anders weißt und lieber „etwas" tun möchtest als eben NICHTS?
Erwartest du nun Kritik?
Keinesfalls wirst du diese nun erhalten!

Du kannst **niemals**, zu keinem Zeitpunkt in deinem Leben anders handeln, als du es gerade **glaubst** zu können.
Sicher, du kannst noch etwas warten, bis du dir deiner Handlungen etwas sicherer sein könntest, doch woher möchtest du dir diese Sicherheit holen? Du kannst sie dir bestenfalls wieder aus dir selbst holen, wenn du aufgrund der herrschenden oder veränderten Umstände **GLAUBST**, dass es nun „sicherer" sein könnte zu handeln!

Wiederum sind deine Handlungen oder deine Absichten zu handeln von deinen Vorstellungen abhängig. Dann wenn DU, Mensch, aufgrund der Einschätzung aller Gegebenheiten und Situationen zu dem Entschluss kommst, dass die Zeit zum Handeln gekommen ist, wirst du es tun.
Die absolut logische Schlussfolgerung daraus ist, dass jede Situation in der DU GLAUBST **nicht** handeln zu können aus dem Grund von dir so eingeschätzt wird, weil die Situation DEINEN Vorstellungen nicht entspricht.

Die mit einer Situation verknüpften Umstände werden von dir analysiert, eingeschätzt und in gewisse Prioritäten eingeteilt. Aufgrund dessen ergibt sich eine Einschätzung der Gegebenheiten. Entspricht das Ergebnis nicht der bereits vorher projizierten Vorstellung, kommt der Mensch zu dem Ergebnis, „das es noch nicht an der Zeit ist" entsprechende Handlungen zu setzen und die Handlung unterbleibt.
Das innere (Ge)Wissen eines Menschen jedoch verfügt über ein vollständig anderes Informationspotential als der Mensch selbst und so entsteht im Inneren des Menschen eine meist unbewusste Konfliktsituation. Diese entsteht daraus, dass zwischen der „gedachten" Einschätzung der Gegebenheit, die dem Menschen lediglich gewisse Optionen gestattet und dem inneren (Ge)Wissen über das letztendlich ALLES möglich gewesen wäre, das die betreffende Situation gestattet hätte.
Der Wunsch entsteht und wächst im Menschen **endlich** das zu tun, was er eben gerade tun möchte. Doch gemäß den verankerten herrschenden Vorstellungen in eurem Bewusstsein scheint die Zeit noch nicht gekommen und so wartet ihr solange, bis sich die Umstände euren Vorstellungen angepasst haben.
Die Sehnsucht nach Erfüllung wächst und die äußere, die „reale" Welt kümmert sich scheinbar „einen Dreck" (verzeiht die Formulierung) darum, ob ihr euch wohlfühlt und endlich so weit seid oder nicht.

Soweit es eure „spirituellen" Sichtweisen und Handlungen angeht, verhaltet ihr euch sehr angepasst. Einerseits möchtet ihr gern glauben, dass ihr Lichtarbeiter, Lichtrebellen oder einfach „nur" höhere Wesenheiten seid, die sich auf der Erde inkarniert haben um Veränderungen herbeizuführen und andererseits lasst ihr alles wie es ist.

„Aber wir haben doch schon soviel verändert....", so oder ähnlich euer Einwand.

Unsere Gegenfrage, Mensch, lautet: Welche Vorstellung hast du von einem Rebellen, einem Wesen, das Veränderungen herbeizuführen wünscht?

Soll es in deiner Vorstellung darum gehen Widerstand zu leisten, Waffen zu ergreifen und alles zu zerschlagen, was der freien Entwicklung des menschlichen Geistes im Wege steht?

Ist es dein Bedürfnis Gewalt durch Gewalt zu bekämpfen?

Höre in dich hinein, Mensch! Ist es das?

Was sagt dir dein Gefühl?

Der Gedanke zu kämpfen bereitet dir keine Freude. Es mag sich dabei ein Widerwillen in dir breit machen. Andererseits magst du jedoch auch merkwürdigerweise ein leichtes Gefühl von Befriedigung bei diesem Gedanken in dir spüren.

Dennoch, geliebter Mensch, achte auf DEIN Gefühl und vor allem: **achte DEIN Gefühl**.

Dennoch: wieder ist in euch die Vorstellung von Rebellion oder massiver Veränderung eurer „realen" Welt in eurem Bewusstsein relevant. Betrachtet eure Vergangenheit. Wie sind Rebellion und Veränderung immer wieder verlaufen? Gewalt, Brutalität, negative Machtausübung in massivster Form, Kampf, Tod und Vernichtung.

Jeder Gedanke von euch, der sich mit derartigen Gegebenheiten oder Vorgängen beschäftigt, zieht in euren unbewussten Ebenen einen „Rattenschwanz" derartiger Vorstellungen nach sich.

Deine Vorstellung von Macht und deren Ausübung hindert dich daran, deine Macht auch wahrhaftig ausüben zu können. In dir gibt es eine Stimme, die dich immer wieder daran erinnert, das es sein könnte, dass du „auf die „andere" Seite kippst". Diese „Stimme" erinnert dich immer wieder daran, dass du, nachdem du deine Macht verstanden hast, sie vielleicht „falsch" ausübst und der Versuchung unterliegst, sie „negativ" ausüben zu können.

Doch geliebter Mensch, sei versichert, dass du nicht einmal ansatzweise eine „wahre" Vorstellung deiner Macht erhalten hast. Dein Bewusstsein hat sich kaum der Tatsache deiner wahren Existenz geöffnet und schon machst du dir eine Vorstellung dessen, was du nicht möchtest und blockierst dich (wieder einmal) selbst. Wer sollte dich auch sonst blockieren?

Nun gibt es bei euch den „Spruch": Gegensätze ziehen sich an.
Diese Aussage möchten wir einmal verwenden, um euch Menschen etwas zu verdeutlichen.
Ihr lebt in und auf einer Welt, deren Basis das Gefühl der Angst darstellt.
Würde es nun Wesenheiten geben (wir wählen ganz bewusst diese Formulierungen), die den Bewusstseinszustand der reinen Liebe in sich tragen, so wären diese befähigt, trotz aller so widrig scheinenden Umstände, eine Art von „gefühlsmäßigem Gegenpotential" zu schaffen und zu erzeugen. Die Energieformen von Angst und Liebe würden sich gegenseitig „anziehen" und sich so auf einem Level begegnen, der die Liebe etwas „herunterholt" und die Angst nach „oben" transportiert (oder transformiert).

Angst jedoch ist Begrenzung und (reine oder bedingungslose) Liebe ist unendlich.
Während also die herrschende Energie der Angst aufgehoben würde, bleibt die Energie der Liebe bestehen. Lediglich während der Annäherungsphase beider Energieformen würde es so etwas wie „leichte Intensitätsschwankungen" innerhalb der „Liebesenergie" geben.
Die bedingungslose Liebe jedoch „vernichtet" nicht die Angst, sondern lehrt sie durch die Erkenntnis der Liebe ihrer Inhaltlosigkeit und hilft der Energie der Angst sich auf diese Weise grundlegend zu verändern - sich zu transformieren!

Nun, ist Liebe Theorie? Kann Liebe gedacht werden?
Liebe kann nur gelebt werden, indem sie durch Erfahrung verinnerlicht wird.
Das Gefühl wahrhafter und bedingungsloser Liebe entsteht erst dann innerhalb eines Menschen, wenn dieser gelernt hat über das dreidimensionale „Spielfeld" körperlicher Erfahrung sich selbst so anzunehmen, sich selbst zu akzeptieren und sich selbst damit zu lieben.
Und „schwupps", macht sich in dir der Wunsch breit dich endlich

selbst lieben zu können und zu wollen. Vielleicht entwickeln sich sofort in dir Gedanken, was du als nächstes tun könntest, um dieses Ziel zu erreichen.

Doch sei versichert, Mensch, Liebe kannst du nicht denken - du kannst sie nur erleben und erfahren.

ERFAHREN kannst du sie nur, indem du aktiv am Leben teilnimmst und in jeder sich dir bietenden Situation deinen Part in der vollsten inneren Überzeugung übernimmst.

Daraus wirst du lernen, wie sinnlos die Angst ist, die in dir wohnt.

Innerhalb eurer linearen Zeitabläufe wird einige Zeit vergehen, bis es dir/ euch gelungen sein wird, diese unbeschreibliche Energieform in dir zu verankern.

Menschen, die sich bereits auf diesem Weg befinden, wirken in einigen Fällen auf die anderen hart, gefühllos, ohne Anteilnahme am Leid der anderen und vieles mehr.

Eure „**Norm** -alität" zeigt euch immer und immer wieder, wie ihr sein solltet, damit ihr wertvolle und von „Gott" geliebte Menschen seid.

Obwohl ihr euch nicht wirklich wohl fühlt innerhalb dieser Strukturen, versucht ihr unbewusst sie immer wieder zu erfüllen und ihnen nachzugeben.

„Wenn ich das erreicht habe, dann ....!", Wenn ich so und so bin, dann ....!"

Immer wieder versucht ihr Angeboten zu folgen, die euch Veränderung versprechen. Seid ihr ihnen einige Zeit gefolgt, erkennt ihr für euch selbst, dass es „das" wohl auch nicht gewesen sein kann und ihr sucht euch neue Felder der geistigen und körperlichen Betätigung.

Nun, das EINE Wesen, das sich selbst seiner bewusst ist, wird niemals darauf bestehen müssen, dass es das EINE Wesen ist, da es in sich absolut sicher weiß, dass ALL-ES aus IHM entspringt, entsprungen ist oder entspringen wird. Das Bedürfnis dies „beweisen" zu müssen, wird IHM absolut fremd sein, weil es einfach so IST.

Eine Wesenheit, die sich ihrer **nicht** sicher ist, wird nicht umhinkommen, das, was sie zu sein glaubt, sich immer wieder in irgendeiner Form bestätigen lassen zu müssen oder Bestätigung zu suchen.

Ist euch der Unterschied klar?

Ihr lebt innerhalb eurer gewohnten Bahnen und Strukturen, fühlt euch damit nicht wirklich wohl und strebt nach Veränderung. Eure Gedanken: „Wie und wovon soll ich leben...?", „Was wird sein, wenn......?", „Wie soll ich.........?", und so viele Gedanken mehr mögen euch Beweis genug sein, dass ihr in euer System integriert seid.

ALLES ist euch möglich, doch ihr gebt euch an der Oberfläche eures Bewusstseins mit dem Zufrieden, was euch angeboten wird. Doch woher dann eure Unzufriedenheit? Woher das Streben nach anderem? Doch wonach?

Rebellen seid ihr? Ja, definitiv! Auch wenn euch die Bedeutung und die Definition dessen, was ihr wahrhaftig seid noch immer nicht vertraut ist.
Doch dies wisst ihr nicht in euren Herzen, ihr beginnt es erst langsam in euren Köpfen zu glauben, dass da etwas dran sein könnte!
Ihr verhaltet euch wie Rebellen, die diejenigen gegen die sie eigentlich rebellieren wollen zunächst einmal „freundlich und höflich fragen, ob es etwas ausmachen oder stören würde, wenn sie jetzt dann demnächst einmal mit der Rebellion beginnen würden. Allerdings steht es noch nicht ganz fest, man versuche ja nur das Ganze erst einmal zu eruieren."
Welchen Grund, welche Berechtigung sollte Kampf, gleichgültig in welcher Form haben?

Gab und gibt es nicht schon genug Kampf?

Warum löst ihr euch nicht einfach aus dem bestehenden Gefüge und lebt einfach euer eigenes Leben?
„Es könnte ja sein, dass......!, „Wie soll ich denn.......?" und vieles andere mehr.
Ihr tut es deshalb nicht, weil ihr euch vor der Konsequenz fürchtet. Ihr tut es nicht aus der Angst vor der Konsequenz.
Und wer könnte euch deshalb einen Vorwurf machen?

Fühlt in euch hinein!
Wenn ihr beginnt euer Leben zu gestalten und zu leben, wie es euch gerade möglich ist, so löst ihr tief in euch einen Vorgang aus, der euch immer weiter zu euch selbst führen wird.
Das ist es worum es geht!
Durch das intensive und vor allem bewusste Leben werdet ihr genau das tun, wozu ihr hergekommen seid.

Selbst wenn ihr dies jetzt und hier noch nicht zu glauben vermögt, werdet ihr die Erfahrung machen und werdet einfach aus euch selbst heraus WISSEN, das es IST.

Dann werdet ihr euch keine Fragen mehr stellen, sondern einfach SEIN.

Dein ganzes Selbst und seine gedachten Gefühle

Lerne, geliebter Mensch, deine Gefühle zu achten und zu beachten. **Dein** „Glauben" findet im „Kopf", im Verstand statt. Dort, wo auch all deine Zweifel und Glaubensstrukturen sich befinden.
Dein WISSEN, Mensch, sitzt in deinem Herzen - dort wo der Zugang zu deinem wahrhaften SELBST sich befindet, findest auch du dein WISSEN über das, was wahrhaftig ist.

Lerne mit deinem Kopf zu fühlen und mit deinem Herzen zu denken, geliebter Mensch und du wirst DU selbst sein.

Wie oft gerätst du in Situationen, in denen dein Gefühl dir etwas mitteilt, das dem, was dir über deine körperliche Wahrnehmung mitgeteilt wird, entgegenspricht?
Wie oft **empfindest** du in gewissen Situationen anders, als der Kopf **„denkt"**?

Im Prinzip verhält es sich so, dass du dir aus all den vorhandenen Möglichkeiten eine aussuchst, dich mit allem was dir möglich ist darauf fixierst und dann schlicht und ergreifend davon ausgehst, das du mit einer Schwierigkeit konfrontiert bist, die du der Einfachheit halber „Problem" nennst.

Nun gut, wahrhaftig verhält es sich so, dass du auf diese Thematik fixiert wirst.
Bevor es jetzt beginnt kompliziert zu werden, müssen wir zunächst ein wenig abschweifen.

Wer bist du, Mensch?
Du bist eine Seele auf dem Weg der Selbstvervollkommnung.

Was ist eine Seele?
Eine Seele ist ein sich selbst bewusster Energie- oder Informationszustand der sich durch das bewegt, dass von euch Menschen als Raum- und Zeitgefüge bezeichnet wird.

Was macht eine Seele so den ganzen Tag?
NICHTS! Zumindest aus eurer Sicht betrachtet. In Wirklichkeit ist die Seele ständig auf der Suche nach neuen Herausforderungen. Eine Seele ist im Prinzip (wiederum aus eurer Sichtweise betrachtet) ein ungeheuer verspieltes Wesengefüge. Auf fortwährender Suche nach

Erkenntnis und Information durchstreift sie die Weiten des All(e)s (und seid versichert, dass das, was ihr in der Lage seid vom Weltenraum wahrzunehmen nur ein geringer Bruchteil des Ganzen ist). Früher oder später stößt eine Seele dann einmal auf den Planeten Erde, der, aus der Sichtweise einer Seele, vollkommen irrationalen Gegebenheiten unterliegt. So entschließt sich eine Seele, die auf diese Form der Herausforderung gestoßen ist, in einigen Fällen (nicht alle Seelen tun dies) sich in dieses irrationale Gefüge voller offensichtlicher Widersprüche hineinzubegeben.

Die Seele gerät nach ihrer Entscheidung in eine Art von energetischem Strudel, der sie mehr und mehr in die dreidimensional-irdischen Gegebenheiten „hineinzieht". Während ein Teil der Bewusstseinsenergie der Seele sich immer mehr „verdichtet", und somit beginnt einen materiellen Körper zu bilden, bleibt der andere Teil außerhalb des gesamten Geschehens.
Somit wird die Seele sozusagen Akteur und Zuschauer.
In der Übergangsphase von reiner Bewusstseinsenergie zur materiell verdichteten Energie „verpasst" sich die Seele dabei eine Form von reduzierter Bewusstheit gekoppelt mit einer ebenfalls stark reduzierten Wahrnehmungsmöglichkeit. Dieser reduzierte Bewusstseinszustand wird von euch als das „niedere Selbst", das „Massenbewusstsein", als „Verstand" und vieles mehr bezeichnet.
Dieser Persönlichkeitsaspekt der Seele dient als Möglichkeit dieses Spiel innerhalb dieses dreidimensionalen Gefüges leben, erfahren und erleben zu können.
Im Vorfeld ihrer „Inkarnation" legt die Seele sehr genau fest, welche Form des Spiels sie durchleben möchte. Je „professioneller" eine Seele sich in dieses Spiel eingebunden hat, desto vielfältiger sind die möglichen Spieloptionen, die sie in ihre Körperlichkeit mitbringt.
In eure Ausdrucksform umgesetzt bedeutet das, dass eine sich inkarnierende Seele entsprechende Charaktereigenschaften, Fähigkeiten und Unfähigkeiten „zulegt".

Auf der dreidimensionalen „Spielwiese Erde" angelangt verfügt die körpergewordene Seele, verglichen mit ihrem ursprünglichen Zustand über einen sehr geringen Teil ihrer Bewusstheit.
Als „Neugeborenes" hat die Seele zwar noch einen Teil ihrer Erinnerung, kann diese jedoch nicht zum Ausdruck bringen, da der Körper außerhalb des Mutterleibes erst noch die Gesamtheit der körperlichen Wahrnehmungsorgane entwickeln und die „Mechanik" der Körperlichkeit und deren Koordination erlernen muss.

Im gleichen Maß wie bei dem Kind die körperliche Entwicklung fortschreitet, müssen zu dieser Zeit (falls das nicht schon während der Schwangerschaft der Mutter ausreichend geschehen ist) gewisse „Defizite" angelegt werden, damit das Kind/Seele überhaupt in die Lage versetzt wird, sein „Spiel" in diesem Raum-Zeitgefüge erleben zu können.

Der menschliche Verstand ist, ähnlich wie ein Computer, problemlos programmierbar. Mensch-Sein wird im Prinzip erlernt. Ihr Menschen lernt euer Mensch-Sein in der Regel von und durch die Erfahrungen, die ihr ab der Zeit im Leib eurer Mutter macht. Diese Erfahrungen finden bereits durch das Wahrnehmen von Geräuschen und beispielsweise Bewegungen und die damit verbundenen Gefühle der Mutter statt.
Bereits in dieser Phase eures Lebens wird die zentrale Stelle eurer körperlichen Wahrnehmung, nämlich euer Verstand, der jede Information analysiert, bewertet und verarbeitet, die ihr in eurer körperlicher Existenzform erhaltet, geprägt und fixiert.

Somit seid ihr Menschen/Seelen für euer dreidimensionales „Erdenspiel" hervorragend gerüstet. Die euch durch andere Menschen übermittelten „Defizite" tragen dafür Sorge, dass ihr auf gewisse „Unzulänglichkeiten" eurer körperlichen Existenz fixiert werdet und oftmals über lange Zeiträume hinweg versucht, diese „Defizite" auszugleichen.

Im Prinzip werdet ihr „von Außen", also durch andere Menschen, auf etwas Bestimmtes fixiert. Irgendwann macht ihr euch diese Fixierung zu eigen, das heißt, ihr beginnt selbst zu glauben, dass ihr dieses „Problem" habt und beginnt euch so zu verhalten, wie ihr glaubt diesen Zustand verändern oder gar zu beenden zu können.
Je mehr ihr jedoch in die Thematik „einsteigt", desto intensiver „dürft" ihr sie erleben
Im Prinzip habt ihr Menschen keine Probleme, ihr GLAUBT nur, dass ihr sie habt. Und aus genau diesem Grunde HABT ihr sie.
Das soll keineswegs bedeuten, dass ihr euch eure Probleme nur einbildet und dass sie nicht wirklich existent sind. Sie sind definitiv existent.
Allerdings lediglich deshalb, weil ihr euer gesamtes Sein darauf fixiert habt.

Nun, wir möchten euch dieses Wirkprinzip kurz an einem Beispiel erläutern.

Ein Kind, dass immer wiederkehrend die Erfahrung macht, dass es „alles" falsch macht, weil die Eltern dies dem Kind immer wieder verbal und/ oder nonverbal mitteilen, wird nach einer gewissen Zeit beginnen sich selbst und das, was es tut, in Zweifel zu ziehen.

Irgendwann wird dieses Kind beginnen von seiner ureigenen Art und Weise die „Dinge" zu tun abweichen und alles mögliche probieren um „es" endlich einmal „richtig" zu machen.

Ab einem gewissen Zeitpunkt dieser Prägung spielt es keine Rolle mehr, ob das Kind von einer anderen Seite Lob und Zuspruch erhält.

Dieser Spielablauf ist dann so mit den Verursachern (meist die Eltern) verknüpft, dass diese Programmierung in der Regel nur durch diese „aufgehoben" werden könnte.

Die Prägung, die Programmierung, der Glaubenssatz, die innere Überzeugung, wie auch immer ihr es nennen wollt, mag in diesem Beispiel lauten: „Ich bin nichts wert, weil ich nichts richtig machen kann!"

Nun gibt es unterschiedliche Optionen. Der Einfachheit halber werden wir nur einige ansprechen. Macht euch selbst ein wenig Gedanken darüber und ihr könnt sicher sein, dass ihr Anteile eures Selbst finden werdet.

Das Kind unseres Beispiels könnte irgendwann resignieren und sich damit abfinden, dass es niemals etwas „richtig" machen wird. Der Selbstwert des Kindes (und natürlich auch das des späteren Erwachsenen) werden sehr gering sein. Dieser Mensch wird sich oftmals genötigt fühlen, sich alles „verdienen" zu müssen. Diese Menschen fixieren sich sehr leicht und schnell auf andere Menschen, die ihnen auf irgendeine Art glaubhaft zeigen können, dass sie doch wertvoll sind und sehr wohl fähig sind „Richtiges" zu tun.

Richtig zufrieden sind diese Menschen jedoch nur selten, da sie immer wieder zur Selbstverleugnung neigen, um sich immer mehr Anerkennung zu holen. Irgendwann ist das Ende der Möglichkeiten erreicht, sie werden unzufrieden und suchen sich neue Felder der Bestätigung.

Eine weitere Möglichkeit in diesem Beispiel ist es, dass das Kind beginnt immense Leistungen zu bringen und dieses Leistungsprinzip zu seinem Lebensinhalt macht.

Hier mag es sein, dass die Ursache, die zu dieser Verhaltensweise geführt hat schnell vergessen wird, da die Zuwendung und die Anerkennung, die das Kind (und auch der spätere Erwachsene)

erhält, zum Lebensinhalt werden.
Auch diese Menschen haben oftmals das Gefühl, dass ihnen etwas fehlt. Meist sind sie jedoch zu beschäftigt, um herausfinden zu können, was ihnen denn nun wirklich versagt bleibt. Diese Menschen wirken oftmals sehr erfolgreich und erarbeiten sich ein gewisses Maß an Wohlstand und fühlen sich anderen Menschen in einigen Fällen überlegen.

Zugegebenermaßen lediglich Beispiele, dennoch vermögt ihr aus diesen etwas zu erkennen. Die Ursache für zwei völlig gegensätzliche Lebensweisen entstehen lediglich dadurch, dass euch Werte übermittelt werden, die ihr irgendwann beginnt zu glauben und somit zu verinnerlichen.
Noch einmal: Wird euch lange genug etwas „eingeredet", beginnt ihr es zu glauben, euch danach zu verhalten und dementsprechend auch euer Leben danach zu gestalten.
Fühle einmal in dich hinein, Mensch.

Ist es wahrhaftig DEIN Leben, wenn du dauerhaft versuchst immer wieder ein gewisses Defizit aufzufüllen, dass du vielleicht nur deshalb hast, weil dir jemand glaubhaft vermittelt hat, du hättest es?

Was ist Dein Thema, Mensch?

Fühlst du dich verantwortlich?
Fühlst du dich schuldig?
Empfindest du dich als störend?
Als aufdringlich?
Als hässlich?
Als unmännlich/unweiblich?
Minderwertig?
Nutzlos?

Als was oder wie fühlst DU DICH, Mensch?

Was wäre aus dir geworden, Mensch, wäre dir über dich selbst etwas anderes beigebracht worden?
Welches Leben würdest du dann JETZT führen?

Glaubst du das Gefühl der Minderwertigkeit ist ein Gefühl der Seele, die du bist?
Glaubst du, dass die Gefühle der Hilflosigkeit, der Nutzlosigkeit, der

Schuld, der Verantwortlichkeit und so viele mehr Gefühle der spielenden und liebenden Seele sind?

Nein, geliebter Mensch, dabei handelt es sich um Gefühle, die von deiner und über deine irdische Wahrnehmung projiziert werden. Nenne sie Verstand, Körperbewusstsein, erdgebundenes Bewusstsein, niederes Selbst oder wie auch immer.

Wie kannst du dieses „Problem" nun endlich dauerhaft lösen?
Wiederum die Gegenfrage: Warum willst du dich und deine Wahrnehmung darauf fixieren?
Letztendlich wendest du wieder Energie auf, um dich auf die Lösung des Problems zu konzentrieren.
„Was muss ich tun, damit „es" aufhört!?"

Wäre es nicht sinnvoll, geliebter Mensch, dir Gedanken darüber zu machen, wie du dein Leben leben und gestalten würdest, wenn dieses „Problem" nicht existieren würde?
Somit kannst du lernen dich selbst konstruktiv mit dir selbst auseinander zu setzen (besser wäre „zusammensetzen", aber diese sprachliche Option gestattet das Verständnis eurer Sprache nicht) und aus dir selbst heraus die Gestaltung deines Lebens vorzunehmen.
Das mag sich im Moment schwieriger anhören, als es sich dir in der Praxis deines Lebens darlegen wird.

Würden wir dieses Kapitel in einigen Worten zusammenfassen wollen, so würden wir sagen: „Höre auf, an deine Sorgen, Probleme und Begrenzung zu glauben. Beginne an dich selbst und die Erfüllung zu glauben und dein Leben gestaltet sich vollkommen und vollkommen neu."

Denke nicht weiter darüber nach, geliebter Mensch. Du bist bereits weiter auf deinem Weg gegangen, als du es dir jetzt gerade zutraust.

Die „Angelegenheit" mit dem glücklich - Sein

Wie viele von euch sind mit ihrem Leben nicht glücklich, sind unzufrieden, frustriert, deprimiert und noch auf so viele andere „negative" Arten geprägt?
Wie lange suchen diejenigen schon nach Wegen und Möglichkeiten, sich daraus zu befreien, Harmonie und inneren Frieden zu finden, sich aus ihren Schuldgefühlen zu lösen oder andere Gelegenheiten zu finden, um sich aus ihrem scheinbaren „Unglück" zu befreien?

Was hindert DICH daran, einfach nur unbeschreiblich glücklich zu sein, Mensch?

Letztendlich ist es lediglich der Mangel an der Gelegenheit. Wie solltest du mit all deinen Sorgen und Problemen glücklich sein können? Ja, wenn dieses Problem oder diese Sorge sich endlich „aufgelöst" hätten, dann........

Dir fehlt schlicht und ergreifend nur ein **GRUND**, um glücklich und zufrieden sein zu können!
Du glaubst dann glücklich und zufrieden sein zu können, wenn sich in deinem Leben endlich Umstände gebildet haben, die du jetzt noch glaubst lösen zu müssen.

Mache dir jedoch bewusst Mensch, auch wenn du dich zur Zeit nicht oder nur kaum daran erinnern kannst, dass du eine spielende Seele auf dem Wege der Erkenntnis des eigenen Selbst bist. Bei all deinen Sorgen, Nöten und sonstigen Herausforderungen geht es einzig und allein um eines: Dich Seele, die du bist, einzubinden in das Spiel all der anderen Seelen.
Du bist Gestalter und Schöpfer all der Ereignisse, die dich und dein Leben konfrontieren.
DU bist es, der/die sich ihr Leben auf die Art und Weise gestaltet, die sich eben innerhalb deiner Lebensumstände darstellen.

Du bist ausgestattet mit Möglichkeiten und Fähigkeiten das, was du als dreidimensionale Materie bezeichnest, zu Formen und in die Abläufe des täglichen Lebens zu integrieren.
Und in dem Moment, in dem du diese Zeilen liest, bildet sich in dir die Frage: „Ja, aber wie, kann ich das bewusst gestalten?"

Die Antwort ist ebenso einfach, wie noch für dich unverständlich:

Indem du es einfach TUST!

Was bestimmt dein Leben, Mensch?
Ist es die Gegenwart, die du frei und offen begrüßt, oder ist es die Vergangenheit, der du immer wieder Zugang zu dem Augenblick des JETZT gestattest?
So schlimm, schmerzvoll oder bedrohlich deine Erlebnisse in der Vergangenheit auch waren, sie sind Vergangenheit. Sie sind lediglich ein Teil deiner Erinnerung, der dich noch immer in der Zeit des JETZT beeinflusst.
Je vorsichtiger und ängstlicher du in deiner Jetzt-Zeit aufgrund deiner Vergangenheit agierst, desto mehr Einflussnahme gestattest du den Erlebnissen deiner Vergangenheit in deine Jetzt-Zeit.
Die Ängste, die durch die vergangenen Erlebnisse entstanden sind, beeinflussen deine Wahrnehmung in der Form, als dass du immer wieder darauf achtest, den vergangenen Schmerz nicht wieder erleben zu müssen.

Weil du gelehrt wurdest, dass du minderwertig, nutzlos, schuldig, dumm, hässlich, unakzeptabel und/oder noch so vieles mehr bist, sorgt dafür, dass deine Bewusstseinsinhalte sich ständig mit diesen Themen beschäftigen.
Damit dieser Zustand endlich endet, suchst du immer wieder nach Wegen und Möglichkeiten, um all diese „Dinge" loslassen zu können, sie aus deinem Leben entfernen zu können.
Und letztendlich sorgt deine fortwährende und ständig wiederkehrende Beschäftigung mit derartigen „Dingen" dafür, dass du deine immense Schöpferkraft wiederum genau auf das Thema lenkst, das du eigentlich NICHT in deinem Leben möchtest.

So lenkst du also deine gedankliche Fixierung auf deine Sorgen und Probleme und erzeugst in der Folge ein „Negativgefühl" in Form von Angst, Unzulänglichkeit, Frustration, Aggression oder sonstige Gefühle der negativen Art in dir.
So gerätst du in einen Strudel der Bewusstseinsfixierung, die dir lediglich den Ausweg anbietet einen **Grund** zu haben, der dich andere Gefühle empfinden lässt.
Wir haben dieses Prinzip bereits mehrfach beschrieben.

Eine Möglichkeit der vollkommenen Veränderung deiner Bewusstseinsinhalte wäre es nun, dass du lernst, deine bewussten und unbewussten gedanklichen Abläufe anders zu gestalten.

Hier wandelt sich der „Nachteil" in einen „Vorteil". Sei dir bewusst, Mensch, dass dein irdisches, dein materielles Bewusstsein, das was du als „niederes Selbst" bezeichnest, steuerbar und programmierbar ist.
So kannst du relativ einfach erlernen, dich selbst auf die Weise „umzuprogrammieren", wie du es dir für dich selbst wünscht. Dies mag sich im Augenblick sehr technisch und gegebenenfalls für dich sehr wenig „menschlich" anhören. Dennoch beschreibt dies genau den Vorgang, um den es in eurem Wandlungsprozess wahrhaftig geht.
Den bewussten Umgang mit euch selbst zu lernen.

Jahrtausende lang wurdet ihr ein Schema gepresst, das es den meisten von euch nahezu unmöglich machte, euch selbst zu befreien und ein glückvolles Leben zu führen.
Nun beginnt ihr immer mehr dieses Schema aufzulösen.

Erinnert euch nur an die letzten 15 Jahre. Wie vieles hat sich bei euch suchenden Menschen verändert?
Wie schnell ist diese Entwicklung in den letzten Jahren vor sich gegangen.
Während die ersten von euch noch vor vielen Jahren als vollkommene Spinner verachtet und verrufen waren, hat sich eine gigantische Welle der Bewusstwerdung entfaltet.
Ihr wandelt eure Welt und in euch wisst ihr, dass ihr dies nicht ohne einige Schrammen überstehen könnt.
Also gebt nicht auf in eurem Bemühen und seid versichert, dass alles, so wie es ist, G U T ist.

Doch zurück zum Thema.
Jede Situation, die dir zu schaffen macht, jedes Problem in deinem Leben, dass nach Lösung sucht, erzeugt in dir ein Gefühl. Wahrhaftig verhält es sich so, das ein unbewusster und „erdgebundener" Anteil deines Selbst dieses Gefühl in dir erzeugt.
Für all deine Gefühle, die nicht unmittelbar aus deinem Herzen und somit aus der Bedingungslosigkeit entstammen, benötigst du einen Grund.
Taucht eine Sorge oder ein Problem auf, projizierst und empfindest du in der Regel ein „negatives" Gefühl. Diese Form des Gefühls bestimmt und beeinflusst deine Wahrnehmung, dein Verhalten und dementsprechend auch deine darauf basierenden Handlungen.

Fühlst du dich schlecht, wird es dir nicht möglich sein, wirklich „positiv" zu denken und zu handeln.

Damit du ein „positives" Gefühl empfinden kannst, benötigst du wiederum eine Situation oder Gegebenheit, die es dir möglich scheinen lässt, ein derartiges Gefühl in dir entstehen zu lassen. Genau diese Abläufe kannst du dir zu Nutze machen.

Dadurch ist es dir durchaus möglich zu lernen, deine immensen Schöpferkräfte in einem für dich jetzt noch nicht vorstellbaren Ausmaß für dich selbst einsetzen zu können.
Im Prinzip ist dieser Vorgang so einfach und banal, dass du es vielleicht nicht glauben magst, mit welcher unbeschreiblichen Leichtigkeit und Einfachheit DU selbst dein Leben in überwältigender Weise zu verändern vermagst.

Nun lieber Mensch, gerätst du unter Umständen wiederum in einen Konflikt.
Wieder ist dir über lange Zeiträume beigebracht worden, dass DU dich dem „Göttlichen" unterzuordnen hast.
Der Vorteil daran ist ganz klar: Hältst du dich an die Regeln, bist du „de- mütig" (in seiner sprachlich/phonetischen Bedeutung „Rück-Mütig" = ohne Mut) und ordnest dich dem „göttlichen" Willen unter, so kannst du dir „sicher" sein, dass du in das „Himmelreich" einkehren wirst.
Widersetzt du dich dem „Göttlichen", so mag es gemäß dem sein, was du gelehrt wurdest, dass du der ewigen Verdammnis anheim fällst.
Soweit zu den euch gelehrten „Überlieferungen".

Was also ist die Wahrheit?

Gemäß dem, was du gelehrt wurdest kommst du nun in eine Situation, in der du Verantwortung für dich selbst und für dein Handeln übernehmen sollst.
Dein Dilemma besteht also jetzt darin, herausfinden zu „müssen", ob du nun einen Weg gehen möchtest, den du nicht kennst und der dir gegebenenfalls „helfen" könnte dein Leben in neuer und erfüllender Güte zu gestalten oder innerhalb des „sicheren" Bereiches bleiben möchtest.

Suchtest du nicht nach der Veränderung, Mensch?
Auf den nächsten Seiten wirst du den ersten Schritt dorthin erhalten.

Bist du bereit, Mensch neue, andere Wege zu gehen als bisher? Auch wenn sie anders sein werden, als du sie dir vorgestellt hast? Auch wenn du dich damit dem widersetzt, was dich bisher immer wieder gelehrt wurde?

Achte einmal auf deine Gedanken, geliebter Mensch. Achte auf deine Gefühle, die sich im Zusammenhang mit unseren Worten in dir bilden.

„Aber wie soll ich....."
„Ich weiß nicht ob ich wirklich......"
„Was wenn dann aber......."
„Ja, das möchte ich schon, aber wenn es dann doch nicht........"
„Das wäre schön, aber wenn „es" dann noch „schlimmer" wird.....?"

Es mag durchaus sein, Mensch, dass du nun vor der größten Veränderung in deinem Leben stehst. Deine innere Stimme jedoch mahnt dich zur Vorsicht! Du könntest alles „verlieren", um das du dich solange bemüht und solange gekämpft hast. Du könntest jedoch auch **ALLES** gewinnen, das sich bis jetzt noch außerhalb deiner Vorstellungen bewegt. Wir möchten diesen Zustand als die ERFÜLLUNG bezeichnen.

Versuche jetzt einmal, Mensch, dir deinen inneren Konflikt bewusst zu machen. Einerseits wünscht du dir so sehr dein Leben in Freude, Frieden und Freiheit leben und erleben zu können und andererseits die Angst in dir, dass wieder einmal ein Versprechen nicht eingehalten werden kann und DU wieder einmal die „Rechnung" dafür bezahlen sollst.

Einerseits möchtest du ins Licht gehen, DU selbst werden (oder sein) Fülle und Erfüllung erleben und andererseits möchtest du all das nicht verlieren, was jetzt dein Leben bestimmt und prägt. Die Angst, Mensch, ist in dir so tief und fest verankert, dass es dir schwer fallen mag, den Schritt wirklich und wahrhaftig zu tun.

Was ist nun die Wahrheit? Du kennst sie nicht, denn sie ist so unglaublich komplex, das dein menschlicher Verstand sie in ihrer Komplexität und Multidimensionalität nicht zu begreifen vermag. Die Wahrheit ist so unglaublich einfach, dass dein menschlicher Verstand sie in ihrer

Einfachheit nicht seinen Vorstellungen gemäß nachzuvollziehen vermag.

Es ist uns nicht möglich, Mensch, diesen inneren Konflikt für dich zu lösen.
Diesen Weg musst du für dich selbst beschreiten oder auf deinem alten Weg bleiben.
Wir werden jedoch deinem Bedürfnis nach Sicherheit entsprechen und dir nun eine Übung an die Hand geben, mit der du zunächst einmal in vollkommener Sicherheit für dich selbst überprüfen kannst, wie sich eine mögliche Veränderung deiner Lebensumstände anfühlen mag.

Lasse dich nicht von deiner Neugier treiben, Mensch.
Entscheide dich bewusst dafür oder dagegen.
Ist deine Entscheidung im Augenblick so, dass du diese Übung nicht machen möchtest, so überspringe sie und lies, wenn du möchtest, im übernächsten Kapitel weiter.

Übung

Im Prinzip, Mensch, BIST du bereits alles, wonach du suchst. Lediglich deine Erinnerung daran ist dir im Augenblick nicht zugänglich.

Das Leben, der Kosmos, das ALL-ES, das EINE Wesen, wie auch immer du diese „höhere" Macht bezeichnen möchtest, gibt dir in seiner unendlichen und bedingungslosen Liebe zu DIR in jedem Augenblick deines Lebens das, womit du dein Bewusstsein erfüllt hast.
Anders formuliert: Deine Lebensumstände sind dergestalt, dass all das, was du in dir, bewusst oder unbewusst, als „Wahrheit" akzeptiert hast, sich in deinem Leben zeigt.

Jede dieser Erfahrungen und Erlebnisse sind verknüpft mit Gedanken und Gefühlen.
Konfrontiert dich eine Lebenssituation in „positiver" oder „negativer" Weise, so entstehen in dir Gefühle, Gedanken und Vorstellungen (Projektionen).
Dein menschlicher Verstand braucht meist einen Grund, um Gefühle wie Freude oder Trauer, Liebe oder Angst, Harmonie oder Auseinandersetzung oder sonstige Emotionen erzeugen zu können.

Deine Prägungen, deine Programmierungen, deine Glaubens- und Verhaltensmuster sind ständig aktiv. Vieles davon spielt sich in den unbewussten Ebenen ab, ist dir also nicht zugänglich.
Da diese unbewussten Abläufe von deinem Verstand nicht kontrolliert werden, können sie im Prinzip auch nicht „bezweifelt" werden, fallen also unter die Kategorie „wahr".
Das Leben gibt dir, womit sich deine Gedanken- und Gefühlswelt beschäftigt, also womit dein Bewusstsein angefüllt ist.
Daraus bilden sich Lebensumstände oder eben deine Realität.
Du erlebst eine Situation und diese erzeugt in Kombination mit deiner Gedankenwelt ein Gefühl. Dieses Gefühl bestätigt dich in deiner inneren Wahrheit über dich selbst und der Kreislauf des gerade beschriebenen Vorganges setzt sich fort.
Um dies nochmals zu verdeutlichen: Du hast über dich selbst, deine Fähigkeiten, deine Unfähigkeiten, dein Aussehen, deine Charaktereigenschaften in „positiver" oder „negativer" Form und noch so vieles mehr, eine gewisse Vorstellung, also was du bist und wie du bist.

In dir trägst du den Wunsch gewisse Anteile von dir zu verändern. Du kannst jedoch nur etwas verändern wollen, was du als wahr oder als bestehende Tatsache akzeptierst.

Somit ergibt sich daraus, dass du dein Bild über dich selbst, also deine eigene Sichtweise von dir, in deinem Bewusstsein als Wahrheit akzeptiert wird. Die Inhalte deines Bewusstseins jedoch bilden immer die Grundlage für das, was du in deinem Leben erlebst und erfährst.

Somit erlebst du in deinen Lebensumständen immer das, was du selbst über dich und dein Leben glaubst.

Veränderst du also deine Sichtweisen über dich selbst, veränderst du also deine Wahrheit über dich selbst, veränderst du damit auch dein gesamtes Leben und die damit verbundenen Umstände.

Nun zur Übung:

Schließe deine Augen und mache dir eine genaue Vorstellung dessen, was du als menschliches Wesen sein möchtest. Mache dir ein Bild dessen, wie du dir dich selbst als „perfekt" vorstellst. Denke sorgfältig nach.

Lasse alle deine materiellen Wünsche außer acht. Gestalte dir eine Vorstellung deiner Persönlichkeit, wie sie (nach deiner Meinung) sein muss, damit du anerkannt, gemocht, akzeptiert und geliebt wirst.

Mache dir eine konkrete Vorstellung, ein inneres Bild dessen, wie du dich als menschliches Wesen erleben und erfahren möchtest.

Mache dir ein Bild DEINER absoluten Perfektion.

Mache dir eine konkrete Vorstellung dessen, wie es nach deiner Vorstellung sein sollte, damit du die absolute Lebensfreude und Lebenslust FÜHLEN und SPÜREN kannst.

Sobald du diese Vorstellung in dir erzeugt hast, lasse ein Gefühl in dir entstehen.

Erlebe DEINE absolute Perfektion!

Fühle sie!

Lasse jede Faser deine Seins von einem Gefühl der absoluten Freude und Liebe durchströmen.

Fühle es!

Spüre, wie die Freude über deine perfekte Existenz dich durchströmt.

Genieße dieses Gefühl!

Verschmelze dieses Gefühl in dir mit dem inneren Bild, das du erzeugt hast.

Lasse beides ineinander fließen, so dass sie untrennbar miteinander verbunden sind.

Das Bild deiner absoluten Perfektion und das damit verbundene Gefühl der absoluten Freude sind nun in dir gespeichert.

Wenn du die unendliche Freude und Lebenslust in dir verspüren konntest, hast du nun ein Bild, dass du jederzeit wieder in dir „hoch holen" kannst. In jeder Lebenssituation, in der du dich klein, ängstlich, hilflos oder wie auch immer fühlst, hast du nun die Möglichkeit, deine bewussten und unbewussten Inhalte deines Bewusstseins so zu beeinflussen, dass sich deine Lebensumstände dem empfundenen Gefühl der Lebensfreude gemäß verändern werden.

Es mag durchaus sein, dass du einige Zeit brauchst, um dich selbst immer wieder daran zu erinnern. Es mag durchaus sein, dass du immer wieder einmal in deine „alten" Denk- und Gefühlsstrukturen zurückfallen wirst. Doch lasse dich nicht entmutigen, Mensch.

Mit dieser Übung hast du ein Instrument an der Hand, dass dir in Kürze zeigen wird, wie du dein Schöpferpotential der kosmischen Liebe gemäß einsetzen kannst.

Solltest du es beim ersten Mal nicht „geschafft" haben, dieses Gefühl in dir entstehen zu lassen, versuche es noch einige Male, bis du diese Freude in dir wahrhaftig FÜHLEN kannst.

Verändere gegebenenfalls die Vorstellung dessen, wie dieses innere Bild auszusehen hat solange, bis es für dich wirklich stimmt.

Die „Sache" mit dem Schmerz und dem Leid

Woher kommt dein Schmerz?
Woher kommt dein Leid?

Betrachte einfach einmal dein Leben. Wann hast du Leid und Schmerz erlebt? Sind diese Erlebniszustände nicht immer wieder dann aufgetaucht, wenn du dachtest, alles geht seinen Gang, alles läuft und alles entspricht zumindest soweit DEINEN Vorstellungen, dass DU dich damit einigermaßen arrangieren kannst? Klar, irgendwas „gibt" es ja immer, aber eigentlich ist alles in deinem Leben soweit in Ordnung. Und dann wirst du mit einem Ereignis oder mit einer Situation konfrontiert, die dein mühsam errichtetes Gebäude von „Scheinzufriedenheit" zusammenbrechen lässt.

Die nächste Option ist diejenige, dass es in deinem Leben Umstände gab (oder gibt), die deinem Lebensprinzip widersprechen und du, weil du glaubst im Moment nichts verändern zu können, dich einfach einfügst. Dadurch werden deine inneren Widerstände immer größer, du fühlst dich immer unwohler, unfreier, begrenzter, konfrontierter und so vieles mehr.........
Bis deine Unzufriedenheit sich ein Ventil sucht und dein energetisches System Störungen erleidet und diese sich früher oder später als Krankheiten in vielfältiger Form zeigen.

Warum handelst du nicht, Mensch?
Warum veränderst du deine Umstände nicht?
Warum versuchst du nicht einfach etwas anders zu machen?

Weil du nicht weißt wie?
Du belügst dich, Mensch!

Im Prinzip; geliebter Mensch, möchtest du lediglich nicht dort hinsehen, wo **DEINE** Lösung liegt!

Den Begriff Lösung verwendet ihr als Bezeichnung für einen Vorgang bei dem beispielsweise ein Problem „gelöst" wird. Das bedeutet für euch im Prinzip, dass dieses Problem verschwindet, also „aufgelöst" wird.

„Lösung" in seiner sinngemäßen Bedeutung definiert jedoch

ganz klar, worum es „wirklich" geht, nämlich dich von einer Thematik zu lösen, sie gehen zu lassen und dich dieser Thematik nicht mehr weiter zuwenden zu müssen.

Definiere einmal für dich den Begriff „Problem".
Sinn ergibt er dann, wenn du daraus das Wort **„Pro- em- blem** gestaltest.
Schlage ruhig einmal in einem Wörterbuch nach, was du dort über die Vorsilbe „Pro" und über den Begriff „Emblem" findest und gestalte dir selbst eine Bedeutung dieses Begriffes.

Wenn der Begriff „Emblem" als Symbolik oder Symbolhaftigkeit definiert wird, bedeutet das Wort „Pro-em-blem" nichts anderes, als dass du dich mit oder durch ein Problem einer Symbolik oder Symbolhaftigkeit zuwendest.

Das wiederum würde bedeuten, dass jedes Pro-em-blem eine „Botschaft" für dich hat und dir schlicht und ergreifend etwas über dich selbst zeigt. Nicht mehr, aber auch nicht weniger!

Immer dann, wenn du mit einem „Pro-em-blem" konfrontiert bist, möchtest du dir selbst etwas über dich selbst zeigen. Der „höhere" Anteil deines Selbst, deine Seele „gibt" dir eine Information über dich selbst und die Art deiner Lebensumstände.
Gemäß dem, was du über dich und deine Welt gelernt hast, ist ein Problem einfach schwierig zu „handeln" und somit unerwünscht, da es dir immer wieder zeigt, dass du nicht „perfekt" bist und immer noch „einiges zu lösen" hast.
Des weiteren beschränkt es deine Lebensqualität.
Wer also möchte mit „so etwas" schon umgehen?

Doch nicht dein Problem, Mensch ist das „Problem"!
Wieder sind es deine Vorstellungen und die Bedingungen, die du damit verbindest.

Wärst du gelehrt worden, Mensch, dass ein Problem, eine Mitteilung eines Anteils deiner körperlich- geistig- seelischen Existenz in Form einer symbolischen Botschaft ist, wie würdest du dann mit einem Problem umgehen?
Wärst du dann auch noch gelehrt worden, dass es keine unveränderlichen Umstände, sondern lediglich das Prinzip von Ursache und Wirkung gibt, Mensch, könntest du dann nicht freier und

gelöster mit einem „Pro-em-blem" umgehen?

Was wäre Mensch, wärst du dir bewusst, dass eine „Problematik" lediglich ein Hinweis darauf ist, dass du nicht DEIN Leben lebst, sondern versuchst dich gewissen Umständen, Mustern, Glaubensstrukturen, inneren Überzeugungen, oder wie auch immer du es bezeichnen möchtest, unterzuordnen?
Würde dies nicht für dich bedeuten, geliebter Mensch, dass ein **veränderter** Umgang mit der Symbolik des „Problems" dich dir selbst und deinem eigenen Leben als spielende Seele näher bringt?

Doch wie ist dein Umgang mit einer problembehafteten Situation?
Du suchst darin deinen Anteil, der dir über dich selbst beigebracht, in dich hineinprogrammiert wurde.
Du suchst nach deiner Schuld, deinem Versagen, deiner Unzulänglichkeit, deiner Minderwertigkeit und nach so vielem mehr.
Du suchst darin nach dem Beweis dessen, was du ohnehin schon immer über dich geglaubt und „gewusst" hast.

Da du durch dein (scheinbares) Versagen, den (scheinbaren) Beweis deiner Minderwertigkeit, Wertlosigkeit, Unzulänglichkeit, die Bestätigung deiner Schuld oder was auch immer suchst und diese in einer problematischen Situation auch immer findest, beginnst du zu leiden.
Deinen Schmerz erzeugst du aus der Bestätigung die du aus der Situation ableitest:
Verloren, vergessen, verlassen, ungeliebt, freudlos, lieblos, unzulänglich, sinnlos, hoffnungslos.........

Nicht DU in deiner Ganzheit leidest, sondern derjenige Teil deiner Ganzheit, den du als EGO bezeichnest, empfindet diesen Schmerz und dieses Leid.

Du hast deinen Job, die Möglichkeit deinen Lebensunterhalt zu bestreiten verloren?
Was lässt dich leiden? Gibt es nicht die Möglichkeit für dich dir einen besseren Job zu suchen, der dir einen weitaus besseren Lebensstandart ermöglichst?
„Ja, schon, aber bei der heutigen Wirtschaftslage........., meiner beruflichen Qualifikation......., meinem Alter............., meiner Jugend........., meinen Gehaltsvorstellungen............"
So unendlich viele Gründe, die dagegensprechen!

Was jedoch ist mit deiner dir innenwohnenden Schöpferkraft?
Der Kraft in dir, die dir ALLES ermöglicht, was du dir nur vorstellen kannst?

Doch was stellst du dir in dieser Situation vor? Dass du zu alt bist, die Wirtschaftslage schlecht ist, es keine Jobs gibt, du zu alt oder zu jung bist, deine Leistung nicht hoch genug eingeschätzt wird und du aufgrund dessen einem anderen Arbeitgeber zu „teuer" sein könntest und noch so vieles mehr.
Das ist es, was du GLAUBST! Davon bist du überzeugt!

Das ist es, was dir das Leben aufgrund dessen gibt!

Warum, Mensch, beklagst du dich?
Bekommst du nicht vom Leben, was du dir „wünschst"?

Wie oft wolltest du deinen Job schon „hinschmeißen"?
Wie oft hast du schon gesagt, dass dich dein Job „krank" macht, dich nicht befriedigt, du zu mehr fähig wärst und, und, und.......
JETZT, wenn du deinen Job verloren hast, hättest du die Möglichkeit, endlich das zu verwirklichen, was du schon immer wolltest. An dem Ergebnis hättest du feststellen können, wie sehr du dich verändert hast, wie sehr du deine Bewusstseinsinhalte verändert hast, indem du einfach betrachtest, was in der Folge zu dir kommt.

Doch du Mensch, beklagst dich, leidest und empfindest Schmerz.

Der Kosmos, das Leben, die universelle Energie, das EINE Wesen, die unendliche und bedingungslose Liebe gibt dir immer das, womit du dich beschäftigst - dein Bewusstsein anfüllst. An dem, was dir in deinem Leben geschieht, könntest du feststellen, womit dein Bewusstsein „angefüllt" ist, was du in Wahrheit denkst und fühlst.

Doch du hast schlicht und ergreifend vergessen, warum du auf deinem Planeten in dieser menschlichen Existenzform lebst. Du hast schlicht und ergreifend vergessen, dass du eine spielende, neugierige, „kindliche", liebevolle Seelenexistenz bist, die lediglich leben und erleben möchte.
Du hast vergessen, geliebte Seele, dass du spielst und hast aus deinem Spiel „blutigen" Ernst werden lassen.

Du wünscht dir so sehr, dass sich etwas im Außen verändert, dein

Leben andere Form annimmt, du dir bewusster wirst und sich alles einfach so und von allein regelt.
So verkehrt, lieber Mensch, ist dieser Gedankengang gar nicht.

Fülle dein Bewusstsein, die Summe deiner Gedanken und Gefühle mit Empfindungen und Gedanken des Glückes, der Freude und der Liebe und dein Leben wird sich zwangsläufig verändern.
DU bist, was DU denkst und fühlst!
DEIN Leben und die damit verbundenen Umstände sind das, was du denkst und fühlst!
Also verändere, wenn all das dir nicht gefällt und du nicht „zufrieden" bist, deine Gedanken und Gefühle und du veränderst ALLES.

Sofort macht sich in dir der Gedanke breit: „Aber wie soll ich denn anders denken und fühlen?"!
Die Antwort ist wieder einmal ebenso einfach wie für dich unbefriedigend:

DU KANNST ANDERS DENKEN UND FÜHLEN, INDEM DU ES TUST!

Wer, Mensch, denkt deine Gedanken und wer, Mensch, empfindet und erzeugt deine Gefühle?
DU selbst bist es!

Gemäß dessen was du über dich und die Welt gelernt hast, nimmst du den Verlust deines Jobs (um bei dem angeführten Beispiel zu bleiben) und nimmst diesen Verlust als „Grund" um Leiden und Schmerz empfinden zu können.

Dein Leid und dein Schmerz, geliebter Mensch, entsteht immer dann in dir, wenn du dich in dem Glauben deiner eigenen Unzulänglichkeit bestätigt fühlst und somit wieder einmal den Beweis deiner „Minderwertigkeit" erfahren „darfst".
Möchtest du, Mensch, dein Leben voller Freude und Liebe erleben und erfahren?

Was kann dich daran hindern, wenn nicht du selbst?

Die subtile „Geschichte" mit dem Verstand

Damit wir euch etwas über euren Verstand erklären und erzählen können, ist es von Bedeutung, dass dieses „Organ" einmal genauer definiert wird.

„Der Geist beherrscht die Materie!", ist ein Satz, der vielen von euch geläufig ist.
Verbunden mit dem Prinzip, das jede Ursache eine Wirkung hat, bedeutet das, dass der Geist Ursachen setzt und die körperliche Umsetzung oder die „Realität" die Wirkung auf die geistigen Ursachen darstellt. (Dies gilt zumindest dann, wenn in dieser Ebene die Betrachtungsweise begonnen wird, denn dieses Prinzip ist allgemein gültig. So ist natürlich die Existenz eures „Geistes" wiederum die Wirkung einer Ursache usw., usw.)

Also müssen wir bereits in diesen Bereichen unterscheiden zwischen Geist und Materie und Ursache und Wirkung.

Die „Geschichte" mit dem Geist werden wir, falls erforderlich, noch genauer erläutern.
Zu diesem Zeitpunkt ist es ausreichend, wenn der Geist als eine Art „Zwischenbewusstsein" oder als Mittler zwischen Seele und Körperlichkeit definiert wird. Die Seele als liebendes, schöpferisches, spielendes, kindliches, körperloses, ungebundenes Wesen benötigt so etwas wie einen „unabhängigen" Mittler wenn sie sich in die (aus ihrer Sichtweise) unglaubliche Enge und Begrenztheit euer Welt begibt, die ihr als eure dreidimensionale Existenz bezeichnet.
Der „Geist" ist also so etwas wie ein „energetisches Zwischenstück" zwischen eurer Seelenexistenz und eurer dreidimensional-körperlichen Existenzform.

Wie bereits erwähnt, wurde der Mensch durch eine Genmanipulation „erschaffen". Sinn und Zweck dieser „Kreation" sollte es sein, ein willenloses „Arbeitstier", eine Sklavenexistenz zu entwickeln, die in der Lage ist, selbsttätig gewisse Aufgabenbereiche zu erledigen, sich selbst bis zu einem gewissen Grad regenerieren zu können und insbesondere sich selbst reproduzieren zu können.
Dazu war es (aus Sicht der Erschaffer) notwendig den Menech mit der Fähigkeit des selbständigen Denkens auszustatten. Selbständiges Denken durfte jedoch nur insoweit stattfinden, als das der Menech, auf der Basis der ihm übermittelten Informationen denkt und handelt.

Der Menech musste also mit einer Form von eigenständigem Bewusstsein „ausgestattet" werden, dass es ihm „unmöglich" (zumindest zum damaligen Zeitpunkt) macht, sich selbst in seiner wahrhaftigen Existenz erkennen und akzeptieren zu können.

So existiert also aufgrund der stattgefundenen „Matrixveränderungen" der kosmischen Lebensstruktur ein eigenständiger und programmierbarerer Bewusstseinsanteil in euch. Dieser Anteil ist absolut „erdgebunden", also begrenzt auf die reine Körperlichkeit und die damit verbundenen Wahrnehmungsmöglichkeiten.
Dieser Anteil eurer Persönlichkeit soll von uns nun als euer „Ego" bezeichnet werden. Es ist der Anteil, den ihr als euer „niederes Selbst" definiert. (Sollten sich jetzt Widerstände in dir, lieber Leser, bilden, so versuche einmal genauer herauszufinden, woher die denn jetzt kommen könnten).

Verbunden mit eurem Ego ist euer Verstand. Der Koordinator, das analysierende und zuordnende, das vergleichende Element in euch, das eng mit eurer dreidimensionalen Wahrnehmungsfähigkeit (euren Sinnen) verknüpft ist.
Noch mal: Euer Ego ist der Bewusstseinsanteil, der eure Existenz dominiert!

Das, geliebter Mensch, ist weder gut noch schlecht, es verhält sich einfach so.

Eure DNS-Struktur ist begrenzt auf zwei „Informationsstränge", obwohl im Prinzip davon zwölf vorhanden sind. Eure Wissenschaftler bezeichnen diese als „Junk- DNA" (Müll oder Abfall-DNA, Anm. des Verf.), da ihnen deren Funktion schlicht und ergreifend nicht bekannt ist. Zumindest insoweit nicht bekannt ist, als dass nicht sein kann, was nicht sein „darf".

Durch genetische Vermischungen mit den „Göttern" (den Erschaffern eurer Spezies), die euch durch genetische Veränderungen erschaffen haben, wurde eine Art Kanal gelegt, der euch eine Anbindung an das kosmische Energiefeld gestattet, die in eurer ursprünglichen „Zweckexistenz" nicht geplant war.
(Ganz nebenbei bemerkt, gab es in der Vergangenheit der Menschheit immer wieder Bestrebungen eurer „Erschaffer" diesen „Fehler" eurer Erschaffung wieder „aus der Welt zu schaffen". Das, was immer wieder als die „Sintflut" bezeichnet wird, war einer dieser

Versuche. Dieser konnte jedoch nicht gelingen, da die Existenz der Menschheit mit allen Zusammenhängen und Gegebenheiten ein Plan der wahren Schöpfergötter (die höchsten, im Sinne von bewusstesten Wesenheiten) war und ist, um besondere Gegebenheiten zu schaffen, die es den Seelenexistenzen gestatten, sich selbst unter besonderen Gegebenheiten erleben und erfahren zu können.
Beginnt in anderen, in kosmischen „Bahnen" zu denken und fühlen, geliebte Menschen, und ihr werdet eure Angst verlieren)

Dieser „Kanal" ermöglichte es den Seelenexistenzen (Seelen) sich an die dreidimensionale Körperlichkeit eurer Welt als „Spielfeld" zur Erkenntnis und Vervollkommnung anzubinden und zu beteiligen.
Diesen „Kanal" bezeichnen wir als euren Geist.
Da die physische, körperliche oder materielle Anbindung eurer körperlichen Existenz an die kosmischen Energiefelder (noch) nicht stattgefunden hat, fungiert euer „Geist" als eine Art „Funkverbindung" zu den Existenzebenen, die ihr als die „höheren Ebenen" bezeichnet.

Durch verschiedene Gegebenheiten, die hier nicht weiter erläutert werden müssen, wird diese „Funkanbindung eures Geistes" immer mehr aktiviert und verstärkt.
Da der „Geist", also eigentlich die reine Seelenexistenz, die Materie beherrscht, ist damit zu rechnen, dass auch auf der rein physischen Ebene zu gegebener Zeit mit Umstrukturierungen innerhalb der DNS-Stränge zu rechnen ist.

Die fortwährende Aktivierung eures Geistes sorgt zunehmend dafür, dass immer mehr Menschen eine Form der Bewusstwerdung erreichen, die vor einigen Jahren nicht einmal denkbar gewesen wäre.

Der eingeleitete Vorgang der „Transformation", der in euren Kreisen immer wieder propagiert wird, dient letztendlich dazu, dass die Menschheit als Ganzes in die kosmischen Bewusstseins- oder Informationsfelder eingebunden wird.
„Transformiert", also umgewandelt, wird letztendlich euer Bewusstsein, euer inneres Wissen über die wahrhaften Zusammenhänge innerhalb der kosmischen Gegebenheiten.
Im Prinzip wird dies ein Ereignis sein, dass die Güte eures Lebens unermesslich steigern wird. Sollte das für irgendjemanden ein Grund sein, sich zu fürchten oder zu glauben, nicht „gut genug" zu sein, um dies zu erleben und zu erfahren zu können?

Doch all dies nur als Information, um das Verständnis eurer verstandesmäßigen Abläufe eurer Struktur des „Ego" - Persönlichkeitsanteils in euch verstandesmäßig erfassbar zu machen. Wieder einmal ein Paradoxon.
Zusammenhänge und Abläufe, die im Prinzip für euren Verstand nur schwerlich begreifbar und nachvollziehbar sind, müssen in rational begreifbare Begriffe umgewandelt werden, damit sie von eurem Verstand verstanden werden, der sie im Prinzip gar nicht begreifen kann, da sie sich vollkommen außerhalb seiner Verstandesstrukturen bewegen.
Lässt es sich noch komplizierter formulieren?
Nein? Nun, dann sind wir auf dem „richtigen" Weg.

Kannst du fliegen, Mensch?
Nein, du kannst es nicht!
Ja, du kannst es!
Du kannst es, weil dir ALLES möglich ist. Es ist dir möglich die Schwerkraft aufzuheben, wann und aus welchem Grund auch immer du dies möchtest.
(Ob du nun den Wunsch hast fliegen zu können oder nicht sei einmal dahingestellt. Frage jedoch einmal ein Kind, ob es fliegen können möchte!)

NEIN! Du kannst nicht fliegen!
Du kannst es deshalb nicht, weil du als Kind schon immer wieder lernen „durftest", dass dies „Unsinn" ist, dass das nicht möglich ist, dass es das nicht gibt und überhaupt.........
Wenn du fliegen möchtest kaufe dir ein Ticket, steige in ein Flugzeug und fliege. Das muss reichen!

Glaube es oder glaube es nicht, der einzige Grund, dass du nicht fliegen kannst ist derjenige, dass du es nicht wahrhaftig zu glauben vermagst.
Im Prinzip ist es weniger der „Glaube", der dir fehlt, als das innere **Wissen**.
Irgendwo, tief in dir vergraben, gibt es einen kindlichen Anteil von dir, der immer noch das Bedürfnis hat, endlich, endlich fliegen zu können.
Irgendwo, tief, sehr tief in dir vergraben, gibt es das WISSEN, dass es möglich ist.
Wie sonst könntest du dir eine Vorstellung davon machen, fliegen zu können, wenn es nicht die tatsächliche Möglichkeit geben würde?

Versuche einmal herauszufinden, geliebter Mensch, wie du dir etwas „wünschen" kannst, das, zumindest nach eurer dreidimensionalen Vorstellung, unmöglich ist, wenn es nicht einen Bewusstseinsanteil in dir gibt, der weiß, dass dies wahrhaftig DOCH möglich ist!

Du möchtest, Mensch, deine Krankheit besiegen? Das Problem in dir beseitigen, das dein Leben beschränkt und begrenzt, indem es die „Hülle" deiner Seele, nämlich deinen Körper, plagt und peinigt?

Du hast inzwischen soviel „Wissen" über deine Krankheit, du kennst inzwischen so viele Methoden zur Behandlung, Mensch, dass du kaum noch zu glauben vermagst, dass DU der Schlüssel zu deiner Krankheit bist.

Eure Wissenschaft, euer Schulwissen geben euch Menschen so viele Optionen auf der rein physischen Ebene, in die sich euer „Verstand" nur allzu gerne „einklinkt".

„Es geht nicht, weil.........!"

„Ich kann nicht, denn.........!"

„Ich möchte schon, aber.......!"

„Es wurde eine neue Behandlungsmethode entdeckt, die aber.....!"

Wieder einmal kannst du dir jederzeit klar und **verständ**lich erklären, warum „es" **NICHT** geht, Mensch.

Der Bewusstseinszustand eures „niederen Selbst", gekoppelt an euren Verstand, sammelt Informationen. Auch wenn ihr manchmal glaubt vergesslich zu sein, werden ALLE Informationen gesammelt und so gespeichert, dass jederzeit wieder darauf zugegriffen werden kann. Lediglich an der Oberfläche eures Bewusstseins habt ihr an vielerlei Vorgänge keine Erinnerung.

Euer Verstand hat jederzeit Zugriff auf **alle** Erinnerungen und jegliche Information, die ihr irgendwann in eurem Leben einmal erhalten habt. Gemäß seiner vorgesehenen Funktion, setzt er alle für ihn erkennbaren Zusammenhänge in Relation und entwickelt daraus „Wissen". Seiner Funktion gemäß entwickelt er Schutzmechanismen, gedankliche Impulse (Ideen) oder projiziert Gefühle.

All das geschieht auf der Basis rein dreidimensionaler Geschehnisse. All das ist verknüpft mit eurer körperlichen Sinneswahrnehmung, eurem „Schulwissen" und all der „Dinge", die ihr über euch und die Welt gelernt habt.

Seid ihr nun mit einer Situation konfrontiert, beginnt eure „interne Datenverarbeitungsmaschine" in immenser Geschwindigkeit alle

Informationen abzurufen, die in irgendeiner Form in diesem Zusammenhang relevant sind und gestaltet daraus sofort eine Verhaltensmaßnahme.

Gerade in Situationen, die bedrohlich sind, reagiert ihr „instinktiv", also ohne nachzudenken.

Anhand einer derartigen Gegebenheit könnt ihr feststellen, wie schnell euer Verstand in der Lage ist, Daten (Informationen) zu verarbeiten und körperliche Handlungen zu initiieren.

Es werden Verhaltensstrukturen entwickelt, die auf Ereignissen basieren, die euch zu irgendeinem Zeitpunkt eures Lebens einmal intensiv beschäftigt haben.

Dies geschieht immer und ohne Ausnahme auf der Basis aller vorliegenden Informationen, also all dessen, was ihr bis zu dem Zeitpunkt, an dem die „Struktur" angelegt wird, an Wissen und Erfahrungen vorliegen hattet.

Der Begriff „Wissen" bezieht sich jedoch keineswegs nur auf euer „Schulbuchwissen", sondern er bezieht insbesondere auch die Form des Wissens mit ein, die ihr durch andere Menschen über euch Selbst, eure Welt und alle auf eurer Welt „gültigen" Zusammenhänge gelernt habt. Des weiteren wird auch die Lebenserfahrung in diese Vorgänge mit einbezogen.

Im Klartext bedeutet das für euch, dass ihr immer und ohne Ausnahme euer eigenes Selbstbild in euer Nachdenken mit einbezieht.

Ein Mensch, der sich „minderwertig" fühlt, kommt nicht umhin, in **allen** Gedankengängen sein eigenes Wertigkeitsdenken mit einzubeziehen.

Ihr denkt immer und ohne Ausnahme auf der Basis eurer in euch angelegten Denk-, Gefühls- und Verhaltensstrukturen.

Wenn ihr beispielsweise beginnt über ein bestimmtes Thema nachzudenken, geschieht das wiederum auf der eben beschriebenen Basis.

Ihr betrachtet und analysiert an der Oberfläche eures Bewusstseins alle im Augenblick vorhandenen und zugänglichen Fakten. Dazu „bastelt" ihr eure eigenen Vorstellungen und selbst gestellten Bedingungen in einen derartigen Vorgang mit hinein und kommt irgendwann zu einer Art „gedanklichen Ergebnis".

Dieses Ergebnis überzeugt euch meist nicht in letzter Konsequenz und ihr beginnt von vorn. Eure Gedanken kreisen irgendwann immer wieder um die gleichen Punkte und ihr gelangt zu keinem Ergebnis.

Da ihr jedoch im Prinzip ein „Ergebnis" benötigt, um eine Handlung setzen zu können, unterbleibt die Handlung und der Denkvorgang wird weiter fortgesetzt. Dieser Vorgang vermag Minuten, Stunden, Tage, Monate oder gar Jahre andauern.

Immer wieder erscheint das gleiche oder zumindest ein ähnliches Ergebnis: „Ich kann nicht, weil.....!"

Über dieses „weil", kommt ihr nicht hinweg. Also geht ihr zu irgendeinem Zeitpunkt weg von der ursprünglichen Thematik und beginnt euch dem „weil", also dem scheinbaren Verhinderungsgrund, zuzuwenden.

Daraus entsteht eine Bedingung, die ihr selbst erschafft. Ihr beginnt dann nach einer Möglichkeit zu suchen, die selbst gestellte Bedingung zu lösen.

Hier beginnt oftmals der soeben beschriebene Vorgang von vorn und ihr geratet in das nächste Dilemma. Ihr seid von der ursprünglich durchdachten Thematik abgewichen und zur Lösung der ersten gestellten Bedingung „gewechselt". Bei eurem weiteren Nachdenken mag es sein, dass ihr eine Bedingung erschafft, um die erste Bedingung erfüllen zu können.

Doch warum, geliebter Mensch, „benötigst" du bei einem derartigen Denkvorgang die Gestaltung einer Bedingung?

Du gestaltest die Bedingung, um dich von dem ursprünglichen Thema ablenken zu können.

Du wünscht dir zwar eine Veränderung der Thematik, jedoch möchtest du dich selbst nicht mit deinen inneren, bewussten und unbewussten Ängsten konfrontieren.

Vielleicht fürchtest du dich davor, durch die gesetzten Handlungen „wieder einmal" zu versagen, dich zu blamieren, ausgelacht zu werden weil du versagen könntest, dich in unbeabsichtigte Abhängigkeiten zu begeben, alles oder dir wichtige Dinge verlieren zu können oder so vieles mehr.

Solange du denken „musst" kannst du nicht handeln!

Deine Vorstellungen (und die damit verknüpften Bedingungen) und die Projektion deiner teils verborgenen Ängste in Bezug auf die möglichen Konsequenzen, hindern dich in deinen Handlungen.
„Ich kann nicht, weil........"

Gerade dann, wenn es sich um eine Thematik handelt, die dir sehr am Herzen liegt, möchtest du nicht durch vorschnelles und „unbedachtes" Handeln eine Möglichkeit zerstören.

Was würdest du tun, und vor allem wie würdest du die Möglichkeiten deines weiteren Lebens einschätzen, wenn du dir diese „Chance" durch „unbedachte" Handlungen verbaut hättest?

Was wäre in diesem Fall mit deinen Hoffnungen und Träumen, die du auf diese Situation, auf diese Möglichkeit der Veränderung projiziert hast?

Müsstest du bei einem Scheitern nicht all diese Wünsche, Hoffnungen und Träume begraben?

Ist es in diesem Zusammenhang für dich nicht sehr bedeutsam, **NICHT** zu handeln, damit du nicht unachtsam deine Lebensträume zerstörst?

Doch wie willst du, geliebter Mensch, dein Nichthandeln vor dir selbst und gegebenenfalls vor anderen rechtfertigen?

Das kannst du im Prinzip nur dann, wenn du einen triftigen Grund hast nicht zu handeln.

„Bevor ich dieses oder jenes tun kann, brauche ich eine Ausbildung, Geld, eine(n) Partner(in), ein neues Haus, einen neuen Job, ein neues Auto oder was auch immer."

In der Regel suchst du dir genau eines der „Dinge" aus, die du glaubst zu brauchen, um handeln zu können, von denen du tief in dir genau weißt, dass sie wiederum an ein Defizit- oder Mangelthema deiner Existenz gehen.

Somit verlagerst du deine Thematik grundlegend, Mensch.

„Der „richtige" Zeitpunkt ist noch nicht da........"

Doch wann ist der „richtige" Zeitpunkt und wann der „falsche"?

Erkennst du es an den herrschenden Umständen, die sich um dich herum gestaltet haben?

Wer, Mensch, glaubst du, gestaltet die Umstände?

Das Leben, der Kosmos, die unendliche bedingungslose Liebe, der du entspringst und **innerhalb** derer du existierst?

Oder DU selbst, spielende und liebende Seelenexistenz, die DU bist?

Und schon bildet sich in dir der Gedanke, dass du ja nichts anderes tun brauchst, als „Kontakt" zu deiner Seele aufzunehmen und schon läuft alles wie von selbst.

Wenn es „richtig" und „falsch" wahrhaftig geben würde, geliebter

Mensch, dann wäre dieser Gedankengang grundlegend „falsch", denn er entspricht genau dem soeben beschriebenen Prinzip!
Du brauchst NICHTS zu tun!

Bildet sich in dir gerade der Gedanke: „Aber wenn ich nichts tue, dann..........!", oder: „Wie soll ich das denn machen nichts zu tun, ich muss doch..........!"?

Du BIST Seele, geliebter Mensch und Seele!
Du BIST!
Es ist für dich nicht notwendig zu WERDEN, da du bereits BIST!

Begreifst du den Unterschied?
Lediglich die Tatsache, dass du dir NICHT VORSTELLEN kannst, dass **DU BIST** lässt dich nicht sein!

„Aber was soll ich den tun, um..........!?
Lebe dein Leben so, wie DU es möchtest, geliebter Mensch!
„Aber dann müsste ich ja..........!"
Ja, Mensch, dass müsstest du dann!
„Aber wie soll ich denn..........? Da gibt es doch........!"
Ja, geliebter Mensch, all das gibt es in deinem Leben.
Veränderung ist niemals einfach, wenn es um wahrhafte Veränderung geht!
„Und was ist dann mit all den „Dingen", die bisher immer ganz anders beschrieben wurden?"
Was soll damit sein, Mensch? Lebe dein Leben! Nicht mehr und nicht weniger. Lebe dein Leben einfach so, wie es dir gerade möglich ist oder möglich zu sein scheint.
„Aber all die Verknüpfungen in meinem Leben, all die Menschen, die mit mir verbunden sind........"
„Ja, geliebter Mensch, lebe all das so, wie du es kannst.
Lebe dein Leben, gleichgültig unter welchen Umständen. Lebe es, indem du dir bewusst wirst. Gönne dir deine Ängste, deine Sorgen und deine Befürchtungen. Gönne sie dir und du wirst sie akzeptieren lernen. Beginne dir deine Ängste dort einzugestehen, wo es dir gerade möglich erscheint und du beschreitest den Weg deiner Bewusstwerdung.
Bereits damit beginnst du einen Vorgang einzuleiten, der dich in nicht allzu langer Zeit in die schwindelerregenden Höhen deiner eigenen Bewusstwerdung bringen wird.
Indem du dich selbst beginnst zu akzeptieren, legst du den

Grundstein zu der Liebe deines Selbst!
War es nicht das, was DU gerne möchtest, dich selbst zu lieben?
„Ja, schon, aber ich muss mich doch entwickeln.... ich muss doch etwas TUN!"
Ist die Möglichkeit DICH selbst so annehmen und akzeptieren zu können, nicht ein gewaltiger Schritt in diese Richtung, geliebter Mensch?
„Aber ist es nicht so, dass...............?"
Schicke deinen Verstand mit all seinen Fragen nun schlafen, geliebter Mensch. Je mehr Fragen du hast, desto mehr hinderst du dich daran „ES" einfach zu tun, es zumindest zu versuchen. Wenn du beginnst die Erfahrung zu machen, werden sich all deine Fragen von selbst und aus dir heraus beantworten – wenn du dann überhaupt noch Fragen hast, Mensch.
Tue es und du wirst wissen.
Tue es nicht und du wirst glauben müssen.
Das ist der kleine, aber wesentliche Unterschied, Mensch und Seele.

Die „Geschichte" mit der Macht

MACHT ist eine Angelegenheit, die vielen von euch zu schaffen „macht".

Dabei geht es letztendlich um eure Vorstellung davon, was aus euch wird, wenn ihr **Macht** besitzt, über **Macht** verfügt und vor allem um die Vorstellung, was diese **Macht** mit euch machen wird oder machen könnte.

Was ihr unter dem Begriff „Macht" definiert ist letztendlich das, was sich nach eurem Sprachgebrauch unter die Sparte „negative Machtausübung" einordnen ließe.

Diese Form der „negativen Machtausübung" erlebt ihr in eurem Leben immer und eigentlich überall. Der Ehemann, der Macht über die Ehefrau ausübt, der Chef, der Macht über seine Untergebenen ausübt, das ältere Kind, das Macht über seine jüngeren Geschwister ausübt, der Geschäftsinhaber, der seine Macht einzusetzen versucht um Konkurrenten, Lieferanten oder Kunden zu beeinflussen und vieles mehr. Jedes dieser Beispiele könnt ihr selbstverständlich auch umkehren.

Menschen, die andere Menschen durch ihre Macht und ihren Einfluss versuchen zu unterdrücken oder zu manipulieren.

DAS ist eure Definition von Macht.

Doch wie, geliebter Mensch, würdest du ein Wesen bezeichnen, dass fähig und in der Lage ist, aufgrund seiner Gedanken- und Gefühlsstrukturen und seiner Gedanken- und Gefühlsimpulse Realität entstehen zu lassen?

Ist das nicht eine weitaus „größere" Form der Macht?

Nun, in diesem Zusammenhang weißt du nun genau, dass wir von euch menschlichen Wesen sprechen und damit gerätst du wieder einmal in ein Dilemma.

Der Form von Macht, die wir hier ansprechen, kannst du dich nicht verweigern. Du lebst und erlebst sie jeden Tag aufs Neue. Allerdings erlebst du sie auf eine Art und Weise, die sich deiner Interpretation von Macht vollkommen entzieht.

Um deinem jetzt entstandenen Dilemma entfliehen zu können, müsstest du akzeptieren lernen, dass deine Fähigkeiten, durch Gedanken und Gefühle Realität entstehen lassen zu können, tatsächlich in dir vorhanden ist, du sie also auch zwangsläufig lebst.

Die Folge dieser Akzeptanz ist es, dass du nicht mehr umhinkannst, als DICH selbst für alles, was dir in deinem Leben geschieht oder nicht geschieht, selbst verantwortlich machen zu müssen.

Das hat einerseits den Nachteil, dass niemand für dein Glück oder Elend verantwortlich gemacht werden kann, also niemand an deinen Lebensumständen „Schuld" ist, da DU selbst der/die Verursacher(in) bist.

Andererseits hat es den enormen Vorteil, dass auch niemand DIR die Schuld für irgendwelche Vorgänge und/oder Ereignisse geben kann.

Daraus wiederum könntest du mit etwas Phantasie ableiten, dass an dem Schuldprinzip eurer weltlichen Gegebenheiten etwas ganz und gar nicht stimmen kann.

Doch das Thema Schuld werden wir nochmals gesondert behandeln.

Also wieder zurück zum eigentlichen Thema.

„Macht" dir deine Krankheit zu schaffen, Mensch?
„Macht" dir deine Beziehung „Probleme"?
„Macht" es dir zu schaffen, dass du kein oder nur wenig Geld hast?
„Macht" dir eine andere Thematik Sorge?

Wir sind uns bewusst, dass eure Sorgen, Nöte und Probleme für euch, aus eurer Sicht betrachtet, durchaus schwierig und belastend sind. Gerade dann, wenn ihr in einer tiefen Krise steckt mag es sein, dass ihr sehr sensibel und verletzlich seid.

Dennoch, oder gerade deshalb, geben wir euch Betrachtungsweisen gewisser Zusammenhänge, die euch ein wenig (vielleicht auch etwas mehr) betroffen machen könnten.

Wenn du ein Wesen bist, Mensch, das fähig und in der Lage ist ALLES zu tun, warum nutzt du deine Schöpferkraft dazu, dich krank sein zu lassen, zwischenmenschliche, oder sonstige Probleme zu haben?

Als erster Grund lässt sich sicherlich anführen, dass du es nicht besser weißt oder gewusst hast. Aufgrund dieser Unwissenheit hast du dir geraume Zeiträume hinweg immer wieder Leid und Sorge in dein Leben geholt.

Der nächste Grund ist sicherlich der, dass nur wenige mächtige Menschen auf eurem Planeten Interesse daran haben, dass sich die „negativen Machtverhältnisse" verändern, ihr euch und eures Selbstes bewusster werdet und ihr euch eurer eigenen Macht bewusst werdet. Aufgrund dessen gibt es vielfältige Bestrebungen diese Form der Machtausübung beizubehalten und somit die „Dinge" so zu lassen, wie sie nun einmal sind.

Dadurch unterliegt ihr immer wieder manipulativen Gegebenheiten, die euch in eurem erwachenden Bewusstsein verwirren und zweifeln lassen sollen.

Doch hütet euch, geliebte Menschen all eure Sorgen und Nöte auf die „Bösen" zu schieben, die euch immer wieder zu beeinflussen suchen. Verwendet jene nicht als Ausrede vor euch selbst, immer wieder und immer wieder in die gleichen Abläufe von Pro-em-blemen zu geraten.

Du, geliebter Mensch, verfügst über ein immenses Machtpotential.

„Gesteuert" wird diese, deine Macht, durch die Inhalte deines Bewusstseins, also deine Gedanken und Gefühle auf bewusster und unbewusster Ebene.

All das, was du denkst und fühlst ist das, was du an dreidimensionaler Realität gestaltest und dementsprechend auch erlebst und erfährst.

All jene Gedanken und Gefühle, die du in dir selbst nicht in Frage stellst, die für dich einfach so sind, bilden die Basis dessen, was die Realität dir zu zeigen wünscht.

Anhand dessen, was du immer wieder erlebst und erfährst in deiner menschlichen Existenz, kannst du erkennen, was an Gedanken und Gefühlen in dir sein MUSS.

Es muss dort in dir vorhanden sein, denn du könntest es ansonsten nicht in deiner dreidimensionalen Existenz erleben und erfahren.

Du möchtest verändern und weißt nicht wie?

Betrachte Dein Leben und versuche Zusammenhänge zwischen dem, was du immer wieder erlebst und erfährst und dem, was an Gedanken und Gefühlen immer wieder in dir entsteht, zu finden.

Es mag durchaus sein, dass dies zu Beginn nicht einfach zu sein scheint. Dennoch setze dein Bestreben fort, geliebter Mensch und du wirst beginnen dich selbst, als das was du wahrhaftig bist, zu erkennen und zu erleben.

„Schuld" und deren Funktion

Einen „Schuldigen" zu haben ist im Prinzip eine wunderbare Angelegenheit. Schließlich und endlich kann der „Schuldige" immer für alles, was im Leben „danebengegangen" ist verantwortlich gemacht werden. Es ist in der Regel einfacher sagen zu können: "Du bist schuld!", als sich an die eigene Nase zu fassen und die Ursache des angeblichen Scheiterns bei sich selbst zu suchen.
Die Kehrseite dieser Medaille ist allerdings auch die Tatsache, dass der einzelne natürlich auch immer wieder einmal als „Sündenbock" zur Verfügung stehen „darf".

Es gibt in eurer Zivilisation eine gigantische Propagandamaschinerie, die nur eine einzige Funktion habt: Gedankenstrukturen aufzubauen, deren Inhalte dergestalt sind, als dass jegliche Verfehlung, jeglicher Verstoß gegen gültige Regeln mit Strafe geahndet werden.

Nun magst du sagen, dass ist durchaus sinnvoll so, da sonst ein jeder tun und lassen würde was ihm gefällt und die Folge davon wären Chaos und Anarchie.

Insofern hast Du sicherlich Recht. Doch lassen wir einmal eure rechtlichen, gesellschaftlichen, religiösen und moralischen Gegebenheiten beiseite.

Das Prinzip von Schuld und deren Sühne „muss" tief in eurem Bewusstsein verankert werden, damit das System der negativen Machtausübung funktioniert.

Definiere für dich selbst einmal, woher DEIN Gefühl des schuldig - Seins kommt, geliebter Mensch. Warum gibt es in deinem Leben immer wieder Situationen, die von außen auf dich treffen und gleichgültig, ob du nun an der Verursachung beteiligt warst oder nicht: Du hast das Gefühl „Schuld" ganz oder zumindest teilweise daran zu haben.

Beantworte dir selbst einmal die Frage: Wie kann das Gefühl von Schuld in dir entstehen, wenn du nicht schuldig sein kannst?
Hier gibt es zwei ganz wesentliche Faktoren.
Zunächst einmal der Begriff der „Erbsünde". In euch tragt ihr die Schuld eurer „Väter", also eurer Erschaffer. Ihr wart ursprünglich eine künstlich geschaffene Existenzform ohne Anbindung an den

„kosmischen Strom". Zumindest war diese Anbindung im Zusammenhang mit eurer Erschaffung durch Genmanipulation von Seiten eurer „Erschaffer" nicht vorgesehen.
Somit fühlt ihr euch tief in eurem Innersten bereits für eure „Existenz" schuldig.
Einige von euch kennen dieses Gefühl sehr gut.

Damit ihr dieses Wirkprinzip verstehen könnt ist es erforderlich, dass ihr euch ein klein wenig mit Energien, Schwingungen oder Informationen beschäftigt.
Im Prinzip ist Information, Schwingung, Bewusstsein, Energie, Licht ein- und dasselbe.

Obwohl jedes Leben individuell existiert, ist ALLES miteinander verbunden.
Jeder Mensch ist zwar ein Mensch und somit in seiner Existenz absolut einzigartig, dennoch ist der individuelle Mensch Teil des großen Ganzen.
Erschafft ein Mensch beispielsweise einen Gegenstand, so ist in diesem Gegenstand die damit verbundene Absicht verankert. Anders formuliert heißt dies, dass die Energie, Schwingung, Information, Licht oder das Bewusstsein des Menschen, der den Gegenstand erschaffen hat, mit diesem untrennbar verankert und verwurzelt ist.

Stellt beispielsweise ein Schreiner einen bestimmten Stuhl mit großer Aufmerksamkeit, Freude und Liebe her, so ist diese Energieform in diesem Stuhl verankert. Ja, mehr noch, diese „Absicht", dieses in dem Stuhl beinhaltete Bewusstsein überträgt sich zu einem gewissen Grad auf jeden anderen Menschen, der sich auf diesen Stuhl setzt.

Ein Schreiner in einer großen Möbelfabrik, der einfach den ganzen Tag nicht anderes tut, als einen Stuhl nach dem anderen maschinell zu fertigen oder innerhalb des Produktionsablaufes nur gewisse Handgriffe tätigt, wird im Laufe seiner Tätigkeit kaum noch Freude und Liebe zu seinem Beruf empfinden können.
Ihr würdet vielleicht sagen, diese Möbel wirken zwar optisch schön, aber sie haben kein Flair, keine „Ausstrahlung".

Stehen nun beide Stühle, um bei unserem Beispiel zu bleiben, nebeneinander zur Auswahl, so wird ein „positiv" ausgerichteter Mensch mit Liebe und Freude zum Leben in der Regel den Stuhl wählen, der seiner eigenen „Energie" entspricht.

Ein freudloser, frustrierter oder depressiver Mensch wird das Stück wählen, das seiner energetischen Ausrichtung entspricht, es sich in seine Räumlichkeiten stellen und somit seinen „Energiepegel" entsprechend „negativ" verstärken.

Ihr sucht euch also immer und ohne Ausnahme innerhalb eurer materiellen Gegebenheiten dasjenige aus, das eurer eigenen Bewusstseinsausrichtung entspricht. Dieses Prinzip gilt für Gegenstände ebenso wie für Menschen oder Situationen.
Ein „negativ" ausgerichteter Mensch wird also bei Entscheidungsfindungen immer wieder denjenigen Weg wählen, der ihn in seiner Bewusstseinsausrichtung bestärkt.
Umgesetzt bedeutet das, das von all den Möglichkeiten, die bei einer Entscheidungsfindung zur Verfügung stehen, in der Regel diejenigen gewählt werden, die den Menschen in seiner Überzeugung bestätigen.

Doch diese kleine Ausschweifung sollte nur dem besseren Verständnis der „Erbsünde" dienen.
Nicht IHR seid schuldig, sondern eure „Erschaffer" haben das Gefühl ihrer eigenen Schuldigkeit, nämlich der Überzeugung gegen kosmische Gesetzmäßigkeiten verstoßen zu haben, als sie euch aus dem „kosmischen Strom" trennten, um arbeitswillige Sklaven zu haben, auf euch übertragen.
Die Absicht derer und deren Schuldgefühle sind Teil eurer Existenz geworden.
Punktum! Nicht mehr, aber auch nicht weniger.

Das Prinzip der „Erbsünde" ist jedoch keine feststehende Tatsache sondern lediglich ein in euch verankerter Informationszustand und somit absolut veränderbar.
Viele von euch werden gerade in der nächsten Zeit intensiv mit dem Thema „Schuld" konfrontiert sein und vieles davon in sich und aus sich heraus lösen können.

Das zweite euch konfrontierende „Schuldprinzip" entstammt eurer in der Kindheit gemachten Erfahrungen. Dort wurden Schuldstrukturen in euch angelegt, die euch meist heute noch in den unterschiedlichsten Varianten konfrontieren.
Nun, Kinder sind angewiesen auf Zuwendung, Liebe, Aufmerksamkeit. Diese erhalten sie von ihren Eltern (Älteren).

Liebe, Zuwendung, Aufmerksamkeit und noch so vieles mehr ist für ein Kind bis zu einem gewissen Alter LEBENSNOTWENDIG!

Erhalten Kinder diese Grundbedürfnisse nicht befriedigt, werden oftmals Strukturen von Körperstörungen (Krankheiten) angelegt, die sich bereits in späterer Kindheit zeigen können. Tatsächlich erkranken mehr Menschen an der bei euch herrschenden Lieblosigkeit, als an irgendwelchen äußeren Einflüssen. Aus diesen Grunde ist die Liebe auch eine Möglichkeit diese Erkrankungen zu heilen. Dies jedoch nur am Rande. Hütet euch in diesem Zusammenhang vor Menschen oder sucht euch die Menschen, die ihre „Liebe zu allen Menschen" so zur Schau tragen, dass sie von niemandem übersehen werden kann. So oder so, ihr werdet das „erhalten", was für euch von wahrhafter Bedeutung ist. Die „Wahren" werdet ihr ebenso erkennen wie die „Unwahren"!

Doch zurück zur Entstehung von Schuldprinzipien.
Da Kinder ab einem gewissen Alter sehr schnell merken, dass die meisten Eltern (Älteren) mit ihrem Leben nicht wirklich zurechtkommen, beginnen sie mehr oder weniger Verantwortung für ein oder beide Elternteile zu übernehmen.
Das ein Kind deren Problematiken in ihren gesamten Ausmaßen nicht zu erfassen vermag, fühlt sich das Kind zumindest in einem gewissen Rahmen für das emotionale Wohlbefinden des oder der Elternteile mitverantwortlich.
Viele Kinder versuchen geraume Zeiträume hinweg „brav" zu sein, um somit dem Eltern den Umgang mit ihnen zu erleichtern. Da die Probleme der Eltern jedoch meist nicht wahrhaftig mit dem Kind zu tun haben, ist diese Mission des Kindes in der Regel aussichtslos und für das Kind mit vielen Frustrationen verbunden.
Immer wenn das Kind versucht seiner scheinbaren Verantwortung gerecht zu werden und feststellen muss, dass es ihm nicht gelungen ist, das Problem der Eltern durch sein „Bravsein" zu lindern, fühlt sich das Kind als Versager. Je größer das Verantwortungsgefühl des Kindes, desto größer der Versagensdruck.

Lösen die Eltern trotz des Engagements des Kindes ihre Probleme nicht, konnte das Kind aus seiner Sichtweise den Anforderungen nicht gerecht werden und hat sich „schuldig" gemacht.

Diese Verhaltensweisen, gekoppelt mit den Gegebenheiten von Aktion und Reaktion legen innerhalb des Kindes bereits eine

Grundstruktur der Schuldhaftigkeit an.

Trennen sich beispielsweise beide Elternpaare voneinander, glaubt das Kind durch sein „Versagen" mitschuldig oder gar allein schuldig an diesem Vorgang zu sein.

In der Folge der Trennung kommt das Kind meist nicht umhin, sich für den einen oder anderen Elternteil entscheiden zu „müssen".

Da auch unter den Erwachsenen ein Trennungsszenario oftmals durch das Gefühl des versagt - Habens bestimmt wird, weil „man" es schon wieder einmal „nicht geschafft" hat, wird auch hier das Kind in die nachfolgend oft unterschwellige Frustrationsverarbeitung der Eltern mit eingebunden.

Das Kind, das im Prinzip beide Elternteile auf seine Weise liebt, wird sozusagen „gezwungen", sich bei jedem Elternteil so zu verhalten, dass es einen „diplomatischen" Mittelweg findet. Dies bürdet dem Kind jedoch wiederum ein hohes Maß an Verantwortung auf, der das Kind in keinem Fall gerecht werden kann.

So wird beispielsweise ein Grundstock für spätere Verhaltensweisen gelegt.

Diese Thematik ist jedoch so komplex, das sie in all ihren Varianten nicht beschrieben werden kann.

Eine Komponente wurde in unseren Beschreibungen bisher nicht berücksichtigt, nämlich das Ursache-Wirkungsprinzip.

Worin liegt der „kosmische" Sinn einer derartigen „Spielthematik"?

In der vorhergehenden Beschreibung waren die Eltern diejenigen, die dem Kind seine Programmierungen „aufdrücken". D.h., die Eltern bilden die Ursache und das daraus im Kinde entstehende „Programm" stellt die Wirkung dar.

(Um die „Funktion" des Ursache- Wirkung- Prinzips am sinnvollsten darzustellen, lässt es sich am Besten mit einer Perlenkette vergleichen, bei der sich in unendlicher Folge eine Perle an die nächste reiht. Eine der Perlen lässt sich herausgreifen und beispielsweise als Ursache bezeichnen. die nächste in der Reihenfolge muss also dann logischerweise die Wirkung darstellen. Dabei wäre jedoch die Auswahl und die Definition irgendeiner der „Perlen" abhängig von der Sichtweise und der Absicht des Betrachters, die mit der Definition dieser „Perlenkette" verbunden ist.

Auf diese Weise setzt eine Ursache die Wirkung und die Wirkung setzt die nächste Ursache.

Ebenso funktioniert diese Sichtweise auch „rückwärts". Das bedeutet, dass die gerade einwirkende Ursache die Folge einer vergangenen Wirkung darstellt.)

Da die sich inkarnierende Seele, also das Kind, sich allerdings mit einer gewissen Absicht in die Thematik der physischen Existenz begibt und diese Absicht als das ursächliche Prinzip betrachtet werden kann, kann das Verhalten der Eltern durchaus auch wieder als Wirkung angesehen werden. Somit ergibt sich durch diese Betrachtungsweise durchaus die Frage nach der wahrhaftigen Schuldigkeit.
Sind es nun in dieser Beschreibung die Eltern des Kindes, ist es die sich inkarnierende Seele, ist es das „kosmische" Prinzip oder noch irgendetwas anderes?

Das Kind benötigt ein „Programm", damit es die Möglichkeit der entsprechenden „Spieloptionen" in seinem Leben hat. NUR dadurch ist es der inkarnierten Seele möglich zu lernen, zu erleben und zu erfahren.

Wäre es euch möglich, eure Sichtweisen in Bezug auf Schuldhaftigkeiten neu zu konfigurieren, würden eure Erlebnisse aus eurer Vergangenheit euch nicht mehr so schrecklich betroffen machen und euch in euren jetzigen Denk- und Gefühlsstrukturen und den daraus entstehenden Handlungen so stark beeinflussen.

Durch die angelegten Programme in euch, die gemäß dem Ursache-Wirkungsprinzip in euch festgelegt werden, lebt ihr in eurem Leben gewisse Beschränkungen. Ihr verbringt sozusagen einen großen Teil eures Lebens damit, diese Beschränkungen aufzuheben und auszugleichen.
In vielen Fällen lebt euch heute noch eure Vergangenheit, d.h. die Geschehnisse aus eurer Vergangenheit wirken noch immer so intensiv in eure Gegenwart hinein, das ihr nicht euer eigenes Leben lebt, sondern die Vergangenheit, die definitiv nur in euerem Erinnerungsvermögen weiterexistiert und festgehalten wird, bestimmt eure Gegenwart und somit euer Leben!

Ist es nicht an der Zeit, geliebter Mensch, die Vergangenheit vergangen sein zu lassen und dein Leben so zu gestalten, wie DU es dir für DICH wünschst?

Seele und Mensch

Jede menschliche Existenz durchläuft in ihrem Leben verschiedene Phasen oder Lebensabschnitte. Diese Phasen können nicht unbedingt durch das Lebensalter bestimmt werden, sondern richten sich nach den individuell unterschiedlichen Absichten der inkarnierten Seele.

Wir wiederholen uns, wenn wir sagen, dass die Seele als eigenständige Lebensform den Wunsch hat, sich als menschliche Lebensform zu inkarnieren und in diesem „Zustand" der Unbewusstheit Erfahrungen zu durchleben, die sie in ihrer Seelenexistenz **niemals** machen könnte.

Während die menschliche Existenz **glaubt**, verhält es sich bei der Seelenexistenz so, dass sie **weiß**!

Der Glaube ist veränderbar und richtet sich jeweils nach den Gegebenheiten, die von der Lebensform gerade als „wahr" akzeptiert werden.

Ein Mensch der **glaubt**, wird immer wieder, bewusst oder unbewusst, auf der Suche nach einem „Be-**weis**(s)" sein.

Wird ein Mensch, der wirklich und wahrhaftig das Wissen hat, noch immer nach dem „Be-weis(s) suchen?

Die Seele als Existenzform ist sich ihrer Herkunft oder ihres Ursprunges durchaus bewusst.

Die Seele als Existenzform ist sich durchaus auch bewusst, dass sie zwar ein Teil des großen Ganzen ist, der das große Ganze komplettiert, jedoch nicht das Ganze darstellt.

Anders formuliert ist die Seele sich durchaus bewusst, dass sie sozusagen einen Persönlichkeitsaspekt der EINEN Wesenheit darstellt und repräsentiert jedoch nur in der Vereinigung mit allen anderen Seelenexistenzen das Ganze IST.

Die reine Seelenexistenz ist im Prinzip eine nicht körperliche Daseinsform, also reines Bewusstsein, reine Energie, reines Licht, reine Information, reine Schwingung.

Somit kann die Seelenexistenz zwar alle Erlebnisse und Erfahrungen in ihrem Bewusstsein als Phantasie in jedem kleinsten Detail durchleben und erfahren, jedoch die **absolute Erfahrung** des wahrhaft körperlichen Lebens und des körperlichen Erfahrens sind ihr schlicht und ergreifend **nicht** möglich.

Seelen beenden ihre Existenz niemals, d.h. sie sind „unsterblich". Sie

sind Teil des Kosmos und existieren so lange, wie der Kosmos existent ist.
Seelen verändern jedoch im Laufe ihrer Zeit immer wieder ihre Existenzform, indem sie sich entschliessen mit anderen Seelenexistenzen zu „verschmelzen" und so beispielsweise aus zwei individuellen Seelenexistenzen eine machen.
Dabei geben die beiden Seelen ihre Individualität auf und gestalten aus der Verschmelzung heraus eine neue und gemeinsame Identität.
Dies jedoch nur am Rande.

Damit eine Seelenexistenz sich auf eine Inkarnation oder einen Inkarnationszyklus einlässt, muss sie für sich selbst erkennen, dass sie einen Nutzen in Form von neuen Erfahrungsmöglichkeiten innerhalb der körperlichen Existenzform hat.
Die Seelenexistenz „beseelt" einen Körper lediglich mit einem Teil ihrer gesamten Persönlichkeitsstruktur. Dieser Vorgang verhält sich ähnlich dem, wie ihr Daten von euren Computern vervielfältigen könnt und selbst bestimmt, welche Daten in welcher Kombination „kopiert" werden sollen.
Das bedeutet, dass die Seele nichts von ihrer Persönlichkeitsstruktur von sich gibt, sondern die Seele stellt lediglich gewisse Bewusstseinsstrukturen zusammen und transferiert diese sozusagen als „Kopie" in die körperliche Existenz.

Aus der Sicht einer Seelenexistenz ist das menschliche Leben auf der Erde innerhalb der dreidimensionalen Struktur vollkommen irrational, da es den meisten kosmischen Gegebenheiten und Gesetzmäßigkeiten vollkommen „entgegenläuft".
Das reizvolle für eine Seelenexistenz liegt genau darin: Sich selbst unter gewissen Voraussetzungen zu erleben und zu erfahren, **ohne** die Möglichkeiten ihrer absoluten Bewusstheit dabei mit einbeziehen zu können.

So verbindet sich die Seele durch ihre „kopierten" Persönlichkeitsstrukturen mit der körperlichen Existenz und bildet so die Grundlage für eine körperliche Bewusstseinsstruktur - das menschliche Bewusstsein.

Das menschliche Bewusstsein wiederum wird geprägt durch erlernte Verhaltensweisen, Glaubensstrukturen und/oder Bewusstseins-blockaden, die schlicht und ergreifend von anderen Menschen erlernt oder übernommen werden.

Genau dort entsteht das Zusammenwirken zwischen Seelenexistenz und menschlichem Sein.

Wird ein Kind gezeugt und steht somit einer Seele ein „Transportmittel" zur Verfügung (Wir wollen durch diese Definition lediglich beschreiben, dass der menschliche Körper innerhalb der dreidimensionalen Struktur das „Haus" der Seele darstellt und diese Existenz keinesfalls abwerten), überträgt die Seele ihre genau definierten Bewusstseinsanteile in den Körper.

Da die Seelenexistenz eine genaue Absicht mit einer Inkarnation verbindet, braucht sie einerseits die Absicht, gewisse Situationen unter gewissen Voraussetzungen durchleben (erfahren) zu wollen und andererseits etwas, dass sie davon abhält einfach hinzugehen und die Erfahrung zu machen.

Die Seele möchte sozusagen gewisse „Handicaps" mit ihrer „Mensch-Existenz" verbinden, damit die „Herausforderung" - und somit die Möglichkeiten der Spieloptionen – größer sind.

Vergesst nicht, dass Seelen Existenzen sind, die sich selbst, ihrer Abstammung und ihren Fähigkeiten, vollkommen bewusst sind.

Wäre es euch möglich, die menschliche Existenz aus einer anderen und losgelösten Sichtweise zu sehen und dieses Bild wieder in dreidimensional umsetzbare Definitionen bringen, so würdet ihr viele spielende Kinder wahrnehmen, die voller Lachen und voller Freude tief in ihrem Spiel versunken sind.

Die Abläufe auf eurem Planeten sind aus der Sicht von Wesenheiten, die sich ihrer kosmischen Anbindung bewusst sind, vollkommen irrational. Die Abläufe auf eurem Planeten sind deshalb „irrational", da sie so gestaltet sind, als wäre die menschliche Existenz aus den kosmischen Abläufen getrennt. Obwohl jeder Mensch in die kosmischen Gesetzmäßigkeiten eingebunden ist und somit untrennbar mit der bedingungslosen Liebe des EINEN verknüpft ist, verhalten sich alle in ihrer Unbewusstheit so, als wäre es eben anders.

Genau darin liegt der Sinn und der „Reiz" dieses Spiels, zumindest aus Sicht der Seelenexistenzen.

(Solltest DU, geliebter Mensch, gerade in einer tiefen persönlichen Krise stecken, die du keineswegs als „Spiel" empfinden kannst, sondern großen Schmerz und Leid durchlebst und aufgrund dessen an der „Zurechnungsfähigkeit" deines Seelenaspektes zweifelst - was du dich gegebenenfalls nicht einmal traust laut zu sagen – sei dir bewusst, dass du für jede Schwierigkeit, für jedes Problem und für jede Herausforderung auch die Lösung bereits in dir trägst. Lediglich deine Handicaps hindern dich daran deine persönliche Krise zu lösen. Besser formuliert ist es, wenn wir sagen: Dich von deiner persönlichen Krise zu lösen.)

Doch zurück zu den Handicaps.
Die Seele/Mensch-Existenz braucht gewisse Beschränkungen, damit das Spiel der Seele mehr Optionen der Erfahrungen und des Erlebens ermöglicht.
Damit die Seele/Mensch-Existenz ihre, in die körperliche Seinsform mitgebrachten Absichten und Fähigkeiten erleben, erfahren und vor allem einschränken kann, braucht sie auf der irdischen Ebene eine Art „Unterstützung", also beispielsweise Menschen, die der Seele/Mensch-Existenz genau die Art von Bewusstseinsdefiziten „einpflanzen", die sie benötigt um ihr „Spiel" spielen zu können.
Im Zusammenwirken aller beteiligten Seelen/Mensch-Existenzen würde also von zwei Menschen genau dann ein Kind gezeugt, wenn der „richtige" Zeitpunkt da ist.
Das bedeutet, dass dann, wenn die „idealen" Voraussetzungen für die zu inkarnierende Seele geschaffen sind, ein Kind von den Eltern gezeugt wird, die genau die beabsichtigten Defizite vermitteln können.
Anders ausgedrückt sucht sich eine Seele sehr genau die Eltern und den Zeitpunkt ihres Erscheinens aus.
Warum aber dann, so wirst du dich fragen sind Kinder manchmal krank, müssen sterben oder durchlaufen in ihrer Kindheit dramatische Erlebnisse, wenn die Seele erfahren und erleben möchte?
Mache dich in diesem Zusammenhang frei von allen Bewertungen und Interpretationen, die sich auf „gut", „schlecht", „schön" oder „nicht schön" beziehen.
Die Seelenexistenz kennt keine Probleme, keinen Schmerz, kein Leid – die Seelenexistenz ist spielerisch und voller Liebe. Genau darin liegt für die Seelenexistenz der Reiz des Spiels und der Herausforderung.
Bedeutet das für dich, dass du deine Probleme „lieben" sollst?
Heißt das für dich, dass du dein Leid und deinen Schmerz einfach akzeptieren sollst, weil es das Spiel von DIR Seele ist?
Nein!
Ja!

Nein, akzeptiere es nicht! Du bist mit allem ausgestattet um ALLEN Herausforderungen DEINES Lebens begegnen zu können. Verändere dein Leben also dort, wo DU es möchtest!
Ja, akzeptiere es! Denn in jedem Problem, in jedem Leid, in jedem Schmerz liegt für DICH eine Möglichkeit, DICH selbst als

Mensch/Seelenexistenz zu erleben und zu erfahren.

Akzeptiere nicht das Problem als unveränderbare Tatsache, sondern akzeptiere es als Möglichkeit der Veränderung und des persönlichen Fortschrittes.

Überwinde das Gefühl der Hilflosigkeit, der Machtlosigkeit, der Frustration und der Depression und begebe dich als spielende Mensch/Seelenexistenz in die Thematik so hinein, wie es dir jetzt gerade möglich erscheint.

Frage dich im Zusammenhang mit einer schwierigen Lebensthematik, welches Thema wahrhaftig dahinter stehen könnte, wenn es darum gehen „würde", wenn du eine „spielende" Seelenexistenz wärst.

(In diesem Zusammenhang möchten wir bemerken, dass eure menschliche Art zu „spielen" meist ein Leistungsvergleich ist. Ihr versucht euch in eurem spielerischen Verhalten mit anderen zu messen und „besser" zu sein als die anderen oder festzustellen, dass die anderen sogar beim „Spielen" besser sind als ihr selbst. Lasst ihr diese Gedanken hinter euch und würdet um des Spieles Willen spielen, so wäre es euch möglich, die Zusammenhänge eurer Seele/Mensch-Existenz leichter und einfacher zu verstehen.)

Zurück zu den Handicaps.

Eure Eltern sind im Prinzip eure „Lebenstrainer". Sie bereiten die Seelen/Mensch-Existenz auf ihren Weg innerhalb eurer dreidimensional-irdischen Strukturen vor.

Eine Seele beispielsweise, die erleben möchte, wie es sich verhält, wenn sie als menschliche Existenz das Gefühl hat, ungeliebt und minderwertig zu sein, wird sich gewisse Umstände im Zusammenhang mit ihren Eltern (oder entsprechenden „Ersatzpersonen") gestalten, die in ihr genau diese Bewusstseinsdefizite anlegen. Ein Kind, dass das Gefühl hat, nicht geliebt zu werden, wird alles Mögliche (und Unmögliche) versuchen, um endlich, endlich einmal dieses Gefühl erleben und erfahren zu können.

Als erwachsener Mensch wird dies fortgesetzt werden. Das bedeutet, dass das erwachsene Kind immer wieder aufgrund der in ihm angelegten Bewusstseinsstruktur (oder inneren Überzeugung) sich immer wieder so verhalten wird, als wäre es nicht liebenswert.

Wie der erwachsene Mensch dies nun auslebt ist je nach „mitgebrachter" Struktur völlig unterschiedlich und hängt von vielen weiteren Faktoren ab.

So kann dieser Mensch ein vollkommener Egoist werden und sich auf diese Weise von anderen das nehmen, was er sich als „Ersatzform" für das Gefühl des „geliebt - Werdens" gewählt hat.

Der Mensch könnte voller Minderwertigkeitsgefühle sein und andere Menschen auf die unterschiedlichsten Arten versuchen zu bewegen, sich seinen Vorstellungen gemäß zu verhalten, um endlich das Gefühl des geliebt - Werdens erleben und erfahren zu können.
Wieder andere werden große und hohe „Mauern" um sich bauen, um für sich selbst das Gefühl haben zu können nicht mehr verletzbar zu sein. Die Mauern der scheinbaren Abgrenzung bieten tatsächlich einen gewissen Schutz vor äußeren Einflüssen, andererseits stehen diese Menschen in der Gefahr zu vereinsamen.
Die Liste dieser Verhaltensweisen, die allein aus der Erfahrung des „zu-wenig-geliebt-Werdens entsteht, würde sich noch wesentlich weiterführen lassen.
Dies jedoch ist nur **eine** Erfahrung, die viele von euch in ihrer Vergangenheit gemacht haben.

Aus diesen Verhaltensweisen, die in eurer Kindheit angelegt werden, entstehen die Möglichkeiten für eure menschlichen und zwischenmenschlichen „Spiele".
Ohne all diese Defizite, ohne all diese Glaubensmuster, Programmierungen, Bewusstseinsstrukturen, Verhaltensweisen oder wie immer ihr es bezeichnen wollt, wäre euch das, was ihr bisher getan und gelassen, durchlebt und abgelehnt, erfahren und vermieden habt, **NICHT** möglich gewesen.
Ursache und Wirkung sind für einen Menschen, der beginnt die ganzen Zusammenhänge zu erkennen, beliebig auswechselbar.
So ist eine Ursache für die zuvor beschriebenen Wirkprinzipien diejenige, dass die Seele eine Seele/Mensch-Existenz durchleben möchte und somit die Wirkung setzt, dass ihr in ihrer menschlichen Existenz durch die Eltern Verhaltensmuster eingeprägt werden.
Für die menschliche Existenz ergibt sich ein anderes Bild. Hier verhält es sich so, dass die auf den Menschen übertragenen Verhaltensweisen und Glaubensstrukturen die Ursache bilden, sich im weiteren Leben in bestimmter Weise zu verhalten und somit vielfältige Leid- und schmerzvolle Erlebnisse durchleben zu „müssen".

Begreife, geliebter Mensch, dass dir ALLES möglich ist. Löse dich, soweit du es kannst und immer Schritt für Schritt, Deine Verknüpfungen an den Gedanken, dass du außerhalb aller Geschehnisse stehst und keinen Einfluss nehmen kannst.
IN dir ist ALLES, was du für dein Leben als menschliches Wesen tatsächlich brauchst.
Höre in dich hinein und lerne dich selbst zu hören, geliebter Mensch.

Der Zusammenhang mit dem „inneren Kind"

Im weitesten Sinne könnte das, was ihr Menschen als das „innere Kind" bezeichnet, als Summe aller auf der menschlichen Bewusstseinsebene in euch angelegten Defizite und Verletzungen und dem daraus entstehenden Bedürfnis nach Verwirklichung (oder Befriedigung) und Heilung der Verletzungen, bezeichnet werden.

Das innere Kind könnte des Weiteren als ein in sich verkapselter Zustand von Bewusstseinsenergie, Information, Schwingung oder Energie definiert werden. Im Prinzip handelt es sich um eine Art „Erinnerungszustand" eines Menschen, bezogen auf Lebenssituationen aus der Vergangenheit die aufgrund ihres Erfahrungsgehaltes immensen Einfluss auf die Lebensqualität eines erwachsenen Menschen nehmen können.
Meist sind diese Erfahrungen mit schmerz- oder leidvollen Erinnerungen verbunden und beeinflussen euer Leben oftmals immens, ohne dass es dem Betroffenen bewusst ist.

Lässt es sich noch komplizierter formulieren?
Sicherlich, aber wir sind durchaus der Meinung, dass euer Verstand durch diese Formulierung genug „Futter" bekommen hat.

Diese Definition des „inneren Kindes" allein hilft euch jedoch nicht tatsächlich weiter.
Wesentlich bedeutsamer ist die Auswirkung der Denk-, Fühl- und Handlungsweisen des Bewusstseinsanteiles des „inneren Kindes", die ihr in eurer Gegenwart noch verspürt oder mit denen ihr konfrontiert seid.

Begreifst du DEIN „inneres Kind" – so begreifst du auch DEINE Denk-, Gefühls- und Handlungsstrukturen besser.

Wie verhält sich ein Kind?
Das lässt sich im Prinzip nicht pauschalisieren.
Dennoch haben alle Kinder eines gemeinsam: Sie sind bis zu einem gewissen Alter voller bedingungsloser Liebe. Gleichgültig, wer oder was du bist – ein Säugling wird dich so lieben und akzeptieren, wie du bist.
Erst wenn ein Kind beginnt die Fähigkeit des Denkens zu entwickeln, wird es immer wieder Diskrepanzen zwischen dem entdecken, was die Bezugspersonen ihm mitteilen und dem, was sie wirklich und

wahrhaftig denken, wie sie fühlen und handeln.

Ebenso nimmt in dem Maße, wie die Denkfähigkeit des Kleinkindes zunimmt, die Fähigkeit der bedingungslosen Liebe ab, weil das Kind eben bemerkt, dass zwischen dem, was die erwachsenen Menschen verbal und nonverbal zum Ausdruck bringen und ihrem Verhalten dem Kind gegenüber teilweise immense Diskrepanzen bestehen.

Auf diese Weise wird ein Kind an das Verhalten der erwachsenen Vorbilder „angepasst".

In seiner kindlichen Naivität glaubt es, dass diese Formen der Verhaltensweisen „normal" sind. Früher oder später beginnt das Kind diese Verhaltensweisen nicht nur nachzuahmen, sondern ordnet diesen einen Status zu, der dafür sorgt, dass die somit angelernten Verhaltensweisen Teil der eigenen Persönlichkeit werden.

In seinem späteren Leben als erwachsener Mensch ist es somit möglich, dass diese angelernten Verhaltensweisen dafür Sorge tragen, dass der Mensch nicht sein eigenes Leben, sondern eine Art von „angelerntem" Leben führt und somit immer und immer wieder in Situationen gerät, die für Versagen, Schuldgefühle oder sonstige „Negativerlebnisse" sorgen.

Der Mensch ist nicht fähig seine eigenen Denk- und Handlungsweisen zu entwickeln, die seiner ureigenen Persönlichkeit entsprechen, sondern wird immer wieder gewissermaßen „Aufträge" derer erfüllen, deren Programmierungen der Mensch in sich trägt.

Das „Problem" der meisten Eltern in ihrem Umgang mit ihren Säuglingen oder Kleinkindern liegt darin, dass in einer Lebensphase, in der die Erwachsenen sehr intensiv mit sich selbst beschäftigt sind und versuchen ihr eigenes Leben „in den Griff" zu bekommen, eben auch Kinder gezeugt werden.

Dies geschieht entweder aus der Liebe zu einem anderen Menschen heraus oder „passiert" einfach. Gleichgültig wie „es" sich nun verhält, ein Kind zu versorgen bedeutet oftmals eine außergewöhnliche Belastung für die Eltern und in gewissen Lebensbereichen auch eine Einschränkung des bisherigen Lebens.

In einigen Fällen entstehen unmittelbar durch das Kind Konflikte zwischen den Eltern oder, falls das Kind „alleinerzogen" wird, immense Belastungen und Einschränkungen der/des „Alleinerziehenden".

Ein Neugeborenes bringt bereits gewisse Fähigkeiten und Charaktereigenschaften mit auf diese Welt. Diese sind, zumindest während der ersten Jahre, in der Regel noch nicht ausgeprägt,

sondern lediglich in Form einer „Erinnerung" vorhanden.
Bildlich gesprochen, verhält sich die Bewusstseinsoberfläche eines Kleinkindes wie ein weitestgehend unbeschriebenes Blatt Papier.

Ein Kind verfügt bis zu einem gewissen Lebensalter über ein immenses „Gespür", also über Wahrnehmungsfähigkeiten, die es ermöglichen, Situationen und Gegebenheiten zu erfühlen und intuitiv wahrzunehmen.

Ein Kind entwickelt eine eigene Form der Logik, die für einen erwachsenen Menschen manchmal nur schwer nachzuvollziehen ist.
Kleinkinder haben ein sehr stark ausgeprägtes Bedürfnis nach Liebe und dem Gefühl geliebt und akzeptiert zu werden. Dadurch wird eine Art „kindliches Wertesystem" angelegt, dessen Messpegel sich nach dem Grad des „geliebt Werdens" richtet.
Sind die erwachsenen Bezugspersonen beispielsweise nicht befähigt dem Kind zu zeigen, dass es geliebt wird, so wird in dem Kind beispielsweise eine Bewusstseinsstruktur angelegt, die besagen kann:
„Gleichgültig wie ich bin und was ich tue, es ist niemals richtig! Aufgrund dessen bin ich nicht wirklich liebenswert!",
oder.
„Gleichgültig wie ich bin und was ich tue, es ist niemals genug!",
oder:
„An mir kann nichts liebenswertes sein!",
oder:
„An mir muss etwas sein, das es anderen Menschen schwer macht, mich mögen zu können!".

All diese Beispiele beschreiben nur einen kleinen Auszug dessen, was durch ein gewisses Verhalten der Erwachsenen in einem Kind „angelegt" werden kann.

Eltern die ein Kind ständig kritisieren beispielsweise, vermitteln dem Kind das Gefühl, dass es niemals etwas recht machen kann. Diese Bewusstseinsstruktur wird angelegt, weil dem Kind fortwährend gezeigt wird, dass sein Verhalten oder seine Tätigkeiten niemals den Anforderungen der Erwachsenen entsprechen.
Fortgesetzte Kritik, hervorgerufen durch die Handlungen des Kindes, vermittelt einem Kind – gemäß dessen eigenen Wertesystemen – wiederum das Gefühl des ungeliebt- Seins.
Dadurch entsteht beispielsweise eine Verhaltensstruktur, die besagt:

„Wenn ich handle, kann es nur falsch sein!", oder ähnlich.

Somit hat der Erwachsene, in dem eine derartige Verhaltensweise angelegt wurde, sicherlich Schwierigkeiten damit, Handlungen zu setzen. Die Ursache dessen muss dem Menschen nicht einmal bewusst sein. Oftmals kann sich ein Erwachsener nicht einmal erklären, warum gewisse Verhaltensweisen oder Glaubensüberzeugungen in ihm angelegt sind.
Der Erwachsene macht lediglich immer wieder die Erfahrung, dass ihm gewisse Situationen schwierig erscheinen, gegebenenfalls von ihm vermieden werden oder das Hineingeraten in eine derartige Situation gewisse „negative" Gefühle erzeugt.

Genau diesen „Zustand" bezeichnet ihr als das „Innere Kind".
Das innere Kind ist letztendlich nichts anderes als die Verknüpfung von Erinnerungen eurer Kindheit und daraus entstandenen Glaubensstrukturen, die in eurer Gegenwart zu emotionalen Diskrepanzen führen.

Ein erwachsener Mensch der sich beispielsweise minderwertig fühlt, ist aufgrund seiner Lebenserfahrung durchaus in der Lage für sich selbst zu entscheiden, dass es keinerlei Grund gibt sich so zu fühlen. Dennoch tut der Mensch dies!
Ein erwachsener Mensch der sich beispielsweise unfähig zu handeln fühlt, ist durchaus befähigt für sich selbst zu beurteilen, dass er es immer wieder geschafft hat, mit seinem Leben und den damit verbundenen Situationen umgehen zu können und es deshalb keinerlei Grund gibt sich unfähig zu fühlen. Dennoch wird es dem Menschen so ergehen!

Ein erwachsener Mensch, der in seiner Kindheit immer wieder mit dem Thema „Schuld" zu tun hatte, wird sich aufgrund seiner „Erwachsenenintelligenz" immer wieder sagen können, dass seine Schuldgefühle nicht „echt" sein können. Dennoch wird dieser Mensch sich immer wieder für alle möglichen (und unmöglichen) Gegebenheiten schuldig fühlen.

In eurer Gesellschaft muss sich ein Kind Zuwendung meist „verdienen". „Brav" sein wird belohnt und „böse" sein wird bestraft.
Das ist das Prinzip auf dem eure gesamte Zivilisation basiert. Durch dieses Prinzip werden eure Kinder entweder emotional abgestumpft oder sie werden emotional krank.

Emotional abgestumpft bedeutet, dass eure Kinder beginnen nach Alternativen zu suchen (und diese in der Regel auch finden) und diese „Alternativen" dafür Sorge tragen, dass in den Kindern der Wunsch entsteht emotional nicht mehr verletzt werden zu können und unverletzbar zu wirken.

Im Prinzip stellt diese Verhaltensweise eine Form der Selbsttäuschung dar. Schließlich und endlich ist ein Mensch mit diesem Verhalten lediglich **scheinbar** nicht mehr verletzbar.

Diese Menschen wenden sich oftmals rein rationalen, also verstandesgemäßen Gegebenheiten zu. Sie ergreifen Berufe oder Tätigkeiten, die von ihnen Wissen auf der Basis ihres Verstandes erfordern und werden im Laufe ihres Lebens immer mehr von diesen Umständen geprägt. Dadurch wirken sie oftmals nüchtern, gefühllos, dickhäutig oder gefühlskalt.

Ab einem gewissen Lebensabschnitt beginnen diese Menschen manchmal zu erkennen, dass ihre rein verstandesgemäße Prägung nicht wahrhaft befriedigend ist und versuchen sich anderen Möglichkeiten oder Gegebenheiten zuzuwenden, die allerdings eine Zuwendung von nicht-linear verlaufenden Konstellationen erfordern. Anders formuliert suchen diesen Menschen nach Emotionalität und können diese nicht wahrhaftig erleben, da sie Emotionen durch ihre Verstandesprägung immer wieder analysieren.

Durch die jahrelange „Gewohnheit" alles rational zu betrachten und einzuschätzen ergeben sich für diese Menschen immer wieder Schwierigkeiten, sich mit „Dingen" auseinander zu setzen, die nicht physisch „greifbar" sind.

Emotional „krank" bedeutet in diesem Zusammenhang, dass ein Kind, das immer wieder lernen musste, dass es lediglich unter gewissen Voraussetzungen das Gefühl des geliebt und angenommen Seins erleben kann. So wird dieses Kind immer wieder versuchen, seine Verletzungen und seine Verletzbarkeit nach außen hin zwar scheinbar zu verbergen, tief im Inneren jedoch immer und immer wieder verletzt zu werden und in seinem Handeln immer wieder „zwanghaft" geprägt zu sein.

„Zwanghaft" bedeutet in diesem Zusammenhang, dass die Handlungen des betroffenen Menschen derart geprägt sind, dass dieser Mensch immer wieder versuchen wird, erlittenes Leid und durchlebte Defizite in der Form auszugleichen, dass durch gesetzte Handlungen eine Form von (meist) emotionaler „Gegenleistung" erhalten wird.

Der Menschentyp ist in seinem Erwachsenenleben oftmals von

Situationen und/oder Menschen und dem Zusammenwirken von Menschen und Situationen überfordert und ist oftmals im Übermaß emotional und in anderen Lebensbereichen von anderen Menschen abhängig.

Auch wenn die beiden zuvor beschriebenen Optionen scheinbar gleichen, sind sie in ihren Auswirkungen vollkommen unterschiedlich. In beiden Fällen geht es jedoch lediglich um eines: Eine lebbare Möglichkeit zu finden mit Emotionen (Gefühlen) umgehen zu können. In jedem Menschen gibt es Diskrepanzen zwischen seinem Gefühlsleben und der Möglichkeit seine Gefühle auch nach Außen hin zeigen zu können. Das hat zu tun mit der Art und Weise wie euch der Umgang mit euren Emotionen gelehrt wird.

„Das ist **nur** ein Gefühl......!"

„Auf Gefühle kannst du dich nicht verlassen....!"

„Das mache ich mit links.......!" (Wobei die linke Körperhälfte für die emotionalen Bereiche eurer Existenz stehen. Dadurch wird also sehr subtil wiederum die Emotionalität abgewertet.)

Euer Seelenaspekt kommuniziert jedoch mit euch über eure Gefühle.

Hier jedoch muss wiederum unterschieden werden zwischen den projizierten Gefühlen und den wahren Gefühlen. Dies scheint euch sehr schwer zu fallen, da ihr eben immer wieder mit der „Unzuverlässigkeit" eures Gefühlslebens konfrontiert seid.

Wie oft haben euch schon eure „projizierten" Gefühle in die Irre geleitet?

Wie oft jedoch hat euch ein Gefühl in die Irre geleitet, bei dem ihr einfach wisst, dass sich eine Angelegenheit eben so verhält, wie ihr es fühlt?

Auf diese Weise könnt ihr lernen eure wahren Gefühle zu empfinden.

Ein projiziertes Gefühl lässt euch immer wieder zweifeln. Ein projiziertes Gefühl lässt euch immer wieder unsicher sein.

Ein wahres Gefühl **IST**.

Auch wenn phasenweise gewisse Zweifel auftauchen **IST** das wahre Gefühl in euch.

Ihr alle kennt diesen Zustand.

Lernt etwas mehr auf eure wahren Gefühle zu achten, geliebte Menschen.

Teil III

Sei einfach DU selbst

ALLES ist im ALLEM

ALLES ist in ALLEM!
Dies kann für dich, geliebter Mensch, ein absoluter Schlüsselsatz
sein.
Jede Materie, jede Situation, jedes Ereignis beinhaltet immer und
ohne Ausnahme zur gleichen Zeit beide Anteile der Polaritäten.
In jeder Situation findest du immer Wahrheit und Lüge, Schwarz und
Weiß, Hell und Dunkel, Ja und Nein, Positiv und Negativ und all das,
was du selbst innerhalb der Polaritäten noch definieren würdest.
ALLES ist in ALLEM, heißt nichts anderes, als dass beide Seiten der
Polaritäten in einer Situation vorhanden sein müssen. Würdest du von
„Ja" und „Nein" das „Nein" entfernen, hättest du dann noch ein „Ja"?
Könnte es noch dunkel sein, wenn die Helligkeit nicht mehr existent
wäre?
Könnte noch etwas „positiv" sein, wenn es das „Negativ" nicht gäbe?
Beide Seiten der Polarität ergeben nur gemeinsam ein Ganzes. Die
eine Seite der Polarität ohne die andere kann nicht existieren.
Nun, geliebter Mensch, wenn jedoch die beiden Seiten der Polaritäten
nicht voneinander zu trennen sind und nicht eine Seite der Polarität
für sich allein existent sein kann, ergibt sich daraus eine logische
Konsequenz: ALLES ist in ALLEM enthalten!

Jeder Mensch, jede Situation, jedes Ereignis, jeder Gedanke, jedes
Gefühl, jede Begegnung, jedes winzigkleine Materieteilchen, alles,
was du dir vorstellen kannst, beinhaltet immer beide Seiten der
Polarität.
In jeder Situation ist die gesamte Bandbreite aller polarer
Gegebenheiten enthalten.

Für dich, geliebter Mensch, bedeutet dies, dass jede Aufgabe, die dir
das Leben stellt (wir verwenden diese Formulierung ganz bewusst),
selbst die Lösung enthält.
Für jedes Problem, das dich konfrontiert, hältst du bereits die Klärung
in der Hand.
Jede Herausforderung, die deinen Lebensweg kreuzt, trägt im
gleichen Maß „Positives", wie auch „Negatives" in sich.
Je „negativer" eine Situation zu sein scheint, desto „positiver" ist der
Inhalt dieser Situation.

Nun, diese Beschreibungen ließen sich noch seitenweise
weiterführen.

Was bedeutet dies jedoch für dich konkret?

Mit einem Glas Wasser kannst du einem Verdurstenden das Leben retten, du kannst es aber auch verwenden, um es einem anderen Menschen über den Kopf zu schütten.
Ein Messer kannst du verwenden, um Brot zu schneiden. Du kannst ein Messer auch verwenden um zu verletzen oder zu töten.
Deine Hände kannst du verwenden, um zu liebkosen oder um Gewalt auszuüben.

Auch diese Aufzählungen ließen sich endlos fortsetzen.

In all diesen Bereichen geht es jedoch um deine ureigenen Entscheidungen. Hier hast du die Möglichkeit, Situationen abzuwägen und innerhalb deiner Handlungsoptionen zu entscheiden, ob du etwas für „positive" oder „negative" Aktionen verwenden und einsetzen möchtest.
All das spielt sich auf der bewussten physischen Wahrnehmungs- und Handlungsebene ab und ist rational und emotional für dich greifbar.
Du entscheidest in diesen Bereichen immer selbst, ob du für dich selbst oder gegen dich selbst, für einen anderen Menschen oder gegen einen anderen Menschen handeln möchtest.

Nun jedoch zu deiner Gedanken- und Gefühlswelt. In „normalen" Lebenssituationen bist du durchaus in der Lage die Qualität deiner Gedanken innerhalb bestimmter Bahnen zu steuern. Gleiches gilt auch für deine Gefühlsebenen.
In Stresssituationen jedoch mag es durchaus passieren, dass die in dir angestaute Frustration, Wut, Verletzung oder vieles mehr nach einem Ventil sucht.
Je nach Persönlichkeitsstruktur wirst du entweder „explodieren" und deine Frustration auf irgendeine Art nach Außen bringen oder du wirst versuchen in deiner Gedanken- und Gefühlswelt in dir selbst mit deinen Verletzungen zurechtzukommen.
Gleichgültig welche der beschriebenen Optionen für dich zutreffend sind – in dem Augenblick deines inneren oder äußeren „Ausbruches" entscheidest du nicht selbst.
Deine Verletzung oder Frustration lässt dich die Kontrolle verlieren.
Selbst wenn du vor dir selbst so tust, als wenn du nicht verletzt bist, arbeitet die durchlebte Situation in dir.
Hier entscheidest du bereits nicht mehr bewusst. Hier wählst du bereits nicht mehr klar und bewusst zwischen den möglichen

Optionen der polaren Gegebenheiten von „positiv" und „negativ".

In einer Situation, die dich mit einem „Lebensthema" konfrontiert, sind die bewussten Wahlmöglichkeiten für dich noch eingeschränkter.

Trägst du beispielsweise eine Krankheit in dir und es ist dir gelungen, diese so „in den Griff" zu bekommen, dass du dich mit deiner Lebenssituation arrangieren konntest und die für deine Erkrankung typischen Symptome tauchen wieder auf, steigst du (in der Regel) wieder in eingefahrene Denk- und Gefühlsstrukturen ein.

Ist dein Thema verbunden mit Mangel an zwischenmenschlichen und/oder materiellen Gegebenheiten, wirst du immer wieder dann, wenn du eine diesbezügliche Situation durchleben „darfst" in deinem Gefühlsleben und deiner Gedankenwelt durcheinandergeraten.

Hoffnungen werden sich mischen mit dem Gefühl der Enttäuschung und der Frustration.
Ängste werden in dir auftauchen und dich emotional beeinflussen.
In der Regel wirst du dich an solchen Tagen so erleben, dass du über dich selbst sagen wirst: „Mir geht es heute nicht so gut......"
Je nach Zustand deiner Psyche können sich sehr schnell auch körperliche Symptome zeigen. Rückenschmerzen, Kreislaufprobleme, Kopfschmerz, Störungen innerhalb des Bewegungsapparates, Störungen der Hautfunktion, in extremen Fällen auch Störungen der Organe.

Du hast so vieles getan, um einen Zustand zu erreichen, der dich glauben ließ, dein Lebensthema - der roten Faden, der sich durch dein Leben zieht - könnte sich verändert haben.

In derartigen Situationen ist es dir in den meisten Fällen nicht möglich aus einer „negativen" Situation die „positiven" Aspekte herauszufiltern und sie tatsächlich auch dementsprechend in dir zu **fühlen**.
Wäre dir das wahrhaftig gelungen, müsstest du in einer Situation, die du „normalerweise" als „negativ" interpretierst, ein Gefühl des Glückes in dir verspüren können.

Manchmal, in einigen, wenigen Fällen, mag dir dies durchaus gelingen. Überwiegend jedoch wirst du in den Zustand emotionaler Instabilität eintauchen.

ALLES ist in ALLEM.
Jede Situation beinhaltet in gleichem Maße „positives" wie „negatives".
Kannst DU jedoch wahrhaftig für dich entscheiden, was du innerhalb einer Problemthematik wahrnehmen kannst? Kannst du in einer Situation, die dich mit Ängsten und Frustrationen massiv konfrontiert, aus deinem Inneren heraus frei wählen?

Nun geliebter Mensch, wenn du dies nicht kannst sind die folgenden Zeilen für dich sicherlich von Interesse.

Was hindert dich, geliebter Mensch, aus einer Vielzahl von theoretischen Möglichkeiten eine auszuwählen, bei der du in dir Glück und Freude empfinden kannst?
Weil es sich nur um theoretische Möglichkeiten handelt?
Was hindert dich daran, geliebter Mensch, gleichgültig zu welcher Zeit und in welchem Zusammenhang, wahrhaftig frei aus der Vielzahl der Möglichkeiten wählen zu können?
Fühlst du dich tatsächlich frei?

Verhält es sich nicht so, geliebter Mensch, dass allein die Vorstellung, dass du fähig und in der Lage bist, immer und zu welcher Gelegenheit aus einer Vielzahl von Möglichkeiten FREI wählen zu können, dir suspekt vorkommt?
Macht dich dieser Gedanke glücklich?
Macht er dich betroffen?

„Das wäre ja phantastisch, aber wie soll ich denn.........?", „.......wie kann ich denn.......?", „Das würde doch bedeuten, dass ich.........!", „Aber muss ich dann nicht............?", und vieles mehr „sagen" dir deine Gedanken.
Im Prinzip ist genau das der Grund, warum du nicht frei wählen kannst.
Die Konditionierung deines Bewusstseins, die Programmierung deines Selbstbildes, die Manipulation deines Weltbildes, die tief in dir sitzende Vorstellung dessen, was du als menschliches Wesen glaubst darzustellen, hindert dich daran das zu sein, was du immer warst, jetzt bist und weiterhin sein wirst.
Ein winzig kleiner Teil eines unvorstellbar großen Ganzen. Ein winzigkleiner Teil eines Ganzen, dass ohne diesen kleinen Teil nicht mehr ganz wäre, ausgestattet mit allem Möglichkeiten und Fähigkeiten ALLES zu fühlen, denken und zu tun, was auch das

große Ganze denken, fühlen und zu tun in der Lage ist.

Du bist Licht, geliebter Mensch. Du bist Dunkelheit, geliebtes menschliches Wesen. Beides ist in dir und ohne das Eine oder ohne das Andere wärst du nicht du selbst.
ALLES ist in ALLEM.
Somit ist auch ALLES **IN** dir.

Was dich das eine oder andere sehen und wahrnehmen lässt, sind deine Beurteilungen und Bewertungen. **Deine** Einschätzungen von dir selbst und von deinen eigenen Möglichkeiten und Fähigkeiten „zwingt" dich dazu in einer herausfordernden Situation nur die Herausforderung und nicht die darin enthaltene Lösung zu sehen.

ALLES ist in ALLEM.
Letztendlich beinhaltet jedes Ereignis Aufgabe und Lösung zur gleichen Zeit.
Aufgrund deiner Wahrnehmungsfähigkeit wählst du aus den vorhandenen Möglichkeiten aus. Bist du „negativ" konditioniert, wirst du genau das in einer Situation wahrnehmen was du daraus erkennen kannst, nämlich das scheinbar „Negative".
Bist du „positiv" konditioniert, wirst du in einer Situation das „Positive" wahrnehmen.

Tatsächlich gibt es nur wenige Menschen, die ausschließlich in der einen oder anderen Form bewusstseinsfixiert sind.
Im Leben eines jeden Menschen gibt es Bereiche, in denen eine optimistische Grundstimmung und andere Bereiche des Lebens, in denen eine pessimistische Grundeinstellung herrscht.
Auch hier findet wieder eine Verbindung beider polarer Strukturen statt.

Mache dir bewusst, geliebter Mensch, dass auch hier in jeder Situation in jedem Zusammenhang und in jeder Gegebenheit ALLES in ALLEM ist.
Immer und ohne Ausnahme ist das, was du bei Menschen, in Situationen, in deinem Weltbild oder über sich selbst wahrnehmen kannst oder wahrnehmen möchtest, mit deinen eigenen Vorstellungen, Hoffnungen, Wünschen, Bedürfnissen, Meinungen und Interpretationen verbunden.
ALLES ist in ALLEM und du nimmst aus jeder Situation immer nur das heraus, was dir gerade möglich scheint.

Damit, geliebter Mensch, kommen wir zu deinen Werten und Beurteilungen.

Beurteilen und Bewerten

ALLES ist in ALLEM, geliebter Mensch.
Um dies erkennen zu können wirst du nicht umhinkommen, bei dir selbst zu beginnen, ALLES in DIR zu begreifen, zu akzeptieren, zu tolerieren und dich selbst als das anzunehmen, was du nun einmal bist.
Mache dich frei von deiner Vorstellung dich zu etwas entwickeln zu müssen, deinen Geist zu befreien, eine Aufgabe zu haben und all das, was in deiner Gedanken- und Gefühlswelt „kreucht und fleucht".

Es ist dir nicht möglich zu werden, da du bereits BIST.
Es ist dir nicht möglich deinen Geist frei werden zu lassen, da dein Geist niemals unfrei war.
Es ist dir nicht möglich Licht zu werden, da du bereits Licht bist!
Es ist dir nicht möglich der Dunkelheit anheim zu fallen, da du auch Dunkles in dir trägst.

Du BIST, geliebter Mensch, und das ist mehr als es dir im Moment noch vorstellbar erscheint.
ALLES ist in ALLEM!
Was also brauchst du noch, wenn ALLES bereits in dir ist?

Du lebst innerhalb der absoluten und bedingungslosen Liebe. Niemals warst du aus dieser getrennt, noch kannst du jemals daraus getrennt sein.
Bedingungslose Liebe jedoch, wir wiederholen uns, bedeutet, dass du immer und ohne Ausnahme geliebt wirst.
Diese Vorstellung jedoch läuft dem, was du immer wieder und wieder gelernt hast völlig entgegen. In dir hat sich der Glaubenssatz fixiert, dass du aufgrund deines Lebens und dessen was du denkst und tust, die Liebe und Zuwendung „derer dort oben" verdient werden muss. In dir hat sich festgesetzt, dass du gut genug, weit genug, wissend genug, spirituell genug, genug lichtvoll, ausreichend dem „Bösen" widerstehend, demütig genug, liebevoll genug und noch so vieles, vieles mehr sein musst.
Du glaubst dir etwas „verdienen" zu müssen.
Doch was du mit diesen Glaubensstrukturen letztendlich tust, ist nichts anderes als der bedingungslosen Liebe zu unterstellen, dass diese behauptet: Ich liebe dich bedingungslos, wenn du dieses tust und jenes lässt.

Du bist bedingungslos geliebt, Mensch.
Ohne wenn und aber.
Ohne Frage und ohne Antwort.

Nun mag es durchaus sein, dass du diesbezüglich bereits einige Schritte nach vorn getan hast und die Vorstellung begonnen hast zu entwickeln, dass du bedingungslos geliebt sein könntest. Doch vermagst du dies auch wahrhaftig in dir zu FÜHLEN?
IST dies für dich Tatsache?
Hier findest du wieder die Diskrepanz zwischen Glauben und Wissen, zwischen Wollen und SEIN.

Die logische Konsequenz aus der Tatsache, dass du bedingungslos geliebt bist, ist, dass du SEIN darfst, wie du bist.
Keine Regeln, keine Vorgaben, keine Verhaltensweisen, keine Dogmen!
DU BIST wie DU BIST

Daraus jedoch, lieber Mensch, verändert sich auch die Sinnfrage deines Lebens.
Warum lebst du, wenn es nicht darum geht dich zu etwas hinentwickeln zu müssen, wenn es nicht darum geht, ein vorgegebenes Ziel zu erreichen?
Warum lebst du, wenn du nicht WERDEN muss, sondern BIST?
Die Frage beinhaltet bereits die Antwort:
Es geht in deinem Leben darum, zu SEIN.
Der Begriff „Bewusstseinserweiterung" erfährt dadurch ebenfalls eine neue Definition.
ERWEITERE dein **BEWUSST**es **SEIN.**

Was möchtest DU in deinem Leben erreichen, was möchtest du mit deinem Leben tun?
In deinem Leben geht es einzig und allein um das Leben, um das (Er)leben, um das Erfahren.
Fühlst du in dir, dass du eine „Mission" zu erfüllen hast?
Dann erfülle sie.
Du weißt nicht wie?
Tue es so, wie es dir gerade möglich erscheint, ohne wenn und aber.
Du möchtest deinen Platz in deinem Leben finden?
Nimm den Platz an dem du gerade stehst, gib all deine Projektionen deiner Unzufriedenheit, deiner Frustrationen oder deiner Ängste dort heraus und sei einfach DU selbst.

Die Zeit der Machthaber, der Rechthaber, der Täuscher, der Tyrannen, der Lügner und Verleumder neigt sich dem Ende.
Die Zeit der Selbsttäuschung, der Selbstlüge, der Selbstverleugnung, der Selbstverneinung neigt sich dem Ende zu.
Das bedeutet keineswegs, dass alles plötzlich und schlagartig anders sein wird, sondern es geht um einen globalen Veränderungsprozess, der JEDEN Menschen mit einbezieht.
Das „ver- rückte" Weltbild der Menschheit wird wieder an seinen rechten Platz gerückt.

Wehre dich dagegen, geliebter Mensch, oder akzeptiere es. Du gehst den Weg der Bewusstwerdung bereits. Gleichgültig wie viele Irrwege du noch gehen wirst, gleichgültig wie schwer oder leicht du es dir machst, DU gehst DEINEN Weg.

ALLES ist in ALLEM und wenn du wieder einmal einen „Fehler" gemacht hast, hast du eine Erfahrung gesammelt. Könntest du diese Erfahrung als Bestandteil deines gesamten Lebens betrachten und könntest du sehen, dass du, Seele, in deiner Ganzheit der Meinung bist, diese Erfahrung zu brauchen, um deinen weiteren Weg gehen zu können, so müsstest du dich nicht betroffen fühlen.

ALLES was dir und mit dir geschieht hat eine symbolhafte Bedeutung für dich.
Auf dieses Thema werden wir in der Folge eingehen.

Was jedoch haben all diese Beschreibungen von Beurteilungen und Werten mit dir zu tun?
Nun, geliebter Mensch, sind deine Wertmaßstäbe, aufgrund derer du bewertest und beurteilst wahrhaftig deine eigenen?
Hast du für dich selbst deine Wertmaßstäbe festgelegt oder basieren sie auf der von deiner Vergangenheit vorgeprägten Erfahrung?
Nimmst du auf deinem ureigenen Weg deiner Selbstverwirklichung deine eigenen Vorgaben zum Maßstab deiner Selbsteinschätzung oder lässt du dich immer wieder durch Lehrer, Meister oder sonstige „Wissende" inspirieren?
Schlägst du nicht immer wieder einen Weg ein, von dem du glaubst, dass dies endlich der „richtige" ist, weil er dich begeistert und dir neue Kraft und Hoffnung gibt, bis zu dem Punkt an dem du wiederum Neues findest, mit dem du dann ebenso verfährst?
Doch wo bist DU, geliebter Mensch, in diesem Wust von Information und „Gegen" - Information?

Fünfdimensional

Es gibt keine unvorbereitet von Außen auf dich treffenden Ereignisse.
Die Vorstellung eines Problems ist letztendlich eine Illusion.
Im Prinzip ist ein Problem eine symbolhafte Mitteilung eines energetischen Gefüges in Form einer materiell strukturierten Situation, die mit zeitlichen Gegebenheiten verknüpft ist. Die Verknüpfung von Raum und Zeit lässt sich aus eurer Sicht als (dreidimensionaler) Lebensraum definieren.
Auch wenn ihr Menschen Zeit und Raum durch zwei unterschiedliche Begriffe teilt, nämlich den „Raum" und die „Zeit", sind beide eng und untrennbar miteinander verknüpft.
Um sich innerhalb des „Faktors Raum" bewegen zu können, wird der „Faktor Zeit" benötigt.
Um dich von Punkt „A" nach Punkt „B" bewegen zu können ist ein gewisser Bewegungsablauf (der irgendeine Form von Energie in Anspruch nimmt), und ein gewisser Zeitablauf notwendig. Der Zeitablauf um von „A" nach „B" zu kommen ist wiederum von der vorhandenen Energie, die benötigt wird, um Masse in Bewegung zu versetzen und in Bewegung zu halten, und der daraus resultierenden Geschwindigkeit der zu transportierenden dreidimensionalen Masse abhängig.

Wird eine dreidimensionale Masse im Bewegung versetzt, verändert sie durch die Bewegungsenergie ihre Form.
Am Besten kannst du dies wahrnehmen, wenn du einen dreidimensionalen Gegenstand in Rotation versetzt. Je schneller die Rotation des Gegenstandes, desto mehr scheint er für deine Wahrnehmung die Form zu verändern. Für Deine Auge **scheint** dieser Gegenstand seine Form zu verändern.
„Scheint" deshalb, da durch den „Verbrauch" dieser Bewegungsenergie der rotierende Gegenstand nach und nach wieder in seinen ursprünglichen Zustand zurückkehrt.
Für jede Rotation braucht dieser Gegenstand eine gewisse Zeit. Je größer die zugeführte Rotationsenergie, desto geringer der Zeitverbrauch.
Daraus würde sich also die Regel ableiten lassen: Je größer die zugeführte Bewegungsenergie, desto geringer der Aufwand an Zeitenergie.
Würde der rotierende Gegenstand keine Zeit mehr für eine Rotation benötigen, so hätte er tatsächlich die Form angenommen, die in diesem Beispiel nur für das menschliche Auge scheinbar entsteht.

Verbindest zu also Bewegungs- und Zeitenergie miteinander, erhältst du vollkommen neuen Raum.

Noch einmal: Bewegung ist immer verbunden mit Energieaufwand und Zeit. Je schneller der Aufwand an Bewegungsenergie, desto geringer der Aufwand an Zeitenergie.
Der „Energieverbrauch", um einen Gegenstand in Bewegung zu versetzen, also die Kombination aus Bewegungs- **UND** Zeitenergie, beträgt immer 100 Prozent.
Werden 50 Prozent Zeitenergie aufgewandt verbleiben noch immer 50 Prozent Zeitenergie.
Was geschieht also, wenn du 100 Prozent Bewegungsenergie aufwendest?

Die Zeit hört auf, in der dir bekannten Form zu existieren!

Das bedeutet, dass du an jedem Punkt im gesamten Raum zur gleichen „Zeit" bist.
Im Prinzip bedeutet das auch, dass du zur gleichen Zeit in jeder nur erdenkbaren Zeit bist.

Zeit verliert in diesem Zustand die Bedeutung, die sie für dich in deiner menschlich-körperlichen Existenzform hat, und sie verliert ihre lineare Komponente.
Jeder Punkt des Raumes befindet in diesem Zustand sozusagen am gleichen Platz

Das wiederum bedeutet, dass räumliche Gegebenheiten sich vollkommen aus der dir bekannten und vertrauten Form lösen. Nun wäre es wieder eine Frage der Definition, ob sich die in Bewegung versetzte Masse unendlich ausdehnt, oder sich der, dir bekannte dreidimensionale Raum, unendlich verkleinert.

Im Prinzip hast du hiermit eine Erklärung fünfdimensionaler Gegebenheiten.

Raum, in dem Bewegung und Zeit miteinander verschmolzen sind, ergibt also in diesem Falle die fünfte Dimension.

Damit ergibt sich, dass innerhalb der dritten Dimension die fünfte Dimension bereits latent vorhanden ist. Es gibt den dreidimensionalen Raum, es gibt Bewegungsenergie und es gibt den Faktor Zeit.

Ebenso mag dir dies als Hinweis dienen, dass dritte und fünfte Dimension nicht nebeneinander, sondern ineinander existent sind. Das gilt, ganz nebenbei bemerkt auch für alle anderen Dimensionen. Nichts, aber auch rein gar nicht ist voneinander getrennt oder kann voneinander getrennt sein.

Nun magst du dich fragen, was aus der vierten Dimension geworden ist. Nun, die vierte Dimension ist im Prinzip der dritten sehr ähnlich. In der vierten Dimension verhält es sich jedoch so, das die Strömung des Energieflusses mit umgekehrten Polaritäten stattfindet. Dritte und vierte Dimension sind Ausdruck der Polaritäten und somit zwei Pole der gleichen „Angelegenheit".

Wäre die dritte Dimension die „Gute" (was sie definitiv **nicht** ist), so wäre die vierte Dimension die „Schlechte" (was sie definitiv **auch nicht** ist) oder umgekehrt.

ALLES ist in ALLEM und nichts ist voneinander getrennt.

Du, geliebter Mensch, hast für dich selbst die Möglichkeit ohne jede Zeitverzögerung Gedanken und Gefühle in dir entstehen zu lassen. Die hast die Möglichkeit deine Phantasie zu nutzen. In deiner Phantasie ist dir **ALLES** möglich.

Lediglich deine innere Überzeugung, das eine Phantasie „nur" eine Phantasie ist und nichts mit Realität zu tun hat, sorgt dafür, dass du deiner Phantasie einen geringen Stellenwert zuordnest.

Würdest du beispielsweise in deiner Phantasie durch das Weltall reisen und dort Welten besuchen, so wärst du in der Regel in deinem Inneren davon überzeugt, dass dies nur eine Gedankenreise gewesen wäre.

Erst wenn du beginnst DEINE Einschätzung von Realität und Phantasie zu verändern wirst du begreifen lernen, dass es im Prinzip diesen Unterschied nur deshalb gibt, weil du irgendwann in deinem Leben begonnen hast zu **glauben**, dass ein Unterschied vorhanden ist.

Rational betrachtet wirst du immer wieder die Erfahrung machen, dass du dir selbst erklärst, dass es nur ein „Traum" war. Emotional mag es durchaus sein, dass du FÜHLST, dass dein Traum durchaus real war.

Dann vermagst du dir selbst sehr überzeugend erklären, warum „es" nicht sein konnte und nicht sein kann und dennoch wird dir dein Gefühl gegebenenfalls etwas anderes erklären.

Du bist also wieder einmal konfrontiert mit deinem Selbstwertgefühl, also mit dem, was du über dich selbst denkst und fühlst.

„Das kann ja gar nicht sein....", „Das ist ja gar nicht möglich....", „Das ist nur Spinnerei....", und vieles mehr.
Also kommst du nicht umhin, dich aus den Meinungen anderer Menschen „auszuklinken und zu lernen zu dir selbst zu stehen und deinen eigenen Wahrnehmungen mehr zu vertrauen, als bisher.

Da nichts voneinander wahrhaftig getrennt und alles **ineinander** existent ist, mag es, gerade in der kommenden Zeit geschehen, dass der eine oder andere von euch wahrnehmen kann, was nicht nur dreidimensional ist.
Die menschliche Wahrnehmungsfähigkeit verändert und erweitert sich.
So magst du Bilder sehen, deren Herkunft dir unbekannt ist, magst Gedanken wahrnehmen, deren Quelle dir nicht wahrhaft bekannt ist oder du magst Stimmen wahrnehmen, die nicht dreidimensional sind.
Gleichgültig ob und wann dir dies geschieht, bist wiederum DU selbst der Schlüssel zu diesem Zugang. Mache dich frei von der Vorstellung, dass du klein und unwichtig bist.
Dann – und nur dann - bist du befähigt selbst zu entscheiden, ob du diese Mitteilungen als wahr oder unwahr, als Licht oder nicht- Licht akzeptieren möchtest.

Doch was hat die Definition der vierten Dimension mit dir, geliebter Mensch zu tun?
ALLES ist in ALLEM.
Nichts ist Wahrheit und nichts ist Lüge, was nicht DU selbst als das eine oder andere definierst.
Deine Anbindung an die dritte Dimension ist nur solange vorhanden, wie DU sie als unabänderliche Tastsache akzeptierst.
Alles ist fließend und nichts ist fest.

Alle unsere Beschreibungen sind ein Akt der Einflussnahme.
Ist diese Einflussnahme „gut" weil wir dich über Gegebenheiten und Abläufe informieren, die für dich von wesentlicher Bedeutung sind?
Ist unsere Einflussnahme „schlecht", weil wir dich mit unseren Beschreibungen aus deinen eingefahrenen Sichtweisen holen?
Sind wir nun die „Guten", die dir mehr Freiheit im Umgang mit dir selbst bringen, oder sind wir die „Schlechten", die dich in die Irre leiten wollen?
Du wirst dies für dich selbst entscheiden müssen.
Erinnere dich an den Satz: ALLES ist in ALLEM!

Wenn jedoch jeder für sich selbst entscheiden „darf" oder muss, was nun die Wahrheit oder die Lüge, was real oder irreal ist, warum entscheidest du dann nicht auch in den Bereichen DEINES Lebens für dich selbst, die DIR so sehr am Herzen liegen, geliebter Mensch?

Die Symbolhaftigkeit der materiellen Welt

Die materielle Welt, die dich umgibt, ist nicht anderes als eine Art „Spiegelbild", das dir in deiner körperlichen Mensch-Existenz Hinweise und Hilfestellung gibt.
Alles, was du in irgendeiner Form an materiell strukturierten Gegebenheiten findest, hat in irgendeiner Form mit dir selbst zu tun.
Das bedeutet im Klartext, dass du mit deinen Gedanken und Gefühlen auf alles Einfluss nimmst, was mit dir selbst und deinem Leben als menschliches Wesen zu tun hat.
Alles, was du in der materiellen Welt findest und wahrnimmst hat eine Symbolfunktion für dich.
Durch deine Gedanken und Gefühle nimmst du Einfluss auf die Gestaltung deiner Realität. Als deine Realität definieren wir das, was du jeden Tag in der einen oder anderen Form als menschliches Wesen erlebst und erfährst.

In deiner Vorstellung, in deinem Wissen über die Welt und die weltlichen Gegebenheiten gehst du davon aus, dass du in einem geistig/ materiellen Gefüges lebst, innerhalb dessen du dich zu „entwickeln" hast.
Eine der Wahrheiten ist, das du dich in diesem Gefüge bewegst, um dich selbst auf die Art zu erleben, als dass du erkennen kannst, darfst oder musst, dass du BIST und ALLES **IN** dir trägst.
Deinem inneren Wissen über diese Tatsache steht entgegen, was du immer und immer wieder über dich und deine Welt lernen musstest.

Nichts ist fest, starr oder unveränderbar.
Alles ist im Fluss, im Wandel und in Bewegung.
Gestaltet wird die dich umgebende Welt, durch die Summe der Glaubensüberzeugungen aller menschlichen Wesen gemeinsam sowie das Bewusstsein der Lebensform „Planet Erde", den du bewohnst und belebst.

Du, geliebter Mensch, bist Teil dieses Ganzen und gestaltest innerhalb dieses kollektiven Gefüges dein eigenes Leben und die damit verbundenen Umstände.
Das was du denkst und fühlst, das was für dich EINFACH SO IST, ist das, was du immer wieder erlebst. In deinen „positiven" Lebensbereichen, also dort, wo du kein „Thema" hast, bist du bereit dies einfach ohne jeden Widerstand zu akzeptieren.
In diesen Bereichen fällt dir nicht einmal mehr auf, dass dort „etwas

ist" weil es für dich einfach läuft.
Dort hast du auch, von kleineren „Widerständen" einmal abgesehen, keinerlei Probleme in deinem Leben.

In den Bereichen deiner Gedanken- und Gefühlswelt jedoch, die dich immer und immer wieder beschäftigen, wirst du feststellen, dass immer wieder Herausforderungen auf dich treffen, denen du dich zu stellen hast.
Immer wieder wirst du in diesen Lebensbereichen auf Probleme und Schwierigkeiten stoßen.

Das, womit du dich in deiner Gedanken- und Gefühlswelt immer wieder beschäftigst, ist das, was du als Realität erlebst!

Das, was du immer wieder als Realität erlebst ist das, womit du dich in deiner Gedanken und Gefühlswelt beschäftigst!

Diese beiden Sätze können für dich immense Bedeutung haben!
Zunächst einmal deshalb, weil du durch den ersten Satz die Erkenntnis gewinnen kannst, dass du durch deine Gedanken und Gefühle Einfluss auf die Gestaltung deiner Realität nehmen kannst.
Aus der zweiten Aussage kannst du die Erkenntnis holen, dass das, was sich in deinem Leben immer wieder an „negativen" Situationen gestaltet, seine Ursache in deiner Gedanken- und Gefühlswelt haben **MUSS**!
Damit findest du immer wieder neue Erkenntnisse über dich selbst und gibst dir selbst die Möglichkeit immer mehr Lösungen zu finden.
Wir verweisen nochmals darauf, dass der Begriff „Lösung" im Prinzip bedeutet, sich **aus** einer Thematik zu lösen und nicht eine Thematik **zu** lösen.
Hast du dich **aus** einer Thematik gelöst, wirst du nicht mehr die Symboliken lösen müssen.

Hier einige Beispiele, die dir helfen können Schritt für Schritt eine veränderte Sichtweise zu finden. Es ist umso einfacher für dich, je mehr du zu absoluter Ehrlichkeit DIR SELBST gegenüber bereit bist.
Je mehr du bereit bist, dich aus den **VOR**- Stellungen dessen zu lösen, was dir immer und immer wieder an moralischen, religiösen, gesellschaftlichen und kulturellen Reglements übermittelt wurde, desto leichter fällt es dir dich selbst und deine in dich implantierten (suggerierten) Denk- und Gefühlsmuster zu erkennen.
Nichts ist wirklich real, was DU nicht als Realität akzeptierst.

Vieles akzeptierst du rational, weil es von außen suggeriert wurde. Oftmals fühlst du in dir etwas anderes. Da du jedoch rational gelernt hast, dass du deinen Gefühlen nicht trauen kannst, favorisierst du deine Rationalität und negierst letztendlich den anderen Teil in dir, der dich GANZ sein lässt.

Dann findest du wieder Hinweise darauf, dass du Rationalität und Emotionalität verbinden sollst, linke und rechte Gehirnhälfte vereint werden müssen und du versuchst wieder einmal etwas, was in dieser Form nicht möglich ist, weil die Polaritäten nie getrennt waren.

Viele von euch leben inzwischen in der Überzeugung, das ihr in eurer Welt von den Mächtigen manipuliert werdet.

Im Prinzip ist das gar nicht so falsch.

Würde das aber letztendlich nicht bedeuten, dass du, geliebter Mensch, lediglich lernen müsstest auf das zu achten, was dir immer wieder als „schlecht", „negativ" oder sogar „verdammenswert" dargestellt wurde, um genau die Wege zu finden, die dich näher zu dem bringen, was du wirklich bist?

Das würde doch im Prinzip bedeuten, dass du lediglich das Gegenteil dessen tun müsstest, was dir von den Mächtigen suggeriert wird.

Aber du fühlst dich dabei nicht sicher, denn: „...was, wenn all das doch nicht stimmt...?"

Doch wenn du dich den allerseits und allgemein propagierten Überzeugungen widersetzt, kommst du wiederum in das Dilemma, dass du in allem, was du tust, das Gefühl haben müsstest allein dazustehen. Du hättest keine oder nur noch wenige Möglichkeiten dich auf konkretes Wissen zu beziehen und müsstest vieles Neues ausprobieren, erfahren und erleben.

Du müsstest Vertrauen zu dir Selbst entwickeln.

Doch was, wenn all das, was du fühlst und in dir spürst nur eine gewaltige Täuschung ist?

Dann hättest du den größten Fehler deines Lebens begangen und müsstest die Konsequenzen tragen. Aller Voraussicht nach auch wieder allein.

Ein perfekt abgestimmtes System, in dem Individualität absolut unterdrückt ist und durch eine **Schein**individualität ersetzt wurde.

So gehst du von einem Lehrer zum nächsten, von einem Meister zum nächsten, von einem Trend zum nächsten, bis du für dich erkennen musst, dass all das, was dir dort gelehrt oder gezeigt wurde dein

Innerstes auch wieder nicht befriedigt.

Dennoch ist es DEIN Weg!

Nun, vielleicht vermagst du mit unseren Erzählungen nicht viel anzufangen, vielleicht faszinieren sie dich, vielleicht fühlst du dich in deinem Gefühl auch bestätigt. Gleichgültig, wie du es EMPFINDEST – es ist DEIN Weg!

ALLES ist in ALLEM!

Zu jedem Zeitpunkt deines Lebens kannst du sein, was du bist und wer du bist.
Du musst es nur tun, geliebter Mensch!

Gestalte ES

Letztendlich gibt es keine Krankheit.
Es gibt nur die materielle Ausdrucksform (Symbolik) einer Störung im Energiefluss des Körpers. Erkennst du die Symbolik deiner Erkrankung, so findest du die Ursache deiner Erkrankung.

Gleiches gilt für materielle (finanzielle) Lebensthematiken.
Auch zwischenmenschliche Problembereiche lassen sich hier einreihen.

Letztendlich lassen sich alle Pro-Embleme in eine der drei Kategorien einordnen.

In der Praxis des Lebens gestalten sich diese drei Problembereiche meist in gewissen Kombinationen.

Du selbst bist der Schlüssel zur Lösung.
(Wir verweisen noch mal darauf, das Lösung nicht bedeutet ein Thema (auf)zulösen, sondern sich VON der Thematik zu lösen!)

Einige unserer folgenden Beschreibungen könnten dich betroffen machen.
Wir bitten dich jedoch um Verständnis, dass wir unsere Beschreibungen so verfassen, dass sie dem entsprechen, was wir aus unserer Sicht als „wahr" definieren.
Krankheit oder Problem, gleichgültig in welcher Form, ist für euch Menschen keine Einbildung - es ist absolut real.
Auch eure dreidimensionale Welt ist für euch real.
Eure Welt ist deshalb für euch in **dieser Form** real, weil ihr darauf konditioniert seid, sie so zu sehen.
Gleiches gilt für eure Krankheiten und Probleme ebenso.
Wir trennen den Begriff Krankheiten und den Begriff Problem voneinander, obwohl beides ein- und dasselbe ist.

Letztendlich lässt sich alles auf zwei Definitionen reduzieren:
Fließende (genauer wäre pulsierende) Energie und blockierte (genauer wäre stehende) Energie.

ALLES im Kosmos ist in Bewegung, im Wandel oder im Fluss.
Bewegung ist SEIN, Stillstand ist NICHT-SEIN.

SEIN bedeutet fließendes Leben und NICHT-SEIN bedeutet einen Vorgang einzuleiten, durch den du wieder lernen kannst zu SEIN.

Ein gestörter Energiefluss hat also immer damit zu tun, dass du im Prinzip etwas anderes denken, fühlen oder tun müsstest, als das was dir gerade aufgrund der herrschenden Umstände möglich zu sein scheint.

In der Regel wirst du in einem solchen Zustand das Gefühl haben, dass es Zeit für Veränderungen ist.

Glaubst du nichts verändern zu können, weil du dadurch deine(n) Partner(in) verlieren könntest, deinen Arbeitsplatz oder sonstiges verlieren könntest oder sonst in irgendeiner Form Nachteile in dein Leben holen könntest, wirst du den Zeitpunkt der Veränderung immer wieder vor dir herschieben.

Dein körperliches Energiesystem ist nun so strukturiert, dass es dir in einem solchen Fall Mitteilungen „schickt".

Zunächst wirst du das Gefühl haben etwas ändern zu müssen. Die nächste Stufe wird sein, dass du immer wieder Ärger oder Frustration erlebst. In Phase drei wird die Konfrontation mit der Thematik immer intensiver und du beginnst oftmals schon hier nach gewissen Möglichkeiten Ausschau zu halten, die dir einen Weg aus dem Dilemma zeigen könnten.

In der vierten Stufe können sich sporadisch bereits körperliche oder psychische Symptome zeigen. In der fünften Stufe werden die körperlichen und/ oder psychischen Symptome wesentlich stärker.

Nun jedoch ist es möglich, dass du beginnst zu vergessen (oder zu verdrängen), dass du Umstände in deinem Leben ändern solltest, die letztendlich die Ursache für deine gesundheitlichen Probleme bilden.

Mit der fünften Stufe sind diese Vorgänge jedoch keineswegs abgeschlossen – diese Verhaltensweisen können in extremen Fällen durch einen weiteren schmerz- und leidvollen Selbstzerstörungsprozess führen.

Ein Weiser, der vor zweitausend Jahre bei euch lebte, hat einen Ausspruch geprägt:
Dir geschehe nach deinem Glauben!

Doch was, geliebter Mensch, glaubst du von dir und über dich, wenn du dir aufgrund deiner Schöpferkräfte vielfältige Probleme schaffst und deinen Körper krank werden lässt?

In jeder Situation, die du durchlebst und die dir eine Aufgabe stellt, ist auch bereits die Lösung enthalten.

ALLES ist in ALLEM.

Versuche einmal, geliebter Mensch, in der nächsten Situation, die dich herausfordert, nicht den Nachteil, also das Problem, sondern den Nutzen, also die Lösungsmöglichkeit zu sehen.

Symboliken des Lebens und ihre Botschaften

Wir möchten dir nun zu deinem besseren Verständnis einige Beispiele geben, die dir symbolhafte Lebensumstände und deren „Botschaft" aufzeigen sollen.

In diesem Zusammenhang möchten wir dich bitten, diese tatsächlich nur als Beispiele zu nehmen - Denkanstöße, die dir zeigen mögen in welche Richtung du in Bezug auf DEINE Thematiken einmal versuchen könntest zu denken und zu fühlen.
Du, geliebtes menschliches Wesen, bist in den Weiten des Kosmos absolut einzigartig.
Versuche, soweit es dir möglich ist, dich nicht zu klassifizieren und dich gleichzusetzen.
Du bist absolut einzigartig in DEINER Weise zu denken, zu fühlen und das, was du als Mensch erlebst, zu interpretieren.
Dennoch bist du den anderen Menschen in Vielem gleich.

Doch nun zu den Symbolhaftigkeiten und ihren Bedeutungen:

Krankheiten:
Eine Krankheit erfüllt immer eine Funktion. Krankheiten dienen dazu, sich einerseits ein gewisses Verständnis von anderen Menschen zu holen, gewisse Dinge nicht tun zu können oder ein gewisses Maß an Zuwendung zu bekommen.
Letztendlich kann dir in eurem zwischenmenschlichen Gefüge niemand „einen Strick" daraus drehen, wenn du aufgrund deiner Erkrankung gewisse Verhaltensweisen oder Unwägbarkeiten an den Tag legst.
Andererseits ist die Erkrankung deines Körpers immer ein Zeichen, dass du auf deinem Weg, solltest du ihn auf dieser Weise weiterbeschreiten, seit längerer Zeit bereits gegen dich selbst handelst oder die Konfrontation mit einer Thematik bereits besonders intensiv ist.
Doch jetzt zu einigen Symboliken von gesundheitlichen Störungen:

Störungen im Bewegungsapparat:
Einschränkungen /Schmerzen bei der Bewegung der Beine.
Was machst du mit deinen Beinen? Du bewegst dich von dort, wo du jetzt bist, dorthin wo du nachher gerne sein möchtest.
Symbolik: Du bist in der Möglichkeit eingeschränkt auf deinem

Lebensweg frei und unbeschwert weiterzugehen. Es gibt gewisse Umstände in deinem Leben, die du verändern müsstest, fürchtest dich jedoch vor der Konsequenz oder glaubst „es" ohnhin nicht zu können.. **Lösung**: Es ist an der Zeit einen neuen Lebensweg einzuschlagen. Versuche dort Veränderungen herbeizuführen, wo es dir gerade möglich erscheint, selbst wenn es sich nur um „Kleinigkeiten" handelt. Jede kleine Veränderung bringt wieder mehr Fliessen in dein Leben.

Einschränkungen /Schmerzen in Armen und Händen:
Arme und Hände benötigst du um HANDELN zu können, um zu TUN. Handeln erscheint dir schwierig oder in deiner Vorstellung schmerzhaft.
Symbolik: Du fürchtest dich davor, Fehler zu machen und mit den Konsequenzen nicht fertig zu werden. Angst vor Verlust von Zuwendung und materiellen Gegenständen.
Lösung: Lerne dort wo es dir innerhalb deiner Lebensumstände „unbedrohlich" erscheint, andere Handlungen zu setzen. Versuche diesbezüglich mehr Selbstvertrauen aufzubauen, indem du lernst bei „kleinen Dingen" wieder frei zu handeln.

Einschränkungen/ Schmerzen im Rücken:
Dein Rücken ist der Hauptbestandteil deines Bewegungsapparates. in der Wirbelsäule liegt der Hauptenergiekanal, durch den die Lebensenergie fließt.
Symbolik: Du kannst nicht mehr richtig sitzen, stehen oder liegen. Du fühlst dich durch die bestehenden Lebensumstände überfordert, kannst dein Körpergewicht (Leben) nicht mehr (er)tragen. vieles scheint dir zuviel. Der Fluss des Lebens (dein Leben) bereitet dir Schmerz /Leid.

Unterer Rückenbereich:
Steht für die materiellen Lebensumstände. Das bedeutet nicht unbedingt nur in finanziellen Bereichen, sondern für berufliche Aspekte ebenso, wie für andere Lebensumstände im täglichen Leben, von denen du dich überfordert fühlst.

Mittlerer Rückenbereich.
Steht für die zwischenmenschlichen Ebenen. Du könntest dich ungeliebt oder unverstanden fühlen. Wahrscheinlich fällt es dir schwer, mit dir selbst umzugehen. Schwierigkeiten mit Partner, Arbeitskollegen oder Bekannten und Freunden.
Unter Umständen auch Probleme mit Mutter und/ oder Vater.

Oberer Rückenbereich.
Du trägst eine große Last auf den Schultern. Du trägst Verantwortung, die dir schwer fällt und/ oder dich stark belastet. Du bist ein Mensch, der sich für vieles verantwortlich oder sogar schuldig fühlt.

Lösung: Lerne zu begreifen, dass du dir zuviel aufgebürdet hast. Du kommst nicht umhin deine Last auf andere Menschen mitzuverteilen. Lerne zu dir selbst ehrlich zu sein und zu teilen. „Negatives" und „Positives" sind nur zwei Seiten ein- und desselben. Wenn du Last auf dich nimmst und der Fluss deines Lebens dadurch schmerz- und leidvoll wird, kommst du nicht umhin erkennen zu müssen, dass dein Verzicht auf Lebensqualität zwar anderen Menschen Vorteile verschafft, du jedoch in deiner Not und Pein eines Tages jedoch einen Schlussstrich ziehen wirst.

Organe:
Hautprobleme:
Deine Haut schafft die Verbindung zwischen deiner inneren und deiner äußeren Welt.
Symbolik: Jucken, Veränderungen, Pusteln u.ä. Du lässt deinen Zorn, deine Aggression oder deine Frustration nicht nach außen.
Verletzungen: Du glaubst dich nicht mehr schützen zu können, bist dabei aufzugeben. Scheinbar wirken äußere Umstände auf deine Schutzmechanismen ein.
Lösung: Höre auf, dich verstecken zu wollen. Zeige dich den anderen Menschen so, wie du wirklich bist. Sage denen, von denen du dich verletzt fühlst, wie es dir geht.

Magen:
Symbolik: Verarbeitet das, was dem Körper als Nahrung zugefügt wird. Das, was du dir von Außen zuführst (in dich hineinlässt) bereitet dir Schmerz oder Unbehagen oder lässt dich „sauer" reagieren und es fällt dir schwer es zu „verdauen". Du fühlst dich oftmals unverstanden und ausgenutzt.
Lösung: Lerne, nicht mehr alles in dich „hineinzufressen". Lerne zu sagen, was du denkst.
Lasse dir nicht mehr alles von anderen aufbürden. Setze dich selbst nicht so stark unter Druck. Löse dich von deiner Angst nicht gut genug zu sein.

Krebs:
Deine Körperzellen verlieren die Erinnerung an ihre Identität und

wuchern ohne Ordnung.

Symbolik: Du bist ein in dir tief verunsicherter Mensch. Die Meinungen anderer sind dir so wichtig, dass du dich selbst und meist auch die Meinungen anderer zu deinen eigenen machst. Du stellst zwar eine eigene Persönlichkeit dar, ordnest dich jedoch dem Willen anderer unter.

Lösung: Tue etwas gegen deine Unsicherheit. Lerne eine eigenständige Persönlichkeit zu sein. Sage anderen deine Meinung ohne Schnörkel und ohne die Angst sie zu verletzen oder zu verlieren.

Dies waren einige Beispiele, wie du die Symbolik von Krankheiten oder Störungen in deiner Gesundheit für dich selbst definieren kannst. Erkennst du die Symbolik einer Krankheit, wirst du feststellen, dass sie sich auch, meist relativ schnell, von dir wieder verabschieden wird.

Die Symptome einer Krankheit behindern dich immer in irgendeiner Form. Hier und genau hier kannst du den Zugang zu deiner eigenen Symbolik finden.

Was zeigt dir deine Einschränkung und wie kannst du diese Einschränkung in DEINEM Leben, mit DEINEN Überzeugungen und Interpretationen definieren.

Deine körperliche Erscheinungsform verfügt über ein eigenes Bewusstsein. Wir bezeichnen diese Bewusstseinsform als EGO. Es ist die Form von Bewusstsein, die im Prinzip erdgebunden und somit „materiell" ist. Dieses Bewusstsein ist der programmierte und programmierbare Anteil in dir.

Hast du eine Erkrankung in dir generiert, so „vergisst" dein Körperbewusstsein im Zuge der Zeit den Zustand des „gesund-Seins".

Im Prinzip besteht die Aufgabe eines Heilers (und hierbei spielt es keine Rolle, ob dies ein Geistheiler, ein Homöopath, ein Arzt oder sonst jemand ist) darin, das Körperbewusstsein wieder an den Zustand der Gesundheit zu erinnern.

So mag es bei einer Erkrankung deines Körpers durchaus sinnvoll erscheinen, dir helfen zu lassen.

Verlasse dich bei der Wahl deines „Helfers" auf dein Gefühl, geliebter Mensch.

Kommen wir nun zu einigen anderen Problembereichen.

Hierbei geht es um „Mangelerscheinungen". Eines der Themen, mit dem einige von euch zu tun haben ist der Mangel an finanzieller

Versorgung.

Das Thema „Geld" ist in euren Gedankenstrukturen derartig komplex, dass wir hier nur einige Auszüge daraus beschreiben möchten.
Was stellt Geld dar?
Die Symbolik des Geldes ist sehr eng mit dem Wert verknüpft, den du für dich selbst und für das, was du in deinem Leben tust, hast. (Das Lebensthema des materiellen Mangels und das der zwischenmenschlichen Beziehungen sind sich in einigen Bereichen sehr ähnlich.)

Versuche einmal die Welt deiner Gedanken und Gefuhle In Bezug auf das Thema „Geld" zu erforschen. Du magst in dir den Wunsch, vielleicht sogar das Begehren in dir tragen, endlich, endlich soviel davon zu haben, dass du „sorgenfrei" leben kannst.
Natürlich, so erklärst du dir sofort, wirst du aufgrund dessen nicht alle deine Sorgen loswerden, aber........
Im Prinzip möchtest du das Geld nicht um des Geldes willen. Du willst es nicht wirklich „besitzen". Du möchtest „nur" einige der Lebensbereiche, die dir immer wieder Sorge und Probleme bereiten, dadurch dass du Geld zur Verfügung hast, sozusagen „entschärfen".

Letztendlich verlagerst du das ursprüngliche Thema, nämlich die innere Überzeugung, dass du nicht „gut genug" bist oder „es" nicht wert bist in dem Bereich der finanziellen Versorgung.
Somit wird der Wunsch Geld zur Verfügung zu haben die Symbolik dafür, dir selbst einen anderen Selbstwert zuweisen zu können.
Du verlagerst dein Bestreben und deine Bemühungen nach mehr Anerkennung und mehr Akzeptanz in den Bereich des „besitzen-Wollens".
Was ist denn dein wahrhaftes Bestreben?

Geht es dir nicht um mehr Glück, mehr Zufriedenheit, mehr Freude in deinem Leben?
Geht es dir nicht darum, gemocht, anerkannt und vor allem GELIEBT zu werden?
Glaubst du, Geld würde diese Wünsche in dir erfüllen?
Du weißt selbst, dass der materielle Wert in Form von Geld dies nicht für dich tun kann.
Geld würde dir jedoch die Möglichkeit geben, dich anders FÜHLEN zu können.
Durch Geld hättest du die Möglichkeit die inneren Defizite, die du mir

dir herumträgst, überlagern zu können.

Mit Geld, so der Gedanke, bist du einige „Sorgen" los und hast die Möglichkeit „Dinge" zu tun, die du schon immer tun wolltest.

Geld jedoch ist im weitesten Sinne vergleichbar mit einem Medikament, das du einnimmst um deine Krankheitssymptome „verschwinden" zu lassen.

Doch weißt du selbst, geliebter Mensch, dass deine Krankheit durch ein Medikament nicht verschwindet, sondern in der Regel lediglich die Symptome scheinbar verschwinden.

Geld ist vergleichbar mit einer berauschenden Droge, die dich den wahren Grund deiner Unzufriedenheit nicht mehr wahrnehmen lässt.

Für die meisten von euch ist Geld nicht das, was ihr wirklich wollt.

Höre in dich einmal hinein, geliebter Mensch, was du WAHRHAFTIG möchtest. Höre in dich hinein, geliebter Mensch, was dein WAHRHAFTES Bedürfnis ist.

Wenn du Geld besitzen möchtest, ist daran nichts verwerfliches.

Geld ist nichts anderes als Materie und somit als „Gegenstand" zu betrachten. Materie ist verdichteter Geist und somit ebenso den kosmischen Gesetzmäßigkeiten unterworfen, wie es jegliche andere Materie ist.

Geld ist weder „gut" noch ist es „schlecht".

Das, was du, geliebter Mensch", in deinen Gedanken und Gefühlen dem Thema „Geld" zuordnest, lässt es „gut", „schlecht", negativ besetzt, oder wie auch immer sein.

Diese Beschreibung lässt sich auf „Geld" genauso anwenden, wie auf das bereits mehrfach zitierte „Messer".

Doch frage dich einmal, ob deine Einschätzungen und Wertvorstellungen in Bezug auf Geld wahrhaftig die deinen sind.

Doch zurück zu unserem Thema.

Möchtest du Geld besitzen, weil du einfach dich selbst erleben und erfahren möchtest, welche Wege du einschlagen würdest, wenn du Geld im Überfluss zur Verfügung hast, so ist dies ein klar definierter Gedanke, der in dir mit einem klaren, vielleicht sogar freudvollen Gefühl verbunden ist.

Verbindest du Geld (vielleicht sogar unbewusst) mit der Absicht der Selbsttäuschung, so ist dieser Gedanke verbunden mit vielen

widersprüchlichen Gedanken und Gefühlen.
Geld scheint dir zwar bedeutsam, ist dir aber in deinem **Gefühl** nicht
wahrhaft wichtig.

Versuche dir nun einmal vorzustellen, du wärst die bedingungslose,
kosmische Liebe.
*Du bist mit allem Leben verbunden (ja, mehr noch, jedes Wesen
ist ein Teil von dir selbst) und dein Bestreben liegt darin, jedem
Wesen das zur Verfügung zu stellen, was dieses Wesen aufgrund
seines augenblicklichen Lebenszustandes braucht.*
*Als Maßstab dazu dient dir die Gesamtheit des Bewusstseins des
Einzelnen.*
*Du nimmst also den gesamten Bewusstseinsinhalt dieses
Wesens und spiegelst dem Wesen durch eine dreidimensionale
Erfahrung das, was dieses Wesen dir auf der geistigen Ebene
übermittelt.*
*Du weißt, dass der Sinn des Lebens dieses Wesens darin besteht
sein Leben zu leben.*
Du weißt dass der Weg das Ziel ist und nicht das Ziel das Ziel.
Du entscheidest nicht für dieses Wesen und du berätst es nicht.
*In deiner unendlichen, unsagbaren und absolut bedingungslosen
Liebe lässt du das Wesen sein, wie es ist......*

Dein Wunsch, geliebtes Wesen, nach materieller Versorgung ist nicht
dein Wunsch nach materieller Versorgung, sondern der Wunsch nach
dem, was du in deiner Individualität damit verbindest.

Im Prinzip gibt dir das Leben immer wieder Möglichkeiten (oder
Chancen) den Weg dorthin gehen zu können, wohin du
WAHRHAFTIG möchtest. Da du in deiner Bewusstseinsfixierung
jedoch nicht auf deine Chancen zur wahrhaften Erfüllung achtest,
sondern immer wieder nur auf deine Chancen zur scheinbaren
Erfüllung innerhalb deiner „VOR- Gaben" (oder Erwartungen), wirst du
immer wieder „Ent- täuscht" (Was nichts anderes bedeutet, als dass
deine Selbst-Täuschung aufgehoben oder entlarvt wird.).

Die Lösung von dieser Thematik mag für dich sein, dass du beginnst
dir selbst einmal klar darüber zu werden, was du alles mit dem Begriff
„Geld" oder „Reichtum" verbindest.
Was du dir tatsächlich von dem Geld, hättest du es zur Verfügung,
kaufen oder „leisten" würdest. Dann betrachte die Symboliken der

„Dinge". Sei es nun Unabhängigkeit, innerer Frieden, Freude, Glück, Selbständigkeit, Selbstwert oder was auch immer.
Dann magst du dem, was Geld oder materielle Versorgung für dich darstellt, wesentlich näher gekommen sein.

Kommen wir nun zu euren zwischenmenschlichen Beziehungen.
Im Prinzip könnten wir den vorstehenden Text nochmals wiederholen.
Auch eure zwischenmenschlichen Beziehungen erfüllen einen Zweck.

Die Liebe, die ihr menschlichen Wesen empfindet, ist wandelbar. So ist es durchaus möglich, dass ihr einen Menschen behauptet zu lieben, im Laufe der Zeit jedoch aufgrund fortwährender Frustrationen, Verletzungen oder vielem mehr diesem Menschen eure ehemalige Zuwendung entzieht.
Ihr versucht euer Mangelprogramm in dem Themenbereich „Liebe" über die äußere Welt auszuleben.
Betrachtet diese Beschreibungen als Hinweis auf eure Denk-, Gefühls-, und Überzeugungsstrukturen, nicht als Zurechtweisung oder als Kritik.

Gibt es einen Bereich in eurem Leben, der mehr als dieser von Missverständnissen, Verletzungen und anderen „Negativerfahrungen" geprägt ist?
Wieder einmal geht es um eure inneren Überzeugungen. Ein Mensch, der sich selbst nicht sonderlich mag, wird versuchen über Erfahrungen in der äußeren Welt das Erlebnis zu haben, gemocht zu werden.
Ein Mensch der sich minderwertig fühlt, wird versuchen über Erfahrungen in der äußeren Welt das Erlebnis zu haben, wertvoll zu sein.
Die Liste würde sich noch unendlich weiterführen lassen.

Das Fazit daraus ist, dass sogenannte emotionale Defizite (also Mangelerscheinungen im weitesten Sinne) über Erfahrungen im zwischenmenschlichen Bereich ausgeglichen werden sollen.
Nicht, dass ihr Menschen dies bewusst tun würdet.
Doch der Wunsch, die in euch „künstlich" angelegten Defizite ausgleichen zu wollen, geht bei einigen von euch soweit, dass ihr bereit seid euch selbst zu vergessen, um endlich, endlich diesen emotionalen Mangel in euch ausgleichen zu können.
Wir bezeichnen diese Defizite deshalb als künstlich, weil sie durch

fortwährende Suggestion im Laufe der Jahre in euch angelegt wurden.

Wie, geliebter Mensch, würdest du dich fühlen und verhalten, wenn dir fortwährend über dich erzählt worden wäre, dass du ein wunderbarer und unsagbar liebenswerter Mensch warst und bist?
Wie würdest du dich fühlen und verhalten, wenn dir immer wieder gezeigt worden wäre, dass du alles „richtig" machst und du mit allem, was du tust, erfolgreich bist?

Wie würdest du über dich selbst fühlen und wie würdest du über dich selbst denken, wenn du dich nicht klein, unnütz, minderwertig, unfähig und noch so vieles mehr FÜHLEN würdest?

Stelle dir einmal vor, geliebter Mensch, du bist wahrhaftig selbstbewusst. Stelle dir vor, dass du unabhängig von den Meinungen anderer Menschen bist. Stelle dir vor, das du dir deines „Wertes" als menschliches Wesen und der damit verbundenen Möglichkeiten vollkommen bewusst wärst und du absolut in dir ruhst.
Würdest du dann noch eine(n) Partner(in) BRAUCHEN?

„Vielleicht nicht mehr brauchen, aber schön wäre es doch......!"
Und genau das, geliebter Mensch, ist der „Knackpunkt". Dann wärst du letztendlich unabhängig und könntet der Liebe wegen lieben.

Doch nun zur Lösung aus dieser Thematik.
„Liebst" du, weil du etwas über deine(n) Partner(in) erhältst, das du dir selbst nicht geben kannst, wird dein Weg immer wieder Symboliken für dich bereithalten, die dich frustrieren oder ärgern, weil du von deinem Gegenüber das nicht bekommst, was du zu brauchen glaubst.
Versuche einmal deine Wahrnehmung darauf zu leiten, dass du „EINZIGartig" bist.
Solange du auf deinen Mangel fixiert bist, wirst du immer wieder versuchen diesen Mangel über Erfahrungen in der äußeren Welt auszugleichen. Dadurch wirst du viele Möglichkeiten und Chancen, die dir das Leben bietet, die Mangelerscheinung über entsprechende Erlebnisse und Erfahrungen IN dir auszugleichen, übersehen.
Du BIST.
Du BIST absolut einzigartig.
Lediglich deshalb, weil dir immer und immer wieder gelehrt wurde, dass du nichts besonderes bist (oder sein kannst) hast du irgendwann in deinem Leben begonnen, dies auch zu glauben.

Wer, geliebter Mensch, kann dich so sehen, wie du tatsächlich IN dir bist?

Jedem anderen Menschen kannst du nur einen kleinen Teil von dir zeigen und das, was du anderen von dir zeigst, wird von denen wiederum nach deren Wertvorstellungen interpretiert werden.

DU, einzig und allein DU bist fähig und in der Lage, dich selbst mit all deinen „Vorzügen" und „Nachteilen" anzunehmen und zu akzeptieren. Lerne also dich in den Bereichen deines Lebens zu akzeptieren, wo es dir einfach erscheint.

Akzeptierst du dich, so wirst du das Erlebnis haben, das auch die anderen dich einfach akzeptieren.

Daraus vermagst du eine Erkenntnis zu ziehen und schaffst damit die Basis auch andere Lebensbereiche, die dir jetzt noch nicht veränderbar erscheinen, im Zuge der Zeit zu verändern.

Du bist WER du bist und WIE du bist, geliebter Mensch.

ALLES ist in ALLEM und du vermagst zu lernen ALLES aus ALLEM erkennen und wahrnehmen zu können.

Der Sinn des Lebens

Das Leben, geliebter Mensch, gibt dir immer und ohne Ausnahme das, woran du tief in dir glaubst.
„Glauben" bedeutet in diesem Zusammenhang, dass du in dir eine ABSOLUTE Überzeugung hast, die du nicht selbst in Frage stellst.
„Glauben" bedeutet, das etwas für dich „**einfach so IST**".
Wir haben diesen Zustand deines Bewusstseins bereits mehrfach beschrieben.

Somit ist es dir möglich, ALLES aber auch wahrhaftig ALLES in deinem Leben als Realität (oder Lebensumstand) entstehen zu lassen, was du dir vorstellen kannst.

Euer Weltbild vermittelt euch Wissen, in dem eurer wahrhaften Existenz nicht einmal ansatzweise Rechnung getragen wird.
Nichts, aber auch rein gar nichts entsteht oder passiert „zufällig".
ALLES basiert auf der Wechselwirkung von Ursache und Wirkung und Wirkung und Ursache.
Wenn du dies für dich als „kosmisches Gesetz" definieren möchtest, so hast du eine Möglichkeit gefunden, die Geschehnisse in deinem Leben auf eine andere Weise umsetzen zu können, als dies vielleicht bisher für dich möglich war.

Der Sinn deines Lebens, geliebter Mensch ist einfacher, als du denkst.
Der Sinn deines Lebens ist das Leben selbst.

Der **WEG** ist das Ziel.

Du jedoch, geliebter Mensch, lebst so, als gäbe es ein klar definiertes Ziel, das es zu erreichen gibt. Auf deiner Suche nach dem vermeintlichen Ziel, schlägst du immer wieder Wege ein, von denen du glaubst, dass es diejenigen sein könnten, die dich an das Ziel bringen.
Damit könnte es dir jedoch passieren, geliebter Mensch, dass du an deinem eigenen Ziel einfach vorbeigehst und es vollkommen übersiehst.

DER WEG IST DAS ZIEL!

Betrachte einmal dein Leben. Sicherlich hast du immer wieder Ziele erreicht, die du dir selbst gesteckt hast und die dir so bedeutsam waren, dass du sie unbedingt in deinem Leben verwirklichen wolltest. Dies jedoch waren immer Ziele, die **DU** erreichen wolltest. Gegebenenfalls hast du die Vorstellungen anderer übernommen und sie zu deinen eigenen gemacht. So oder so, du hattest (und hast) die Kraft in dir, derartige Vorstellungen umzusetzen.

Gehst du davon aus, dass du ein vom Leben gestelltes Ziel zu erreichen hast, so musst du dir Mittel und Wege suchen, die Strecke von dort, wo du glaubst jetzt zu sein bis zu dem Punkt hinter dich bringen, an den du gelangen möchtest. In deiner Gedanken- und Gefühlswelt bist du auf deine Vorstellung des Ziels fixiert. Alles, was dir auf deinem Weg zum Ziel an Erlebnissen und Erfahrungen begegnet, betrachtest du als Herausforderungen und Hindernisse, die es zu überwinden gilt, um DEIN Ziel zu erreichen.

Was jedoch geschieht, geliebtes menschliches Wesen, wenn du diese Hindernisse beginnst als „Botschaften" oder „Mitteilungen" deiner Seele, des Lebens, oder der EINEN kosmischen Kraft zu betrachten? Haben in diesem Falle deine Herausforderungen (Pro-Embleme) im Leben nicht eine völlig andere Bedeutung für dich?

Was, geliebter Mensch, ist, wenn all die kleinen und großen Dinge deines täglichen Lebens das LEBEN IST? Wäre es in diesem Falle nicht so, Mensch, dass du lediglich dein Leben leben müsstest, um dein Leben zu leben?,

Du wünscht dir Liebe, Glück, Frieden, Freude, Erfüllung. Es gibt noch so vieles mehr, was du dir für dein Leben erwünschst oder erhoffst. Du versuchst all das mit der Erreichung deines Zieles zu verbinden. „Wenn dieses oder jenes ist, dann....!!!"

Lasse deine dir selbst gestellten Bedingungen hinter dir, soweit es dir möglich ist. Denk- und Gefühlsstrukturen zu verändern mag dir phasenweise nicht einfach erscheinen.

Dein Körperbewusstsein, also der Anteil deiner Ganzheit, der an deine Körperlichkeit gebunden ist, ist programmierbar.

Der Nachteil, der sich für dich daraus ergibt, ist derjenige, dass du immer wieder den vielfältigen Massensuggestionen „unterliegen" wirst, die durch eure Propagandamaschinerien auf euch Menschen einwirken.
Der Vorteil dieses Phänomens ist derjenige, dass du in der Lage bist dich selbst in der Weise zu „programmieren", als dass du deinen eigenen Weg nicht nur vorbestimmen, sondern auch realisieren kannst.

So kannst du jegliche Hilfe zu dir holen.
Die Vorstellung, DEIN GLAUBE, deine innere Überzeugung, die in dir aktiv ist, dass du es nicht wert sein könntest, Hilfe, Unterstützung oder „Gaben" von „oben" zu bekommen, wirkt als Hinderungsmechanismus oder Blockade. So musst du also Mittel und Wege finden, dieses Glaubensmuster zu umgehen.

Dazu werden immer wieder neue Techniken und sonstige Möglichkeiten entwickelt und propagiert. Doch mit dem Wissen, über das du jetzt verfügst, stelle dir einmal die Frage, geliebter Mensch, ob du in Zukunft diese Umwege noch brauchen wirst.
Und selbst wenn du dich entscheidest, weiterhin so zu tun, wie du bisher getan hast, liebes menschliches Wesen, wird dein Erfolg nicht gemindert werden.

Finde und gehe DEINEN eigenen Weg.
Es ist DEIN Weg innerhalb der dreidimensionalen Gegebenheiten, der dich SEIN lässt.

Du bist, geliebtes menschliches Wesen, eine forschende Seele.
Dein Forschungsobjekt bist du selbst innerhalb gewisser Zusammenhänge und Gegebenheiten.

Gibt es „dort oben" etwas, das dir immer wieder Aufgaben stellt und dich „prüft"?
Nein!
Bedingungslose Liebe, die dich prüft um zu sehen, ob du deine Aufgaben erfüllt hast oder dich bereits „weit genug" entwickelt hast, um in eine neue Stufe „aufzusteigen?
Bedingungslosigkeit, die dir Bedingungen stellt, die es zu erfüllen gilt?

Gibt es „dort oben" etwas, dass dir immer wieder Aufgaben stellt und dich „prüft"?

Ja!
Du selbst, als liebende, spielende Seelenexistenz, „überprüfst" dich immer wieder selbst, ob und wie du dich verändert hast und dir unter gewissen Voraussetzungen deine veränderten Bewusstseinsinhalte neue Wege und „Spieloptionen" erschaffen möchtest.

Beginne dich, soweit es dir möglich ist, dir bewusst zu werden, dass DU dein Leben selbst gestaltest.
Dies wird dir neue Wege aufzeigen, die neue, lebenswerte und erfüllende Ziele darstellen.

Gestalte deine Erkenntnisprozesse so, wie du es magst.
DU selbst bist das Maß der „Dinge", soweit es dein eigenes Leben angeht.
Bitte die „höheren" Wesen, wenn DU sie bitten möchtest.
Kommuniziere mit den „höheren" Wesen, wenn DU es möchtest.
Bitte DICH selbst, wenn du dich bitten möchtest, oder kommuniziere mit dir selbst, wenn du mit DIR kommunizieren möchtest.

Wie auch immer du es tust, geliebter Mensch, es ist DEIN Leben und DEIN Weg der Erkenntnis DEINES wahren Selbst.

Energie und Materie

ALLES ist Energie.
Energie ist ALLES.
ALLES ist in ALLEM.
Energie ist in ALLEM.
In ALLEM ist ENERGIE.

Ersetze den Begriff „Energie" durch den Begriff „Bewusstsein".

ALLES ist Bewusstsein.
Bewusstsein ist ALLES.
ALLES ist in ALLEM.
Bewusstsein ist in ALLEM.
In ALLEM ist BEWUSSTSEIN.

Ersetze „Bewusstsein" durch „Information".

ALLES ist Information.
Information ist ALLES.
ALLES ist in ALLEM.
Information ist in ALLEM.
In ALLEM ist INFORMATION.

Ersetze „Information" durch „Licht".

ALLES ist Licht.
Licht ist ALLES.
ALLES ist in ALLEM.
Licht ist in ALLEM.
In ALLEM ist LICHT.

Ersetze „Licht" durch „das Bewusstsein des EINEN".

ALLES ist DAS BEWUSSTSEIN DES EINEN.
DAS BEWUSSTSEIN DES EINEN ist ALLES.
ALLES ist in ALLEM.
DAS BEWUSSTSEIN DES EINEN ist in ALLEM.
In ALLEM ist DAS BEWUSSTSEIN DES EINEN.

ALLES ist Bewusstsein, Licht, Energie, Schwingung, Bewegung,

Information, das Bewusstsein des EINEN. Sicherlich wäre es dir möglich weitaus mehr Begriffe zu verwenden.

Diese Form der Energie bildet letztendlich die Ursubstanz aus der alles entstanden ist, entsteht oder entstehen wird.

Letztendlich ist nichts anderes existent, als diese Ursubstanz.

In der wahrhaften Definition ist jegliche Form der Materie, um es einmal „technisch" zu formulieren, eine Art Hologramm.

Jegliche Materie, also auch die materiellen Strukturen, die sich in der Schwingung anderer Dimensionen bewegen, ist nicht wirklich existent, sondern nur „scheinbar" existent.

Jede Lebensform hat in ihrer materiellen Struktur eine Art „Filter" integriert, der die **scheinbar** feste Struktur, als **tatsächlich** feste Struktur erscheinen lässt.

Dies ändert jedoch nichts an der Tatsache, dass Materie nicht wahrhaftig „feste" Strukturen hat.

Materie erscheint nur deshalb fest, weil eine Lebensform innerhalb dieser Strukturen nur leben kann, wenn sie diese als feste materielle Struktur wahrnimmt und sich auf diese Art innerhalb der „festen" Struktur bewegt.

Auch wenn das nun folgende Beispiel nicht tatsächlich stimmt, wird es dennoch eurem Verständnis dienen.

Wir haben in dieser Erzählung beschrieben, wie sich fünfdimensionale Gegebenheiten strukturieren.

Je schneller die Bewegung einer materiellen Struktur, desto geringer die Zeitenergie, die aufgewendet wird.

In diesem Zusammenhang sprachen wir von „Rotation".

Ersetzt du nun den begriff „Rotation" durch den Begriff „Schwingung", so würde der Satz lauten: Je schneller die Schwingung einer materiellen Struktur, desto geringer die Zeitenergie, die aufgewendet wird.

Was hat dies nun für dich für eine Bedeutung?

Dein Körper unterliegt einer relativ geringen Schwingung, verglichen mit den, über der dritten Dimension liegenden Schwingungsebenen.

Dreidimensional-materielle Strukturen „schwingen" also in einer niedrigeren Frequenz, als beispielsweise fünfdimensionale Strukturen.

ALLES ist in ALLEM!

Das, geliebter Mensch, bedeutet wiederum, dass in einer niedrig schwingenden Bewusstseinsstruktur auch eine sehr hoch schwingende Struktur vorhanden sein muss!

Jegliche Energiestruktur strebt nach Ausgleich.
Dort wo viel „negativ" ist MUSS auch viel „positiv" sein, dort wo viel „Dunkel" ist MUSS auch viel „Licht" sein.
Energetische Ungleichgewichte sind schlicht und ergreifend UNMÖGLICH!

Wie im Großen so im Kleinen und umgekehrt.
Dies bedeutet schlicht und ergreifend, dass es nicht sein kann, dass beispielsweise DU, geliebter Mensch, viel „negatives" in dir trägst und als Ausgleich ein anderes menschliches Wesen viel „positives" in sich trägt.
ALLES ist in ALLEM, also ist auch ALLES in DIR!

Wenn du dich nur halbwegs mit unseren bisherigen Beschreibungen identifizieren konntest, geliebtes menschliches Wesen, so müsste dir langsam bewusst werden, WER und WAS du wahrhaftig bist.

Du kannst dich nur deshalb in einer, aus deiner Sicht, „niedrigen Schwingung" inkarnieren, weil DU in deiner wahrhaften Seinsform sehr „hochschwingend" (oder sehr lichtvoll) BIST.
Das, geliebter Mensch, hat wieder zur Folge, dass die „niedere" Schwingung der Dreidimensionalität gar nicht so „niedrig" sein kann.

ALLES ist in ALLEM!

Fängst du an zu begreifen, geliebtes Wesen?

Energie, Bewusstsein, Information, Licht, das kosmische Bewusstsein, oder wie immer du es bezeichnen möchtest, unterscheidet sich also durch die Frequenz seiner Schwingung.
Dein Körper, mit seinem integrierten Körperbewusstsein (oder Ego) schwingt also niedrig, weil deine Seele sehr hochschwingend (oder lichtvoll) ist.
Umgesetzt bedeutet diese Aussage, dass, je größer die Herausforderungen deines Lebens, desto größer dein kosmisches Wissen in dir.
(Wir möchten in diesem Zusammenhang jedoch darauf hinweisen, dass es nicht notwendig ist, euch aufgrund einer schlechten

Lebensqualität „auf die Brust zu trommeln" und euch denjenigen überlegen zu fühlen, deren Lebensqualität „besser" ist als die eure.)

ALLES ist in ALLEM!

Dein menschlich-materieller Körper hat also eine „niedrige" Schwingung, deine Seele eine sehr hohe Schwingung.
In der Regel wirst du die Energie deiner Seele nicht wahrnehmen können.
Was du phasenweise jedoch wahrnehmen kannst, ist die Energie der Energiezentren in dir, die eine Verbindung zwischen „niederer" Schwingung und „hoher" Schwingung deiner Existenz darstellen, nämlich deiner Chakren (oder Chakras).

Die Schwingung der Chakren bildet genau die Ebene der Mitte zwischen deiner wahren Seelenexistenz und der „holographischen" Menschexistenz.

Dies mag dir als ein weiteres Beispiel von Energiestrukturen der unterschiedlichen Ebenen der Schwingung dienen.

Was sollst du jetzt tun?

Im Prinzip nichts!
Es sei denn, DU möchtest etwas tun!

Lasse es so, wie es ist oder verändere DEINE Ansichten und Meinungen dort, wo es DIR möglich ist.
Wovor kannst du dich jetzt noch fürchten?
Davor andere Menschen und/ oder deren Zuwendung zu verlieren?
Möchtest du deshalb nichts verändern?
Dann lasse es!
Lasse es so lange, bis DU IN DIR soweit „gewachsen" bist, dich von der Angst vor dem Verlust zu lösen.
Vielleicht mag es dir nach unseren Erzählungen leichter fallen, anders wahrnehmen und interpretieren zu können.

ALLES ist in ALLEM und ALLES IST.

Fürchtest du dich davor, wieder einmal zu scheitern und zu versagen?
Dann gib deine Angst auf, wenn es DIR möglich ist.
Deine Meinungen und Betrachtungsweisen haben sich bereits verändert und werden es weiter tun.
Gönne dir dort dein Gefühl von Sicherheit, wo DU es brauchst und gestalte deine Abenteuer dort, wo es dir möglich ist.
Scheitern kannst du letztendlich nur dort, wo es wieder einmal darum geht, die Erwartungen anderer nicht erfüllen zu können.
Gestaltest du deine Vorstellungen selbst, so werden die anderen akzeptieren müssen, was du an Meinungen über dich selbst entwickelt hast.
Beginnst du dich nun zu fürchten, Menschen und /oder deren Zuwendung zu verlieren?

Jede Deiner Handlungen setzt eine Ursache. Jede Ursache hat eine Konsequenz zur Folge.

Vielleicht gibt es einige Situationen, für die du keinerlei Möglichkeiten für Veränderungen entdecken kannst, weil du dich nicht fähig fühlst, eine Handlung zu setzen.
Dann kannst du beginnen, Phantasien in dir zu entwickeln.
Finde einige Augenblicke der Ruhe und der Entspannung und lasse in deiner Vorstellungskraft Situationen entstehen, die in dir ein „gutes", schönes und begeisterndes Gefühl erzeugen.

Lasse dich für einige Augenblicke in diese Phantasie hineinfallen, sie in dir auf die Weise real werden zu lassen, die für dich möglich ist. Durchlebe die gewünschte Situation in deiner Phantasie. Lasse Gefühle in dir entstehen. Je „gewaltiger", je „überwältigender" das Gefühl in dir in Verbindung mit deiner Phantasie entsteht, desto „kräftiger" ist die Ursache, die du durch deine Phantasie setzt. Fürchte dich nicht vor den neuen Möglichkeiten, die sich dir bieten. Freue dich darüber, dass du neue Möglichkeiten in dir gefunden hast.

Was jedoch tust du, wenn du nun unseren Beschreibungen folgst, es versuchst und das Ergebnis alles andere als begeisternd ist? Dann mache dir bewusst, dass du sehr wohl eine Ursache setzen konntest, die eine Wirkung zeigt. In einigen eurer Heilungstechniken gilt es als „normal" und „gutes Zeichen" wenn zunächst einmal eine Form der Verschlechterung eintritt. Gutes Zeichen deshalb, weil der Heiler daran sehen kann, dass er auf dem „richtigen" Weg ist.

Der Weg ist das Ziel und wenn du dich auf den Weg machst, neue Wege zu entdecken, um dein Leben in deiner Vorstellung gestalten zu lernen, hast du dein Ziel bereits erreicht.

Es geht in deinem Leben darum, DICH selbst zu leben und DEIN Leben so zu gestalten, wie DU es dir vorstellen kannst und magst. Nicht mehr, aber auch nicht weniger.

Dein Leben ist das Abenteuer, das deine Seele sucht um ihre Schwingung, ihren Informationsgehalt, ihre Energie oder ihr Licht durch die Erfahrung in der „niederen Schwingungsebene" der Dreidimensionalität zu verändern.

Deine Seele träumt den Traum der dreidimensionalen Erfahrung. Gestalte den Traum deines Lebens, in der Liebe zu dir selbst.

Wer WIR sind?
Wir sind der, der UNS schreibt.
Der, der uns schreibt, schreibst sich letztendlich selbst.
Scheinbar unfähig sich selbst, als die unsagbar liebende Seele, die er ist, Glauben zu schenken, schreibt er UNS.

Wer WIR sind?

WIR sind der, der UNS liest.

Der, der UNS liest, liest sich letztendlich selbst.

Scheinbar unfähig sich selbst, als die unsagbar liebende Seele, die er ist, Glauben zu schenken, liest er UNS.

ALLES ist in ALLEM, und so sind wir in dem, der UNS schreibt und wir sind in dem, der UNS liest.

ALLES ist in ALLEM, und so bist DU, geliebter Mensch, lichtvolles Wesen und spielende, liebende Seele, auch in UNS.

ALLES ist in ALLEM, und so bist DU, geliebter Mensch, lichtvolles Wesen und spielende, liebende Seele, auch in DIR.

WIR sind IN DIR und DU bist IN UNS!

Wo ist der Unterschied?

DU bist ALLES und du bist NICHTS!

Wo ist der Unterschied?

Du bist Gedanke und du bist Gefühl.

Wo ist der Unterschied?

Du bist Körper und du bist Geist.

Wo ist der Unterschied?

Du bist Licht und du bist Dunkel.

Wo ist der Unterschied?

Du bist Realität und du bist Phantasie.

Wo, geliebter Mensch, ist ein Unterschied?

ALLES ist in ALLEM und was du GLAUBST, das IST

Sei versichert, geliebtes menschliches Wesen, DEIN GLAUBE versetzt nicht nur Berge.

Was ist der Sinn?

Der Sinn deines Lebens, geliebtes menschliches Wesen, ist das Leben selbst.
All die Erfahrungen, all das Erleben, all die anderen Menschen um dich herum, mit all den „guten" und „bösen" Spielen, die ihr miteinander spielt.

Ihr liebt euch und ihr fürchtet euch, ihr freut euch und ihr leidet, ihr erlebt Begeisterung und Enttäuschung.
Jeder von euch bekommt von dem anderen das an Gedanken, Gefühlen, Geschehnissen und Erfahrungen, was er gerade für SEINEN eigenen Weg benötigt.
Vollkommen unerheblich ist dabei die Art oder Qualität von Gedanken, Gefühlen, Geschehnissen und Erfahrungen.
Jedes „positive" Erleben hat einen Effekt und jedes „negative" Erleben ebenso.
Jeder Mensch hat in einer Verknüpfung mehrerer Menschen innerhalb einer Lebenserfahrung seinen eigenen Anteil. So kann ein jeder Mensch seinen eigenen Weg finden und seine eigenen Erkenntnisse daraus ziehen.

Du wurdest durch das Verhalten anderer Menschen verletzt und gekränkt?
Gut so, geliebter Mensch, denn nun hast du die Möglichkeit zu überprüfen, welche deiner Verhaltensweisen und/ oder Glaubensstrukturen andere Menschen dazu bewegt hat, dir den Spiegel vorzuhalten!
Du wurdest durch das Verhalten und/oder die Worte anderer Menschen frustriert?
Gut so, denn das gibt dir die Möglichkeit IN dir selbst zu suchen, was DEIN Anteil daran ist!

Eine Situation in deinem Leben macht dich unsagbar glücklich?
Gut so, denn damit hast du die Möglichkeit zu sehen, was in DEINEM Verhalten und Denken dazu geführt hat.
Nichts, geliebter Mensch, ist in deinem Leben „gut" oder „schlecht", wenn DU es nicht zu dem einen oder anderen denkst und machst.

Worum geht es in all euren menschlichen und zwischenmenschlichen Spielen?
Kannst du wahrhaftig INNERE Befriedigung durch äußere Umstände

erfahren?

ALLES ist in ALLEM, und so mag es durchaus sein, dass du dich durch die Suche in der äußeren Welt auf den Weg zu diesem Ziel machst, das du dir selbst setzt.

In euren esoterischen und spirituellen Bewegungen sucht ihr nach der Befreiung des Geistes.
Doch was ist Materie, geliebter Mensch? Ist sie nicht verdichteter Geist, verdichtete Energie, verdichtetes Bewusstsein des EINEN?
Wie willst du etwas befreien, das nie wahrhaft gebunden war, ist oder sein wird?
Wie möchtest du, geliebtes menschliches Wesen, Fesseln erkennen, wenn du dir nicht einmal die Zeit nimmst dir die Fesseln zu betrachten?

ALLES ist in ALLEM?
Muss dann nicht in den Fesseln die unermessliche Befreiung liegen?

Wäre es nicht sinnvoll, Mensch, deine Fesseln als Möglichkeit der Freiheit zu betrachten?
Solange du davon ausgehst, dass Körperlichkeit etwas „negatives", bindendes und unangenehmes ist, wird es so sein.

Du findest die körperliche Befriedigung deines Egos immer nur irgendwo in der äußeren Welt.
Du kannst vieles tun, um akzeptiert zu werden, „gut" zu sein, begehrt zu sein, beliebt zu sein, geliebt zu sein, körperliche Befriedigung in der Sexualität zu finden.
Dennoch wird immer eine Form der Leere in dir sein. Du magst diese Leere zu überdecken, sie zu ignorieren oder sie zu verdrängen, ihre Anwesenheit wirst du jedoch immer wieder verspüren.
Weder das Streben nach geistiger Erleuchtung allein, noch das Streben nach der Befriedigung deiner körperlichen Bewusstseinsstrukturen allein, wird dir inneren Frieden bringen.
In der absoluten Vergeistigung des Menschen steht das Verdrängen und die Kontrolle der Körperlichkeit.
In der absoluten Ausrichtung auf rein körperliche (oder materielle) Belange steht wiederum die Verdrängung und die Kontrolle der geistigen Anteile des Menschen.
Körper und Geist bilden ein Ganzes.
Beide Aspekte haben ihre Zeit.
Verbindest du deinen Geist mit deinem Körper, und verbindest du

deinen Körper mit deinem Geist, so verbinden sich beide in der Mitte. So wird das Erleben der Körperlichkeit für den Geist und das Erleben der Geistigkeit für den Körper zum absoluten LEBEN verbunden.

ALLES ist in ALLEM und niemals kann eines für sich selbst stehen.

Der Schlüssel zu ALLEM liegt in der Verbindung.

Wie möchtest du herausfinden, wer du bist und was du bist, wenn du es nicht versuchst?
Du fühlst dich als Wolf?
Dann sei der Wolf!
Du fühlst dich als Schaf?
Sei es!
Solange du als Schaf darüber nachdenkst, wie es denn sein könnte Wolf zu sein, lebst du dein Leben in deinem Kopf.
Solange du als Wolf darüber nachdenkst, wie es denn sein könnte ein Schaf zu sein, bist du es nicht.
Erst wenn du dir eine konkrete Vorstellung gestaltet hast, wie es sein könnte etwas anderes zu sein, schaffst du die Basis es auch tun zu können.
Vielleicht magst du erst einmal ein wenig darauf achten, wie die anderen es zu tun versuchen, die ihre Zugehörigkeit zu ihrer Spezies verändern möchten?
Dann tue es!

Mache es so wie es DIR möglich scheint, gleichgültig was auch immer du sein magst.

Du bist dir unsicher, fühlst dich innerlich zerrissen?
Das ist das, was du vom Leben in Form von Lebenssituationen als Bestätigung deiner inneren Überzeugungen erhältst!
So gibt dir das Leben, das Universum, der Kosmos, die EINE und EINZIGE Liebe immer wieder und wieder und wieder, dich in deiner augenblicklichen Situation immer wieder und immer wieder erleben und erfahren zu können; solange bis du dich entschließt eine Veränderung in deiner Unsicherheit und deiner Zerrissenheit herbeizuführen und dich somit aus diesem Thema zu lösen.

Der Sinn des Lebens ist das Leben selbst, geliebter Mensch.

Frage dich einfach öfter nach dem WARUM und achte auf die Antwort, die in deiner Frage liegt.

Wenn der Weg das Ziel ist......

Du geliebter Mensch bist inkarniert in einem Körper.
Doch deine Seele, Menech, ist frei.
Die Menschheit entstand aus einem Plan der Schöpfergötter heraus.
Die Schöpfergötter, Wesenheiten in der absoluten Gewissheit und
Bewusstheit ihrer Existenz, erschufen eine Materiestruktur, die ihr
Dreidimensionalität nennt.

Ihr wurdet als Sklaven geschaffen.
Doch nun öffnet sich das Tor eurer wahrhaften Befreiung.
Alle Umstände, die zur Entstehung eurer Welt, mit all ihren
Lebensformen geführt hat, dienten dazu einen Lebensbereich für
euch liebende Seelen zu schaffen, die ihr euch unter derartigen
Lebensbedingungen erleben und erfahren wolltet.

ALLES ist in ALLEM!
Dieser Satz möge dir, ge - **leib** - ter (geliebter) Mensch, die nächsten
Schritte deiner Bewusstwerdung, deines Erwachens ermöglichen.

Wie viel Liebe muss in den Menech sein, die so voller Angst sind,
dass sie ihre scheinbaren Schwächen durch Spiele der Macht, der
Manipulation, der Unterdrückungen, des Krieges, Leides und
Schmerzes glauben spielen zu müssen.
Wie viel Furcht muss in den Menech sein, die versuchen allen
anderen ihre große Liebe zu zeigen?

ALLES ist im ALLEM, geliebter Mensch, und dort wo das eine ist, ist
auch das andere nicht weit.
Wenn dir bewusst wird, geliebter Mensch, dass dein Weg im Leben
dein Sinn im Leben ist, und wenn du begreifen magst, dass es kein
Ziel geben kann, das zu erreichen ist, so erkennst du aus dir selbst
heraus, das du eine neue Qualität in dein Leben gebracht hast.
So viele wollen ein Ziel erreichen.
So viele möchten dorthin gelangen, wo sie glauben, dass die
Glücksseeligkeit auf sie wartet.
Doch wo, an welchem Platz und zu welcher Zeit soll die
Glückseeligkeit stattfinden, wenn Zeit und Raum nicht existent sind?
Das Einzige, dass für dich zählt, geliebter Mensch, ist das HIER und
JETZT.

Deine Vergangenheit bestimmt dein Leben.

Versuche einmal herauszufinden, wie du in deinem Leben tun würdest, wenn deine Vergangenheit anders verlaufen wäre.

Die Gedanken deiner Vergangenheit und die Gefühle von dort, bestimmen dein Handeln.

Was wäre, wenn du handeln würdest, als wäre deine Vergangenheit mit all ihren belastenden Erfahrungen nicht vorhanden?

Ihr Menschen verhaltet euch in eurem Leben so, als gelte es ein Ziel zu erreichen.

So strebt ein jeder von euch auf seine Weise dem vermeintlichen Ziel entgegen.

Die einen von euch benutzen ihre Ellenbogen, um sich einen kleinen Vorsprung zu verschaffen, die anderen demotivieren ihre vermeintliche Konkurrenz durch Worte und Taten. Die nächsten wiederum glauben ohnehin zu wissen, dass sie es wieder einmal falsch machen werden und resignieren bereits bevor sie losgegangen sind.

Doch ein Ziel setzt voraus, dass es einen Anfangspunkt, eine Strecke und einen Zielpunkt gibt.

ALLES ist in ALLEM!

So ist der Start das Ziel und jeder beliebige Punkt zwischen diesen beiden Punkten, die ineinander liegen, der Weg.

Wo jedoch kann eine Strecke zu überwinden sein, wenn Start und Ziel beieinander liegen - EINS sind?

So rennen die einen los, in dem Glauben, dass sie diejenigen sein werden, die unter den Siegern sein werden und die anderen glauben, dass wieder einmal nur die „Besten" es schaffen werden und „wissen", dass sie bereits versagt haben, bevor sie begonnen haben.

Die einen fürchten die Konkurrenz auf dem Weg zum vermeintlichen Ziel und die anderen fürchten die Konsequenz davor das vermeintliche Ziel nicht erreichen zu können.

So ist ein jeder voller Furcht und keiner hat Zeit und Interesse, all die wunderbaren Dinge und Begegnungen des Weges zu betrachten.

Eure fortwährende und unbefriedigende Suche nach Glück, Liebe und Erfüllung hat damit zu tun, dass ihr glaubt, dass eure Erfüllung „irgendwo da draußen" zu finden sein muss.

So wird dieses Grundbedürfnis des Menschen auf irgendeine Zeit in der Zukunft verlegt, in der die Umstände des körperlichen Lebens anders sein müssen.

Auf diese Weise verpasst ihr das wahre Leben mit all seinen Möglichkeiten, Chancen und beglückenden und erfüllenden Augenblicken.

Betrachte die Welt, geliebter Mensch, mit all dem, was auf ihr durch Menschenhand geschieht.

Ist das deine Definition vom **MENSCH**lichkeit?

Wenn dies Menschlichkeit wäre und somit vollkommen „normal" für die Menschheit, warum dann dein innerer Widerstand gegen diese Art von Menschlichkeit?

Ihr bezeichnet dies als „Unmenschlichkeit".

Mache dir bewusst, dass deine innere Definition des Begriffes „Menschlichkeit" bereits in dir angelegt sein muss, wenn du damit bereits bestimmte Verhaltensweisen definierst.

Menschlichkeit bedeutet für dich, der herzliche, liebevolle, verständnisvolle Umgang mit anderen (zumindest wird deine Definition in der Regel in diese Richtung gehen)

Wärt ihr Menschen euch in eurer Gesamtheit bewusst, dass ihr liebende, sich selbst erfahrende Wesenheiten seid, die sich zusammengetan haben, um euch selbst unter gewissen Umständen zu erfahren und zu erleben, so könntet ihr eine Ganzheit bilden, in der „Menschlichkeit" auch lebbar ist.

Der Mensch, der gerade „stark" ist begleitet diejenigen, die gerade „schwach" sind und umgekehrt.

Derjenige, der gerade voller Liebe ist, begleitet diejenigen, die gerade voller Furcht sind und umgekehrt.

So könntet ihr euch in der Bewusstheit, dass ihr alle gleich seid in eurer Individualität, miteinander auf den Weg machen, euren Weg als Leben zu definieren und zu erleben.

Das, was dein Leben dir gerade gibt ist das, was du gerade auf deinem Weg brauchst, um die nächsten Schritte tun zu können.

Du brauchst eine Pause?

Gönne sie dir.

Selbst die Natur, die dich umgibt, durchlebt immer wieder die Phasen der Geburt und des Vergehens. Doch nichts vergeht wahrhaftig, da alles aus sich selbst heraus wieder neu entsteht.

Betrachte die wunderschönen Blumen, die du auf deinem Weg findest, rieche ihren Duft, genieße die Schönheit. Fühlst du dich wohl in diesem Augenblick? Kannst du die Natur IN dir spüren? Fühlst du das beglückende Kribbeln in diesem Moment?

Betrachte die kantigen Steine auf deinem Weg. Berühre sie, fühle deren immense Kraft.
Kannst du das beglückende Gefühl der inneren Verbindung mit diesem „harten Ding" fühlen?

Was ist „gut" und was „schlecht"? Was ist „schön" und was „hässlich"? ALLES ist in ALLEM!

Womit möchtest du die Schönheit der Blumen vergleichen, wenn du niemals wahrhaftig auf sie achtest?
Woher möchtest du wissen, was ein kantiger oder glatter Stein ist, wenn du niemals innehältst auf dem Weg zu deinem vermeintlichen Ziel, um die Steine zu betrachten, die das Leben –die DU dir- auf den Weg gelegt hast?

Begreife, geliebtes menschliches Wesen, aus deinem eigenen Inneren heraus, dass es kein zu erreichendes Ziel gibt.
Lerne all das, was dich daran hindert DU selbst sein zu können, hinter dir zu lassen.

Das geliebter Mensch ist die Werdung deines Bewusstseins.
In jedem Moment deines Lebens, lässt du etwas hinter dir, dass dich bisher gehindert hat DU selbst sein zu können.
Jeder Weg beginnt damit, dass du den ersten Schritt tust. Dem ersten Schritt folgt der zweite, der dritte und immer so weiter.
Jeder Schritt führt dich weiter auf deinem Weg.
Mache kleine Schritte oder große.
Überwinde ein Hindernis oder gehe daran vorbei.
Jeder wird es auf seine eigene Weise tun.

Doch jeder Schritt führt dich weiter auf deinem Weg.
Selbst wenn du scheinbar im Kreis gehst, so wirst du feststellen müssen, dass du niemals einen Kreislauf mit einem anderen vergleichen kannst. Jedesmal setzt du deine Schritte anders.

DU BIST!
Lebe dein Leben oder träume dein Leben.

Letztendlich ist beides das Gleiche.
Lebe deinen Traum oder träume dein Leben.
Wo ist der Unterschied?

Mache es so, wie es DIR als richtig erscheint.

Du träumst einen Traum von einer Welt, die nur deshalb in dieser
Form real ist, weil du schläfst und dir deines Selbst nicht bewusst bist.
Warum träumst du nicht einmal, dass du wach bist und gestaltest
deinen Traum nach deinen Vorstellungen?
Solange du in dir das Gefühl trägst anderen helfen zu wollen, bist du
derjenige, der selbst Hilfe sucht.
ALLES ist in ALLEM.
Solange du versuchst zu lehren, wirst du der Schüler sein.
ALLES ist in ALLEM.
Solange du glaubst finden zu können, wirst du der Suchende sein.
ALLES ist in ALLEM.

Du bist geliebt.
Du bist Liebe.

ALLES ist DAS BEWUSSTSEIN DES EINEN.
DAS BEWUSSTSEIN DES EINEN ist ALLES.
ALLES ist in ALLEM.
DAS BEWUSSTSEIN DES EINEN ist in ALLEM.
In ALLEM ist DAS BEWUSSTSEIN DES EINEN.

Was, unsagbar geliebtes Wesen, bist also du?

Wir verneigen uns in Respekt und in Liebe vor dir, menschliches
Wesen und spielende Seele und grüßen dich in der Liebe des EINEN.

Was noch zu sagen bleibt
Nachwort des Autors

Lieber Leser

Ich hoffe dieses Buch hat dir gefallen, dich angesprochen, dich betroffen gemacht und hat dir etwas über dich und die Welt, in der du lebst, gezeigt.

Die Welt, in der wir leben ist gar nicht so schlecht – im Gegenteil, sie ist wunderschön.

Die Welt, in der wir leben ist so, wie wir sie uns gestalten.

Du kannst so vieles hören und lesen über die Machtstrukturen dieser Erde, über die Manipulation und das „Schlechte", dass überall und immer wieder durch die (wahrhaft) Mächtigen dieses Planeten eingeleitet wird und geschieht.

Sie begrenzen uns, sie belügen und täuschen uns, sie fügen uns letztendlich viel Schmerz und Leid zu und sind für so viele Unmenschlichkeiten verantwortlich.

Eines können die „Lichtbringer" (die „Bösen") jedoch nicht: Sie können keine kosmischen Gesetze umgehen oder außer Kraft setzen.

Der freie Wille einer Wesenheit ist ein solches kosmisches Gesetz.

Wie leben wir Menschen jedoch unseren freien Willen?

Wir leben unseren freien Willen, indem wir uns den Strukturen der „Mächtigen" unterwerfen.

WIR akzeptieren das, was uns vorgegaukelt wird.

WIR akzeptieren das, was uns durch unsere Erziehungssysteme, unsere Schulsysteme, unsere Wirtschaftsysteme, unsere Religionen, unsere Gesellschaft vorgegaukelt wird.

Die Mächtigen berauben uns NICHT unseres freien Willens. Sie geben uns lediglich **Vorgaben** innerhalb derer wir uns bewegen, solange wir diese akzeptieren.

So lange wir Menschen glauben, dass diese Vorgaben das einzige sind was auf dieser Welt vorhanden ist, können wir nicht anders, als uns innerhalb dieses Systems zu bewegen.

Wer schädigt unsere Umwelt?

Die „Großen", die Multis?

Nein, WIR „Kleinen" tun es. WIR verwenden Autos, die mit Treibstoffen betrieben werden, die UNSERE Luft verschmutzen und das Klima verändern.

WIR „Kleinen" sind diejenigen, die mit den chemischen Zusätzen beim Wäsche waschen, Geschirr spülen, beim Putzen und sogar dem Spülwasser in der Toilette oder wo auch immer, dem Wasser ständig Stoffe hinzufügen, die UNSER lebendiges Wasser, das Blut unseres

Planeten, sterben lassen.

Jeder Mensch, der sich ständig schädliche Stoffe zuführt, wird früher oder später sein biochemisches System so verändert haben, dass es einfach zusammenbricht.

WIR sind diejenigen, die das monetäre System nutzen, uns für Häuser, Wohnungen, Autos, Möbel, Urlaub und so vieles mehr teils hoch verschulden.

WIR sind diejenigen, die in ihren Jobs unzufrieden sind, sogar krank dadurch werden, „es" aber einfach weiter „durchziehen".

WIR sind diejenigen, die in unseren zwischenmenschlichen Beziehungen bleiben, obwohl sie vielleicht schon längst „tot" sind.

„Gesundheitssysteme", innerhalb derer WIR die Verantwortung für unsere Gesundung auf andere übertragen, die (soweit es die Schulmedizin betrifft) den Körper als rein bioelektrisches System betrachten und an einem Kranken weitaus mehr verdienen, als an einem Gesunden.

Was wir den „Mächtigen" vorwerfen können ist, dass sie unseren freien Willen insoweit einschränken, indem sie uns möglichst „dumm" halten und uns Systeme „geben", die scheinbar keinen Ausweg daraus mehr lassen.

Systeme, die dafür Sorge tragen, dass wir uns innerhalb der Bahnen bewegen, die uns die „Mächtigen" vorgegeben haben.

Diese Systeme legen Bewusstseinsstrukturen in uns an, die solange aktiv sind, bis WIR beginnen, es zu verändern.

Die „Marketing- und Manipulationsprogramme" durch unsere modernen Medien laufen auf Hochtouren und suggerieren uns ständig Programmierungen, die den „Mächtigen" entsprechen.

Suggestionen, die dafür sorgen, dass unser Bewusstsein faul und träge wird und wir immer mehr glauben, nichts TUN zu können und die „Grossen" dafür sorgen, dass es uns immer besser gehen wird.

„Aber ich muss doch arbeiten. Wie soll ich sonst meinen Lebensunterhalt für mich und meine Familie bestreiten? Das Leben kostet Geld und wenn ich kein Geld habe, dann......"

Du hast recht.

Aber wer soll die Welt verändern, wenn nicht WIR „Kleinen"?

Beginne einfach einmal, diese gigantische Show, die uns „dummen, kleinen Menschen" geboten wird zu durchschauen.

Du besitzt einen unbrechbaren freien Willen und ordnest dich „freiwillig" unter.

„Freiwillig", weil du nichts „besseres" weißt!
Wer, aber soll für DICH, für DEIN Leben etwas „besseres" finden,
wenn nicht DU selbst?

Betrachte die Natur!
Betrachte einen Baum! Der Baum hat tiefe Wurzeln in die Erde, je
nach Alter einen entsprechend dicken Stamm und ein wiederum
entsprechendes Geäst.
JEDE Pflanze benötigt bei ihrem Wachstum eine entsprechende
Verbindung IN die (zur) Mutter Erde.
Hast du schon einmal Pflanzen gesehen, die hoch in den Himmel
ragen OHNE tiefe Wurzeln zu entwickeln?

Doch wo liegen die Wurzeln unseres Mensch - seins?
Unsere Seele ist tief im Kosmos verwurzelt.
Haben wir wirklich eine Verbindung zu unserer Erde? Sind wir wirklich
mit unserer Mutter Erde verwurzelt oder versuchen wir nicht ständig
„irgendwo dort oben" zu sein?

Wo sind DEINE Wurzeln?
Gehe einmal hinaus in den Wald, in ein Feld, zu einem Wasser.
Betrachte die Natur, versuche sie zu fühlen und zu empfinden.
Versuche IN sie hineinzugehen, dich dort hineinfallen zu lassen.
Finde deine Wurzeln, denn du brauchst sie, um deinen Stamm
(deinen Körper) und dein Geäst (deinen Geist) nach oben weiter
wachsen zu lassen.

Welcher Wind mag dich beuteln, welcher Sturm soll dich brechen,
wenn du tief verwurzelt und biegsam bist?

Suche nicht nach deiner „Aufgabe". Suche deine Wurzeln!

DU, „kleiner Mensch" bist die Verbindung zwischen „oben" und
„unten". DU, „kleiner Mensch", bist der Mittler zwischen Licht und
Dunkelheit. Beides gehört zusammen und beides ist in DIR.
Deine Wurzeln werden dir die Möglichkeit geben, BEIDES sein zu
können und endlich, endlich FREI wählen zu können.
Deine Wurzeln in die Mutter Erde, werden dir die Möglichkeit geben
liebevoll mit DIR selbst umgehen und leben zu können.

Was kannst du TUN, um zu den Veränderungen beizutragen?
Du kannst lernen, dass du ein menschliches Wesen bist und kannst

wirkliche Menschlichkeit lernen.
Du kannst lernen, mit dem, was ist, glücklich zu sein.
Du kannst lernen, mit dir selbst glücklich zu sein.

Das ist zu wenig?
Welche Menschen in einer Gruppe fallen dir auf? Diejenigen, die wirklich und echt glücklich wirken oder die anderen, die griesgrämigen?
Du möchtest der Mutter Erde helfen?
Dann sei glücklich mit ihr, auf ihr und in ihr! Gebe ihr etwas von deinem tief empfundenen Glück und der Liebe, die in dir wachsen wird.
Du möchtest anderen Menschen helfen?
Dann gib ihnen etwas von deinem **wirklichen** Glück, deiner **echten** Freude und deiner **tiefen** Liebe, indem du sie anlächelst oder sie berührst.

Das Leben, der Kosmos, die eine Kraft liebt dich.
Du brauchst nur lernen, dich „darauf" zu legen und dich von dem Leben, vom Kosmos oder der einen Kraft treiben zu lassen.
Du wirst nicht wissen, wohin sie dich treiben wird, du wirst nicht wissen, was geschehen wird, aber du wirst lernen vertrauen zu können und die Kraft haben, mit allen umgehen zu können, was das Leben dir in seiner unsagbaren Liebe schenken wird.

Du BIST geliebt, liebes menschliches Wesen. Unsagbar, unbeschreiblich.
Nur glauben? Zu glauben vermagst du es nicht!
Das ist es, was du, was WIR Menschen zu lernen haben. Das Vertrauen in die EINE Kraft.

All die Menschen, die über die Kraft, den Mut und vielleicht sogar Möglichkeit und Einfluss haben, rufe ich hiermit auf, nicht mehr stillzuhalten und im Verborgenen zu wirken, sondern aktiv dazu beizutragen mehr Menschlichkeit auf diesem schönen Planeten, genannt Erde, zu verbreiten.
Es ist an der Zeit, dass neue und dem wahren Wesen er Menschen entsprechende „Systeme" in den Bereichen Gesellschaft, Wirtschaft, Religion, Gesundheit und Kultur entstehen.

Alles Liebe dieser Welt für DICH, geliebter Mensch.
Dieter Schwickart / Keman

Rainbowsun

Projekt zur Bewusstwerdung der Menschheit

Rainbowsun ist eine Initiative des plejadischen Channels und Autors Dieter Schwickart (Keman).
Das Projekt beschäftigt sich im wesentlichen mit der Verbreitung von Informationen, die zum großen Teil aus dem mentalen Kontakt zu den plejadischen Wesenheiten von Alcyone stammen.
Es werden Seminare, Einzelsitzungen und „technische" Hilfsmittel angeboten, die z.B. auf der „heiligen Geometrie" basieren.

Seminare:

EXIT – Der Ausgang
In eine neue Dimension der Menschlichkeit

Ein Seminarkonzept, bestehend aus einen Basisseminar und beliebig kombinierbaren Aufbauseminaren.
Ziel dieses Seminarkonzeptes ist es, individuell für jeden Menschen den Weg zur Trinität (Dreiheit) des Menschen aufzuzeigen und die Voraussetzung zu schaffen diesen Weg auch beschreiten zu können.

Geometrische Strukturen:
Stern – Pendel: Ideal zum Pendeln, zur Aktivierung der Selbstheilungskräfte, zur Entstörung von energetischen Störfeldern, uvm.
Stern der Harmonie: Für Meditation, zur feinstofflich/ energetischen Aufhellung von Räumen, uvm.
Life - Energizer: Zur Wasser und Lebensmittelenergetisierung und -belebung
Star of Cosmic Love / Akasha-Konverter:
Eine vollkommen neuartige Technologie zur Übertragung von Informationen auf Menschen und Gegenstände

Das Angebot wird immer wieder erweitert.
Fordern Sie einfach das umfangreiche und kostenlose
Informationsmaterial an:

Rainbowsun
Dieter Schwickart
Unterer Kreuberg 603 C
A- 8583 Edelschrott

Telefon: (00 43) – (0)31 45 – 800 33
Telefax: (00 43) – (0)31 45 – 800 34
eMail: rainbowsun@aon.at

oder

MARANI-Verlag
Ruselstr. 5
D-84107 Unterneuhausen

Telefon: (00 49) – (0) 87 08 –92 20 26
Telefax: (00 49) – (0) 87 08 –92 20 27
eMail: info@marani-verlag.de

oder besuchen Sie unsere Homepage:

www.rainbowsun.de

www.marani-verlag.de

KEMAN

„Das weiße Licht des Regenbogens"

Klarer, offener und in aller Deutlichkeit wird in diesem 4. Buch des Autors beschrieben, wie sich der polarisierte (der in sich geteilte) Mensch zum kosmischen Menschen entwickeln wird.

Diese Zeit der inneren Konfrontation, die sich durch intensive Bewusstwerdungsprozesse der einzelnen Menschen zum Ausdruck bringt, ist, trotz all ihrer Herausforderungen Grund zu großer Freude.

Auszüge aus dem Text:
„In euch liegt die Macht, ALLES in eurem Leben zu verändern. Lernt eure Glaubensstrukturen zu verändern und eurer Leben und die damit verbundenen Umstände werden sich kurzfristig wandeln. Hört auf zu theoretisieren und beginnt es zu TUN. Nur durch das TUN könnt ihr eure Glaubensstrukturen verändern, da durch das TUN Theorie und Praxis sich verbinden. Dadurch verändern sich eure inneren, in euch implantierten Glaubenssätze."

„Fürchtet euch nicht, Kinder des Lichtes, tut ES einfach."

„Vertraut uns nicht und glaubt uns nicht. Fühlt in eure Herzen hinein. Dort und nur dort könnt ihr eure innere Wahrheit verspüren."

„Ihr seid unendlich geliebt, Kinder des Lichtes. Ihr seid geliebt, Kinder des Lichtes, mehr als ihr es euch vorstellen könnt. Lasst eure Furcht hinter euch und geht einfach ins Licht ...."

Dieses Buch ist eine Aufforderung, unser Schicksal in die eigenen Hände zu nehmen und das beglückende Erlebnis der inneren Freiheit zu erfahren.
Es ist auch eine Aufforderung, die Ereignisse auf unserem Planeten in die eigenen Hände zu nehmen und auf liebevolle Weise zu gestalten.

Es ist möglich, dass Sie dieses Buch nicht in Ihrem Buchladen erhalten. In jedem Fall erhalten Sie „Das weiße Licht des Regenbogens" über das Projekt Rainbowsun.

Erschienen im Verlag Rainbowsun, ISBN 3-9501077-0-3
240 Seiten, gebunden, erschienen 07/99
Euro 19,80 / DM 39,60 / ATS 297,00 / SFr 39,80

Weitere Bücher des MARANI Verlags

„Sternensaat", ISBN 3-9806514-0-1, 250 S., erschienen 10/98
11 ganzs., farb. Abbildungen, broschiert,
Neupreis 19,50 €
Sternensaat von Martin Held und Anita Schäbel will aufwecken, informieren und bewusst machen.
Die Zeit des Schlafes ist vorüber! Erkennt, dass Ihr die Götter seid, auf die Ihr seit Anbeginn der Zeiten gewartet habt! Wie kann ich lernen, der zu sein, der ICH BIN?

Aus dem Inhalt: Der Anfang; Einweihung; Zeitqualitäten; Sprache; Der Traum von der Macht; Sexualität; EJATRICULA, wo liegt denn dieser Planet; Die Tyrannen; Manipulation; Ausblick.

„Der Kosmische Mensch", ISBN 3-9806514-1-X, , 284 S., erschienen 01/99
12 ganzs., farb. Abbildungen, broschiert,
Neupreis 19,50 €
Autoren: Martin Held/Anita Schäbel
Mit dem Übergang vom Fische- ins Wassermann-Zeitalter sind wir mit einem grossartigen Paradigmenwechsel konfrontiert:
Seit einiger Zeit werden von unseren Wissenschaftlern Gammastrahlen gemessen, die sich aus den Tiefen des Raums auf unseren Planeten zu bewegen. Die erste Welle hat uns bereits erreicht und gewaltige Umstürze in unserem Raum/Zeit-System ausgelöst.
Wieder sind **visuelle Lichtschlüssel** enthalten...
„Wir warten nur noch auf Euch! Wacht endlich auf und werdet Euch des Potentials bewusst, das Euer göttliches Erbe darstellt!"
Aus dem Inhalt: Der Kosmische Mensch; Warum die Sirianer sich einmischen; Leben auf dem Sirius; Licht und Illusionen; Nahrung?; Träume; Abhängigkeiten; Kristallleben; Das Bündnis; Geheimnis Mond; Raum und Zeit der Zukunft; Umwandlung – Erfahrungsberichte.

„Der Rat der 12", ISBN 3-9806514-2-8, 276 S., erschienen 03/99
10 ganzs., farb. Abbildungen, broschiert, Neupreis 19,50 €
Autoren: Martin Held/Anita Schäbel
Der Rat der 12 ist der zentrale Mittelpunkt der intergalaktischen Gemeinschaft unseres solaren Sektors. Es werden Themen angesprochen, die über Jahrtausende als Geheimwissen **nur von Eingeweihten weitergegeben werden durften. Alle In-Formationen, die für das neue Zeitalter von entscheidender Bedeutung sind, werden uns JETZT übermittelt.**

Hauptanliegen hierbei ist es, die alten Programmierungen, die uns in der 3. Dimension festgehalten haben, zu sprengen, uns zu helfen, uns an unsere wahre Existenz heranzuführen.

„Eure Traumwelt existiert bereits nicht mehr. Ihr müsst Euch JETZT entscheiden, auf welche Weise Ihr aufwachen wollt!"

Aus dem Inhalt: Spiegel Mallona; Lichtschlüssel und Kornkreise; Andromeda; Von planetaren Logos und morphogenetischen Feldern; Der Heilige Gral; Jesus zwischen 12 und 30; Das Sterben; Dir geschehe nach Deinem Glauben; Atmen und das Tor öffnen; Geistige Welten; Gott und der Teufel; Pyramidale Geheimnisse; Zugänge zum Inneren der Erde; Das SOR-4-GEN; Viagra und die Grippewelle; Telepathische Kommunikation ....

„DER TRAUM GENANNT LEBEN" von Anita Schäbel, ISBN 3-9806514-3-6, erschienen 03/2001, gebunden, 269 S., Neupreis: 18,50 €
DER TRAUM GENANNT LEBEN ist ein spiritueller Roman, der vermutlich dein Leben verändern wird!
Möchtest du Alina, die Heldin dieser Geschichte, durch ihre faszinierenden Abenteuer begleiten? Dann mach dich auf eine unglaubliche Reise durch die Wunder des Geistes gefasst. Vermutlich wirst du dabei auch über einige Antworten auf deine brennendsten Fragen stolpern.

Jedenfalls steckt eine gewisse Zauberkraft hinter diesen Worten, die du dafür benutzen kannst, einer neuen Welt zu ihrer Geburt zu verhelfen.

Bist du bereit?

Eines Nachts wird Alina auf einen Planeten namens Pleja „entführt", wo sie schier unglaubliche Entdeckungen macht. Geheimnisvolle

Wesen stellen ihr dort eine Aufgabe, die sie übernehmen soll, um die Zukunft der Menschheit zu retten...

„Bis zum nächsten Leben" von Karolin Kaiser, ISBN 3-9806514-4-4, erschienen 10/2001, gebunden, 150 Seiten, Neupreis 10,00 €

Das Buch möchte Dich zu einer Reise einladen, eine Reise an einen Ort, den Du schon viele Male besucht hast.
Du brauchst weder Deine Koffer, noch Deine Zahnbürste.
Du brauchst auch keine Angst zu haben, denn nichts kann geschehen, was Du nicht selbst wünscht. Alles was Du benötigst, ist Dein Herz, denn Dein Herz ist der Schlüssel zu diesem Ort.
Aus dem Inhalt: - Schmerz ist immer ein Mittel zur Erinnerung, - Wandle deinen Schmerz in Liebe um, - Die Intuition ist die Verbindung zum Licht und zur Liebe,
- Sei dankbar für jede Erfahrung, die du auf dieser Ebene machst, - Vergesst nie wer ihr seid, - Es gibt keinen Anfang, es gibt kein Ende, es gibt nur das HIER und JETZT, - Vor was auch immer du Angst hast, es wird mit ziemlicher Gewissheit zu dir kommen, - Was glaubt ihr, ist eure Aufgabe? Das Leben zu leben, weder richtig noch falsch, - ICH BIN, das sind die machtvollsten Worte im Universum, - Lieben bedeutet nicht jemanden zu besitzen.